中国古典学

第四辑

赵卫东　许东　主编

山东大学出版社
SHANDONG UNIVERSITY PRESS
·济南·

图书在版编目(CIP)数据

中国古典学.第四辑 / 赵卫东,许东主编.—济南:
山东大学出版社,2023.11
ISBN 978-7-5607-8002-3

Ⅰ.①中… Ⅱ.①赵… ②许… Ⅲ.①儒家—哲学思想—中国—古代—文集 Ⅳ.①B222.05-53

中国国家版本馆 CIP 数据核字(2023)第 236829 号

策划编辑 李 港
责任编辑 郭凯迪
封面题字 聂 清
封面设计 张 荔 王秋忆

中国古典学 第四辑
ZHONGGUO GUDIANXUE DISIJI

出版发行 山东大学出版社
社 址 山东省济南市山大南路 20 号
邮政编码 250100
发行热线 (0531)88363008
经 销 新华书店
印 刷 济南华林彩印有限公司
规 格 720 毫米×1000 毫米 1/16
16 印张 270 千字
版 次 2023 年 11 月第 1 版
印 次 2023 年 11 月第 1 次印刷
定 价 55.00 元

《中国古典学》
编委会

目　录

孔子青年观的基本内容和时代价值

——以《论语》为考察中心

杜玮　常樯

摘要:孔子青年观的基本内容包括“好青年的标准是什么”“青年该怎样立足社会”“社会该怎样对待青年”三方面的内容。颜回是孔子眼中的好青年,也是孔子刻意树立的学习榜样、成长标兵,由颜回的才华和修为可知,孔子眼中的好青年至少应具备聪慧好学、尊师乐道、崇仁尚德等特性。为帮助青年更好立足社会,孔子向青年提出的要求包括但不限于:树立远大理想,坚持知行合一;保持阳光心态,发扬好学精神;理性看待富贵,坚守社会道义;笃定历史自信,接受素质教育;光大仁爱价值,塑造君子人格。孔子认为,社会对待青年,应做到两点:寄望与培养、肯定与学习。在新的时代背景下,孔子青年观的时代价值是:从促进个人成长进步的角度而言,有助于厚植家国情怀,涵养进取品格;从赓续中华优秀传统文化的角度而言,有助于传承人文精神,增强历史主动;从推进民族复兴伟业的角度而言,有助于集聚青年力量,扛牢责任担当。

关键词:孔子　青年观　基本内容　时代价值

杜玮,齐鲁工业大学(山东省科学院)外国语学院2022级硕士研究生,山东翻译协会会员,主要从事翻译理论、中国文化海外传播研究;常樯,本名常强,尼山世界儒学中心(中国孔子基金会秘书处)文献期刊部副部长、副研究员,山东大学儒学高等研究院2020级博士研究生,主要从事儒家哲学、儒学普及应用研究。

党的二十大报告专门论述了弘扬中华优秀传统文化的重要意义，明确提出“天下为公”“民为邦本”“为政以德”等十点思想主张，这些内容全部源自儒家思想。报告最后，还特别提到青年工作的重要性。党的十八大以来，高度重视对儒家思想智慧的发掘利用，高度重视青年的成长进步，是以习近平同志为核心的党中央一以贯之的两条重要治国理政思路。在贯彻学习党的二十大报告时，笔者不由产生探讨中华优秀传统文化，特别是孔子思想中有关青年之论述的想法。对于这一话题，尚未有学者进行专门梳理和研究，笔者不揣谫陋，拟做一次抛砖引玉的尝试。立足当下，回望历史，讲清楚“孔子与青年”这个话题，将有助于我们在推动儒家文化、中华优秀传统文化实现创造性转化、创新性发展中更好地调动青年力量，发挥青年才智，也将有助于我们通过汲取儒家文化、中华优秀传统文化中的宝贵智慧来推动青年工作更上一层楼。带着这样的认识，我们便很有必要走进集中记录孔子思想的儒家经典《论语》，对孔子青年观的逻辑框架和基本内容进行系统阐发。

孔子一生中，多数时候不得志，具体从事功上看，他并没有获得影响深远、相对圆满的政治业绩。当然，这绝对不是因他的能力水平不够，或主观态度不端。孔子一生中接触的人比较庞杂，包括国君、权臣、时贤、隐士、家人、弟子等，他还时常神交古人，但唯有与弟子在一起的时候，孔子的精神才是最放松、最自由的，思想也是最活跃、最深刻的。尽管孔子倡导“有教无类”①，在弟子出身、年龄上不刻意设置门槛，但他的一众弟子在拜入孔门时，绝大多数都是青年，至少比他年龄小。可以说，孔子是在与年轻人交换意见、交流心得、碰撞思想、共同生活与奔波中走向“至圣先师”“万世师表”之圣坛的。很大程度上讲，年轻人是塑造思想家、教育家孔子的核心力量，当然也是汲取孔子思想智慧、光大孔子理论学说的关键群体。本文将在深入挖掘孔子言论的基础上，围绕“好青年的标准是什么”“青年该怎样立足社会”“社会该怎样对待青年”三个话题来探析孔子的青年观，这也构成了孔子青年观的逻辑框架和基本内容；之后，再对孔子青年观的时代价值进行系统阐发。

---

① 朱熹撰：《四书章句集注》，中华书局2020年版，第169页。

一、“贤哉，回也”：孔子眼中的好青年

孔子最喜欢的弟子是颜回，他 13 岁时拜在孔子门下。颜回小孔子 30 岁，仅从年龄上看，他在孔子面前也是个小辈。尽管颜回生前并未留下什么文化主张或思想言论，不曾出仕为官，但因受到孔子格外的疼爱和赞赏而被公认为孔门弟子之冠。在元代以前，颜回一直在儒学谱系中居于仅次“至圣”孔子的“亚圣”之位，直到元代才改称“复圣”。从孔子的政治思想和教育思想中，我们都可以看到，孔子特别善于发挥榜样的示范作用，注重树立典型，用先进激励后进。在政治上，他强调“其身正，不令而行”①，倡导“先之”“劳之”“无倦”②的为政之道。而在教育上，他则极力把在各方面都表现突出的颜回树立成青年的学习榜样、成长标兵。孔子从不吝惜对颜回的赞誉，曾发出“贤哉，回也”③之赞叹，认为只有自己与颜回可以做到“用之则行，舍之则藏”④。在孔子看来，颜回是个多面发光的好青年，各方面做得都令他很满意，唯一的遗憾就是颜回 40 岁时先孔子而亡，这令孔子极度悲伤，大哭道：“噫！天丧予！天丧予！”⑤当周围人认为孔子悲伤过度时，他却反驳道：“有恸乎？非夫人之为恸而谁为！”⑥不少学者都认为，孔子原本就是把颜回当作自己学问的主要传承人来培养的，这个观点不无合理性。无奈，孔子希望落空，故而特别惋惜颜回之死，并在此后多次向人夸奖颜回。颜炳罡曾将颜回身上的闪光点概括为“默契圣道，自强不息”⑦，若分而言之，我们认为此可具体化为三个方面，而这三个方面，也构成孔子眼中好青年标准。

（一）聪慧好学

孔子并不嫌弃愚笨的年轻人，不然他也不会在颜回死后把自己的学问传授给天资鲁钝⑧的曾参了。不过倘若弟子天赋高，悟性强，孔子当然就更

---

① 朱熹撰：《四书章句集注》，第 144 页。

② 朱熹撰：《四书章句集注》，第 142 页。

③ 朱熹撰：《四书章句集注》，第 87 页。

④ 朱熹撰：《四书章句集注》，第 95 页。

⑤ 朱熹撰：《四书章句集注》，第 126 页。

⑥ 朱熹撰：《四书章句集注》，第 126 页。

⑦ 颜炳罡：《人伦日用即道：颜炳罡说儒》，孔学堂书局有限公司 2014 年版，第 34 页。

⑧ 《论语·先进》载：“（曾）参也鲁。”

高兴了。一次,在与子贡对话时,孔子让子贡拿自己和颜回做个比较,坦诚务实的子贡认为,颜回能够"闻一以知十",而自己仅能做到"闻一以知二"[①],孔子对此表示认同。但孔子发现颜回的聪慧也有一个过程。起初,他认为从不违背自己意愿的颜回愚笨,但慢慢观察又发现,颜回竟然能够将他的观点发挥得很好,因此得出了"回也不愚"[②]的结论。世上聪明却不塌心求学的年轻人不在少数,而颜回却做到了聪慧与好学兼顾。当鲁哀公与鲁国权臣季康子分别就"弟子孰为好学"向孔子发问时,他都不假思索地回答,"有颜回者好学",且表达了"不幸短命死矣!今也则亡(无)"的遗憾。[③] 他认为颜回之后,诸弟子中就没有一个能够像颜回那样好学的了。在求学问道之路上,颜回的确做到了自强不息,笃行不怠,孔子一回忆起颜回,就会想到他的上进,并对周围人说:"吾见其进也,未见其止也。"[④]

(二)尊师乐道

颜回始终保持着对孔子的敬仰与尊重。在孔子授课时,他会专心致志地倾听,没有丝毫倦怠,如孔子所言:"语之而不惰者,其回也与。"[⑤]颜回之所以能够做到这样,是因为他品尝到了跟随老师学习的极大乐趣,把聆听老师的讲授当成了一种享受。用孔子的话说:"于吾言无所不说(悦)。"[⑥]孔子师徒被困匡地时,颜回最后才脱围,师徒团聚后,孔子以为颜回已被害,颜回却说:"子在,回何敢死?"[⑦]看来,颜回把自己的生命与老师绑定在了一起,他有着一直陪伴在老师身边的决心。颜回对老师的尊重,源自对老师学问和道德的敬佩,他曾赞叹孔子的学识和教学方法:"仰之弥高,钻之弥坚;瞻之在前,忽焉在后。夫子循循然善诱人,博我以文,约我以礼。欲罢不能,既竭吾才,如有所立卓尔。虽欲从之,末由也已。"[⑧]尊师与乐道可谓"用"与"体"的关系,尊师是乐道的表现,乐道是尊师的灵魂。颜回更因"一箪食,一瓢饮,

---

① 朱熹撰:《四书章句集注》,第77页。

② 朱熹撰:《四书章句集注》,第56页。

③ 朱熹撰:《四书章句集注》,第84、125页。

④ 朱熹撰:《四书章句集注》,第114页。

⑤ 朱熹撰:《四书章句集注》,第114页。

⑥ 朱熹撰:《四书章句集注》,第125页。

⑦ 朱熹撰:《四书章句集注》,第129页。

⑧ 朱熹撰:《四书章句集注》,第111～112页。

在陋巷”却“不改其乐”而得到孔子的反复赞叹——“贤哉，回也”。[①] 这种安贫乐道的精神一直影响至今，宋儒据此提出的“孔颜乐处”精神境界，成为历代士人孜孜不倦的精神追求。

（三）崇仁尚德

在日常教学中，孔子以颜回为榜样和标杆的意图是显而易见的，他总会在学业评价上把颜回与其他同学区别开来，以凸显颜回的优秀。他夸颜回能做到“三月不违仁”，而其他弟子则是“日月至焉而已矣”。[②] “仁”是孔子思想的核心，能够长期坚守仁德不动摇，自然便是优秀的孔子追随者。包括颜回在内的多位弟子都曾就“仁”向孔子发问，孔子给每个人的答案都不相同，他对颜回的回答是“克己复礼为仁”，又补充了四点具体要求：“非礼勿视，非礼勿听，非礼勿言，非礼勿动。”[③]这是涉及“仁”之本质的回答，比单纯将其解释为“爱人”更具思想深度。学界诸多学者也认为从孔子对颜回所释之“仁”，更易于把握孔子之“仁”的本意。事实上，颜回本身的道德修为很高，有三点可证。其一，他曾对老师说，自己的志向是“愿无伐善，无施劳”[④]，就是说“不夸耀自己的好处，也不显扬自己的功劳”，这的确很高尚，但不像是一个人的志向。颜回之所以如此回答，意思是说，他的志向就是做个谦逊低调、甘于默默奉献之人。其二，孔子曾对鲁哀公夸赞颜回具有“不迁怒，不贰过”[⑤]的品质，这完全符合孔子“躬自厚而薄责于人”[⑥]及“过则勿惮改”[⑦]的处世原则。其三，在孔子看来，颜回最大的美德乃是中庸，子曰：“回之为人也，择乎中庸，得一善，则拳拳服膺而弗失之矣。”[⑧]正是由于颜回在同门中出类拔萃以及老师对其的高度认可，《论语》编撰者才把他列为孔门“四科”之首“德行”科的第一位。

---

① 朱熹撰：《四书章句集注》，第 87 页。

② 朱熹撰：《四书章句集注》，第 86 页。

③ 朱熹撰：《四书章句集注》，第 133 页。

④ 朱熹撰：《四书章句集注》，第 82 页。

⑤ 朱熹撰：《四书章句集注》，第 84 页。

⑥ 朱熹撰：《四书章句集注》，第 166 页。

⑦ 朱熹撰：《四书章句集注》，第 50 页。

⑧ 朱熹撰：《四书章句集注》，第 20 页。

二、“君子不器”:孔子对青年的谆谆教诲

客观而言,《论语》所载孔子教育弟子、讲给弟子听的所有言论,其实都属于他对年轻人、晚辈小辈的谆谆教诲,可划归到孔子青年观的范畴。从古至今,我们也一直在“蒙以养正”观念的影响下,以强制或非强制的方式,向年轻人推介孔子的圣训。

子曰:“君子不器。”①孔子不赞同君子像器皿一样只有一种功用,而主张君子要具备多种才干。在此我们再做一合理延伸,将其理解为君子不可在单方面努力,不可在人生奋进路上只追求一个方面、一个领域或一个角度的成长与突破,而应多措并举,多面发光,全面发展。故而这里用“君子不器”来概括孔子对青年的总体要求。

(一)树立远大理想,坚持知行合一

立志对于一个人,特别是年轻人的成长至关重要。孔子的社会理想——“大同”,便是在与年轻弟子言偃交谈时表达出来的。《论语》中出现过两处孔子与弟子在一起谈“志”的场景式记述。一次是“四子侍坐”,孔子与子路、曾点、冉有、公西华坐在一起谈论各自志向,曾点说他的志向是:“莫(暮)春者,春服既成。冠者五六人,童子六七人,浴乎沂,风乎舞雩,咏而归。”听罢四位弟子的话,孔子表示自己与曾点志向契合。② 另一次是孔子与子路、颜回在一起谈论志向这个话题,在听完弟子的志向后,孔子说,他自己的志向是:“老者安之,朋友信之,少者怀之。”③以上两次谈话,表达了孔子对社会安定太平、百姓生活安逸、人人各得其乐的大同世界的向往,这样的远大理想一直激励着孔子师徒前行。大同世界的实现,要靠大道的推行,而这个“大道”便是“先王之道”、尧舜之道,便是“天下为公”之道,因此孔子还特别强调“士志于道”,“笃信好学,守死善道”,“君子谋道不谋食”,“君子忧道不忧贫”。④ 但孔子绝非只知仰望星空、满脑子充满美好幻想之人,他不会做“行动的侏儒”,而是更强调脚踏实地、知行合一。子曰:“言必信,行必果”,

---

① 朱熹撰:《四书章句集注》,第 57 页。

② 朱熹撰:《四书章句集注》,第 131 页。

③ 朱熹撰:《四书章句集注》,第 82 页。

④ 朱熹撰:《四书章句集注》,第 71、106、168 页。

"言忠信,行笃敬,虽蛮貊之邦行矣","君子欲讷于言而敏于行"。[①] 当弟子各方面的修养都相对比较成熟的时候,孔子会对他们的能力表示肯定,认为他们于从政已没有什么困难了。他曾对鲁国执政季康子讲:"由(仲由)也果,于从政乎何有?""赐(端木赐)也达,于从政乎何有?""求(冉求)也艺,于从政乎何有?"[②]孔子曾把自己的一生总结为"十有五而志于学,三十而立,四十而不惑,五十而知天命,六十而耳顺,七十而从心所欲,不逾矩"[③]。这种不断超越自我、在不同阶段都有收获的人生体验,若离开脚踏实地的奋斗,根本无法取得。

(二)保持阳光心态,发扬好学精神

孔子年少时也曾短暂萎靡不振,后来很快便觉悟过来,开始努力学习,用他的话说:"吾尝终日不食,终夜不寝,以思,无益,不如学也。"[④]孔子 3 岁丧父,17 岁丧母,家境并不富裕,因此年少时从事过丧祝等卑微工作。艰苦生活对强者是一种磨炼,也是一个学习机会,孔子因此养成坚强的意志和肯吃苦的精神。子曰:"吾少也贱,故多能鄙事。"[⑤]我们翻遍《论语》,都找不出一个"苦"字,却不乏"乐""悦""笑"等字眼,这恰说明孔子始终是一个乐观向上、积极阳光之人。他是如此之人,其弟子也深受影响。年轻时,孔子做过委吏、乘田的工作,对此他尽职尽责,做出了出色业绩。孔子本人做到了"不器",归根结底在于好学,他既从实践中学习,也向书本学习;既向古人学习,也向时人学习。诸如"三人行,必有我师焉"[⑥],"学如不及,犹恐失之"[⑦]等脍炙人口的名言,皆为孔子好学的有力说明。在学习上,孔子不仅讲究学思结合、学用结合等方法技巧,而且从来都充满自信,子曰:"十室之邑,必有忠信如丘者焉,不如丘之好学也","默而识之,学而不厌,诲人不倦,何有于我哉","我非生而知之者,好古,敏以求之者也"。[⑧] 不得不说,好学是学习者的第一美德。古往今来,所有在民族进步和文化发展中做出突出贡献的人,都是在学习中不断成长起来的。

---

① 朱熹撰:《四书章句集注》,第 147、163、74 页。
② 朱熹撰:《四书章句集注》,第 86 页。
③ 朱熹撰:《四书章句集注》,第 54 页。
④ 朱熹撰:《四书章句集注》,第 168 页。
⑤ 朱熹撰:《四书章句集注》,第 110 页。
⑥ 朱熹撰:《四书章句集注》,第 98 页。
⑦ 朱熹撰:《四书章句集注》,第 107 页。
⑧ 朱熹撰:《四书章句集注》,第 83、93、98 页。

（三）理性看待富贵，坚守社会道义

孔子不排斥富贵，认为人追求富贵本身并没有错，但需具备两个前提条件：一是社会环境要允许，要在一个大道畅行的社会中去追求富贵，“邦有道，贫且贱焉，耻也；邦无道，富且贵焉，耻也”①；二是个人要坚守道义，要在不违背仁、义、礼、信等基本道德规范的前提下去追求富贵，“富与贵是人之所欲也，不以其道得之，不处也；贫与贱是人之所恶也，不以其道得之，不去也。君子去仁，恶乎成名？君子无终食之间违仁，造次必于是，颠沛必于是”，“富而可求也，虽执鞭之士，吾亦为之。如不可求，从吾所好”，“饭疏食饮水，曲肱而枕之，乐亦在其中矣。不义而富且贵，于我如浮云”。② 孔门弟子中，南容是孔子比较看好的一个年轻人，他自觉坚守道义，能够做到“邦有道，不废；邦无道，免于刑戮”③，且特别注重修身，经常提到《诗经·大雅·抑》中的一句话——“白圭之玷，尚可磨也；斯言之玷，不可为也”。对于这些，孔子看在眼里，记在心里，后来替兄做主，把自己的侄女嫁给南容。对待政治权贵，孔子从来都秉持理性态度，以道义来衡量他们的善恶美丑，“孔子和他的弟子是一个以道义担当为使命的文化团队，也是一个以德性感召为凝聚力的情感团队”④。

（四）笃定历史自信，接受素质教育

孔子向颜回说出“克己复礼”，其实就说明他本人具有极强的历史感，且希望这种历史感能够为身边的年轻人所承袭，继续走上“复礼”之路。而这个“礼”，便是周礼。子曰：“周监（鉴）于二代，郁郁乎文哉！吾从周。”⑤公山弗扰据费邑反叛后，征召孔子去做官。孔子准备去，子路对此十分气愤，孔子解释说：“如有用我者，吾其为东周乎？”⑥孔子着急做官，目的是想尽快恢复周礼。对他而言，做官只是实现理想的手段，而非目的。带着高度的文化自信和历史自信，孔子修定六经，使其成为先秦时代最为宝贵的精神财富，也成为宋以前最重要的儒家经典。但孔子的这种自信不是盲目的、极端的、

① 朱熹撰：《四书章句集注》，第 106 页。

② 朱熹撰：《四书章句集注》，第 70、96、97 页。

③ 朱熹撰：《四书章句集注》，第 75 页。

④ 颜炳罡：《人伦日用即道：颜炳罡说儒》，第 29 页。

⑤ 朱熹撰：《四书章句集注》，第 65 页。

⑥ 朱熹撰：《四书章句集注》，第 178 页。

固化的，而是具有时代性、选择性、创造性的，他曾提出过“损益”[①]的思想。孔子重视素质教育，以《诗》《书》《礼》《乐》为教材教授弟子，兼顾“小六艺”（礼、乐、射、御、书、数），目的是把弟子培养成全面发展的人才。他还告诫独子孔鲤，“不学《诗》，无以言”，“不学礼，无以立”[②]，留下“诗礼传家”的孔氏家训。后世有人认为以孔子为代表的儒家轻视科学教育，不重视技艺学习，这是失之偏颇的，《大学》就曾强调“致知在格物”[③]。贺麟就认为完整的儒家思想应包括三个方面：“有理学以格物穷理，寻求智慧。有礼教以磨炼意志，规范行为。有诗教以陶养性灵，美化生活。”[④]基于这样的理解，他还把儒学定义为“合诗教、礼教、理学三者为一体的学养，也即艺术、宗教、哲学三者的谐合体”[⑤]。

（五）光大仁爱价值，塑造君子人格

对“仁”和“君子”的讨论，大概构成了孔子思想的核心部分。二者关系密切，李启谦在讨论君子话题时曾言：“孔子的君子，既和旧事物有密切联系，同时又对旧事物又有所修改。那么，对旧事物改到什么程度呢？孔子是有其标准的，这个标准就是他的‘仁’。”[⑥]“讲仁爱”是孔子所开创的儒学之首要价值原则。与墨家“兼爱”不同，孔子倡导有差等的“仁爱”，亲亲尊尊，这样的差等之爱合乎天理人情，直到现在仍不过时。孔子希望身边的年轻人以及执政者，都能够把仁爱的价值发扬光大，按照君子的道德人格去塑造自己。根据《论语》的记载，颜回、子路、子贡、子张、冉雍、樊迟、司马牛等弟子都曾就“仁”和“君子”向孔子发问，面对这群求知若渴的年轻人，孔子发扬因材施教的作风，给出了百变不离其宗的答案。在孔子看来，“克己复礼为仁”，“刚毅木讷，近仁”，“能行五者（恭、宽、信、敏、惠）于天下，为仁矣”，还要做到“爱人”，“己所不欲，勿施于人”等等。[⑦] 此外他还善意提醒道：“巧言令

---

① 孔子的原话是：“殷因于夏礼，所损益，可知也；周因于殷礼，所损益，可知也；其或继周者，虽百世可知也。”（朱熹撰：《四书章句集注》，第59页）

② 朱熹撰：《四书章句集注》，第175页。

③ 朱熹撰：《四书章句集注》，第3页。

④ 贺麟：《儒家思想的新开展》，《文化与人生》，商务印书馆2015年版，第8页。

⑤ 贺麟：《儒家思想的新开展》，《文化与人生》，第9页。

⑥ 李启谦：《关于孔子评价中的一个问题——“君子、小人”辩》，《郑州大学学报》（哲学社会科学版）1979年第3期。

⑦ 朱熹撰：《四书章句集注》，第132、149、178、140、134页。

色，鲜矣仁！”[①]至于君子，孔子谈论得也比较多，为方便弟子理解，还引入“小人”的概念，使其成为与“君子”对立的道德人格，这大大方便了我们对君子的理解与把握。当下，一些有识之士着眼于当代青年成长，纷纷主张充分汲取传统君子人格的培养经验，为造就更多优秀的时代新人提供精神支撑和理论来源。有学者就发文说：“君子人格具有‘仁、智、勇’的品质特征，‘自强不息、敏于行、喻于义’的精神风貌，‘诗书礼乐皆通识’的素养境界，‘修身齐家治国平天下’的价值追求，成为引领中华民族前行数千年的理想人格。”[②]

除此之外，孔子思想中可供年轻人学习吸收的人生智慧还有很多，诸如“居之无倦”强调要勤奋，“人而无信，不知其可也”强调要讲诚信，“见贤思齐”强调要向榜样学习，“过犹不及”强调做事要掌握分寸，“逝者如斯夫！不舍昼夜”强调要惜时，“匹夫不可夺志”强调要意志坚定，“过而不改，是谓过矣”强调要勇于纠错，“一朝之忿，忘其身，以及其亲，非惑与”强调遇事要冷静对待等。[③]

三、“后生可畏”：社会对待青年应采取的态度

在青年成长进步之路上，孔子不辞辛劳，不夹私心，把自己的所思所学都传授给他们，也把自己的真情实意毫无掩饰地呈现在他们面前。与年轻人相处，让孔子的思想始终保持与时俱进的状态，并不断迸发出真理的火花，也让孔子的理论得到有效的论证和辨析，从而经得住时间和实践的检验。孔门师徒，一直在互相成就、互相塑造，成为中国历史上第一个关系紧密的高素质知识分子群体。面对一群朝气蓬勃、求知若渴的年轻人，孔子也在不断思考该如何培养他们、鼓励他们、成就他们。他不仅为年轻人找到了学习的榜样，提出了奋斗的方向、方法，而且希望社会能够善待年轻人，多多肯定他们，给他们搭建施展才华的平台，带去奋进的希望。概而言之，孔子希望社会对年轻人秉持以下两种态度。

---

① 朱熹撰：《四书章句集注》，第 48 页。

② 王仕民、黄科：《从“君子人格”到“时代新人”——中华优秀传统文化的传承与创新》，《理论探索》2022 年第 4 期。

③ 朱熹撰：《四书章句集注》，第 138、59、73、127、113、115、168、140 页。

第一，寄望与培养青年。孔子对身边的年轻人寄予厚望，从不以财富、出身、贤愚等标准来看年轻人，而是主张“有教无类”，坚持开门办学，认为年轻人只要达到就学年龄，就可以投在自己门下学习。子曰：“自行束脩以上，吾未尝无诲焉。”①孔子“诲人不倦”，寓教于乐，总是以饱满的热情和十足的自信，用场景式、对话式的教学方法，把自己的学问传授给弟子。为了教育好弟子，孔子孜孜不倦地编修古代经典，确定礼、乐、射、御、书、数六个方面的学习内容，并以“文、行、忠、信”②为重点，这套科学、系统、实用的教学模式，直到今天仍有重要参考价值。同时，孔子鼓励弟子在实践中检验自己的真才实学，以自身才华和学识造福百姓，奉献社会。子贡、子路、子夏、子游、冉求等都做过官，甚至扮演过左右政治大局的关键性角色。如子贡被司马迁赞誉道：“子贡一出，存鲁，乱齐，破吴，强晋而霸越。子贡一使，使势相破，十年之中五国各有变。”③这虽有些夸张，却足以说明孔子弟子中不乏一流的政治军事人才。社会应像孔子那样，对青年寄予厚望，并用心、用情、用力去培养他们。

第二，肯定与学习青年。当年轻人有优秀表现时，孔子会及时给予鼓励和肯定。子游担任武城宰时，牢记孔子“君子学道则爱人，小人学道则易使也”④的教导，把武城治理得非常出色，因此得到孔子的认可。孔子看好出身不太好的冉雍，夸赞道：“犁牛之子骍且角，虽欲勿用，山川其舍诸？”⑤同时认为“雍也可使南面”⑥，鼓励他出来做官。孔子肯定年轻人的最著名之言论，当为记录在《子罕》中的“后生可畏，焉知来者之不如今也”。孔子提醒人们，也鼓励他的青年弟子们，年轻人是了不起的，后来的人会比今天的人做得更好，这反映出孔子持奉积极的历史观。正因为这样，社会应当重视青年，尊重青年，看好青年。当然，此话还有后半句：“四十、五十而无闻焉，斯亦不足畏也已。”孔子认为年轻人出彩的年龄上限是40～50岁，如果到这个年龄段，特别是到了50岁，仍然平庸无为，这个人就不值得大家尊重和敬畏了。

---

① 朱熹撰：《四书章句集注》，第95页。

② 朱熹撰：《四书章句集注》，第99页。

③ 司马迁撰，韩兆琦评注：《史记》(二)，岳麓书社2016年版，第983页。

④ 朱熹撰：《四书章句集注》，第177页。

⑤ 朱熹撰：《四书章句集注》，第85页。

⑥ 朱熹撰：《四书章句集注》，第83页。

此外，孔子还提醒我们“年四十而见恶焉，其终也已”[①]。肯定青年，当然也暗含向青年学习之意，否则我们便不好解释孔子的“三人行，必有我师焉”[②]了。在20世纪上半叶，贺麟就发文呼吁过“向青年学习”，并指出，“‘向青年学习’确是加速进步、促进民主、救治老朽的一个伟大启示”，“惟其能向青年学习，所以堪作青年导师”。[③] 时至今日，这些观点对于我们做好青年工作仍有重要的启发意义。

四、孔子青年观的时代价值

习近平总书记指出：“千百年来，青春的力量，青春的涌动，青春的创造，始终是推动中华民族勇毅前行、屹立于世界民族之林的磅礴力量！”[④]“广大青年要肩负历史使命，坚定前进信心，立大志、明大德、成大才、担大任，努力成为堪当民族复兴重任的时代新人，让青春在为祖国、为民族、为人民、为人类的不懈奋斗中绽放绚丽之花。”[⑤]这要求当代中国青年努力提升自身修养和水平，积极投身社会建设，把自身所学全部奉献于人民幸福、国家强盛、民族复兴、世界和谐，而包括孔子青年观在内的整个儒学体系，恰是能够将个人内在修养和外在作为合而为一的一种思想学说[⑥]，能够为青年成长和奋斗提供必要的精神滋养和思想借鉴。具体来说，孔子青年观的时代价值体现在以下三个方面。

第一，从促进个人成长进步的角度而言，有助于厚植家国情怀，涵养进取品格。今日中国，青年生活在世界多极化、经济全球化、文化多元化、社会信息化的“地球村”，每个人都自觉不自觉地变成了“世界公民”。知识学问

---

① 朱熹撰：《四书章句集注》，第183页。

② 朱熹撰：《四书章句集注》，第98页。

③ 贺麟：《向青年学习》，《文化与人生》，第354、355页。

④ 习近平：《在庆祝中国共产主义青年团成立100周年大会上的讲话》，《人民日报》2022年5月11日。

⑤ 《习近平在清华大学考察时强调　坚持中国特色世界一流大学建设目标方向　为服务国家富强民族复兴人民幸福贡献力量》，《人民日报》2021年4月20日。

⑥ 如冯天瑜所言：“儒家作为一种‘伦理—政治’型的学说体系，包括内在的人的主观伦理修养论和外在的客观的政治论这样两个彼此联系着的组成部分，前者即所谓‘仁’学，或‘内圣’之学；后者即所谓‘礼’学，或‘外王’之学。在孔子那里，这两个侧面还浑然统一在一个体系之内。”（冯天瑜：《试论儒学的经世传统》，《孔子研究》1986年第3期）

没有国界，但作为知识学问的承载者，个体却有自己的祖国。怎样更好地促进个人成长进步，更好地融入世界，做好“世界公民”，是摆在当代中国青年面前不可回避的大课题。我们当然希望中国青年能够带着中华优秀传统文化之“根”和中国特色社会主义新文化之“魂”，立足中国，建设中国，并更好地走向世界，造福人类。但必须认识到，爱祖国，要以爱家庭、爱家乡为起点，以爱文化为核心。对于根在中国、生长在中国的中国青年而言，爱国既是一种美德，也是一种实惠。孔子思想、儒家文化，恰自中国“德治”“礼治”的文明土壤中诞生出来，且以“崇仁、贵和、尚德、利群”①为其基本价值。这些基本价值都是孔子在教学课堂上划出的重点，也是他始终反复强调的理念，当然也成了孔子青年观的灵魂和主线。学习孔子青年观，必将有助于当代中国青年不断厚植家国情怀，涵养进取向上的精神品格，确保价值取向意义的纯正性与民族性。正如牟钟鉴所言，把以“五常八德”为基石的中华传统美德认真落实到家庭、学校、社会教育事业中，促进年轻人德智体全面发展，仁智勇兼备，形成独立健全人格的工作极为重要，是“传承和弘扬孔子儒学精华最具战略意义的世纪事业”②。牟氏还把孔子称作“中华民族的精神导师”③，这在学界已基本成为一种共识，若再具体一点，孔子堪做中国青年的精神导师！自古以来，我们强调“童蒙养正”，通过编订蒙学教材、规范科举考试等，尽早将孔子核心思想理念植入年轻人的头脑之中，目的便是确保他们“三观”端正，人生方向不迷茫。这些努力对于当下每个年轻人的成长进步，无疑同样具有本固枝荣、根深叶茂的借鉴价值和指导意义。

第二，从赓续中华优秀民族文化的角度而言，有助于传承人文精神，增强历史主动。受儒家思想的深刻影响，自周代以来，中国传统文化的基本特征便是人文性，中华文明的价值偏好体现为责任先于自由、义务先于权利、群体高于个人、和谐高于冲突。④ 钱穆曾言：“自然非有一番文化修养与文化陶冶的人，便无法来善尽承担文化与护持文化之责。”⑤对于当代中国青年而

① 陈来说：“从汉至唐，崇仁、贵和、尚德、利群，已成为中国文化的基本价值。”（陈来：《中华文明的核心价值：国学流变与传统价值观》，生活·读书·新知三联书店 2015 年版，第 100 页）

② 牟钟鉴：《中国文化的当下精神》，中华书局 2016 年版，第 21 页。

③ 牟钟鉴：《中国文化的当下精神》，第 2 页。

④ 参见陈来：《中华文明的核心价值：国学流变与传统价值观》，第 51～57 页。

⑤ 钱穆讲授，叶龙记录整理：《中国学术文化九讲》，天地出版社 2019 年版，第 112 页。

言,学习孔子青年观,有助于接续传统人文精神,增强文化自觉、文化自信,提升自身人文素养,认清历史发展规律,顺应历史发展大势,抓住历史发展机遇,进而生出自觉推动中华优秀传统文化实现创造性转化、创新性发展的使命感和主动性。三十多年前,冯友兰曾撰文指出:"我们要建设有中国特色的社会主义社会,其所以有中国特色,就是因为它对古代文化有所继承。"①孔子处于五千年中华文明"纵轴"的中心位置,在一群年轻人的辅弼和期待之下,以"述而不作"的使命担当,返本开新,承前启后,对他之前的中国文化进行了系统反思和总结,也绘就了他之后文化的底色,这一"底色"在今天也成了社会主义现代化建设突出的"特色"。我们持续推进中国特色社会主义事业,没有理由不引导中国人民,特别是中国青年将这一"特色"搞明白并传承好,从而更好地促进马克思主义与中华优秀传统文化的紧密结合,更好地促进民族文化时代化、年轻化。

第三,从推进民族复兴伟业的角度而言,有助于集聚青年力量,扛牢责任担当。贺麟曾指出:"民族复兴本质上应该是民族文化的复兴。民族文化的复兴,其主要的潮流、根本的成分就是儒家思想的复兴,儒家文化的复兴。假如儒家思想没有新的前途、新的开展,则中华民族以及民族文化也就不会有新的前途、新的开展。换言之,儒家思想的命运,是与民族的前途命运、盛衰消长同一而不可分的。"②儒学长期作为中国传统文化的主干而在中国思想史和中国文化史上占据重要地位,贺氏之说不无道理。在我们全力推进中华民族伟大复兴的新征程上,学习、传播、应用孔子思想和儒家文化,不仅是为传承孔子思想和儒家文化,更是为追求民族美好未来。民族复兴大业终究要靠青年来实现,他们的理想抱负、境界格局、意志品格、知识学问,直接决定着中国梦能否顺利实现。我们要通过科学理性的方式方法,让中国青年真正凝聚起来,确保他们始终为了民族复兴的目标奋勇前进。在集聚青年力量上,孔子便是成功的探索者。他把三千弟子,特别是七十二个贤能弟子集聚在自己身边,与他们一起致力于儒学体系的建构和仁义理想的推行,得到后世的赞誉与追慕。孔子青年观集中展现了孔子思想中的奋斗精神、奉献精神、梦想精神、担当精神,这些是推进民族复兴不可或缺的宝贵精神财富。学习孔子青年观,将有利于更加广泛、更加持久地集聚新时代中国

---

① 冯友兰:《一点感想》,《孔子研究》1986 年第 1 期。

② 贺麟:《儒家思想的新开展》,《文化与人生》,第 5 页。

青年所蕴含的青春力量，引导他们以高度的责任感和使命感，积极投身于中国特色社会主义事业，从而始终以奋进者、开拓者、奉献者的姿态昂扬走在时代的前列。

结　语

孔子在与青年的长期互动交流中，逐渐丰富完善起自己的思想学说，为后世留下了宝贵的精神财富。探讨“孔子与青年”的话题，对于全面认识与理解孔子思想、做好当下青年工作大有裨益。鉴于这一话题目前在学界尚属“盲区”，本文拟作抛砖引玉。孔子青年观的基本内容包括“好青年的标准是什么”“青年该怎样立足社会”“社会该怎样对待青年”三个方面。颜回是孔子眼中的好青年，孔子有意把他树立成学习榜样、成长标兵，由颜回的才华和修为，我们可知孔子眼中的好青年之具体标准。此外，孔子还为青年指明了努力方向，并指出社会该如何对待青年，这也构成了孔子青年观不可或缺的两个重要组成部分。在新时代，探讨孔子青年观，不论对促进青年个人成长进步，还是对传承中华优秀传统文化、推进民族复兴伟业，都具有重要的时代价值。

《大学》的作者、学派以及改本问题再研究

邝宁

摘要：有关《大学》文本的讨论围绕着作者、学派以及改本三个核心问题而展开，这些探讨不仅关涉考据，还与思想的诠释有关。《大学》引用曾子的言论，是对曾子思想的发展。对比《大学》和出土文献《曾子》十篇，发现二者在思想宗旨和核心术语上差距较大，因而《大学》很有可能还受其他思想影响。结合春秋战国时期的思想背景，并与出土文献《黄帝四经》相比较，可将《大学》的成书推定为晚于曾子，早于孟子，并且在成书的过程中受到了道家思想的影响。《大学》改本有五十余家之繁，与“格致传”问题息息相关。按照诸家对“格致传”的态度，改本可分为古本系、《大学章句》系、“退经补传”的董槐本一系，三系在思想诠释上各有特点，而综合《大学》思想、发展自董槐改本的唐君毅改本明显优于其他改本。

关键词：《大学》作者　学派　董槐本　唐君毅本

对于《大学》的作者和学派自古以来便有争议，弄清楚《大学》是谁所作，受哪个学派影响，以及甄别繁杂的改本是研究《大学》的基础。学界曾就这些问题有过诸多探讨，但是苦于文献不足，要么诉诸独断的猜测，要么悬而不论。出土文献的发掘与研究给这些问题的解决带来转机，其中比较关键的是李学勤、梁涛与刘光胜三位先生的研究。李学勤通过对比简帛佚籍《五行》篇，指出《大学》是一篇经传结合的作品，支持朱熹所说的经文是孔子之

邝宁，海南大学人文学院讲师，主要从事儒家哲学研究。

意，曾子述之，传文是曾子之意，门人记之的说法。① 但同样是与《五行》篇比较，梁涛却认为分经传是不成立的。② 刘光胜比较了《大学》与《曾子》十篇的异同，认为《大学》近《郭店楚简》而远《曾子》十篇，并将其成书的时间范围缩小到晚于曾子早于孟子。③ 可见，虽然都结合了出土文献，但三位先生的观点却有抵牾之处。下面综合这些观点进一步探究《大学》文本相关问题，不妥之处，敬请指正。

一、《大学》作者的争议

有关《大学》的作者有四种说法：(1)《大学》是孔氏遗书；(2)《大学》是曾子述孔子之意为经，曾子门人记曾子之意为传；(3)《大学》是曾子后学所作；(4)《大学》是董仲舒所作。四种说法都有支持者，以目前的文献记载我们很难断定究竟谁才是正确的，但是综合前人研究，(1)、(2)、(4)都可以排除，(3)的可能性最大。

《大学》是孔氏遗书的说法由程颢与程颐提出，他们将《大学》一篇与孔子挂钩，这引起了学者的重视，也为《大学》的升格做了准备。二程说："《大学》乃孔氏遗书，须从此学则不差"④，"《大学》，孔子之遗言也。学者由是而学，则不迷于入德之门也"⑤。从这两句来看，二程有意从学术派别的角度来定位《大学》。结合二程儒佛之辨以及辨王安石新学的思潮，可知强调此篇为孔氏遗书、遗言有正学术的意图。二程又说"《大学》，圣人之完书也"⑥，"《礼记》除《中庸》《大学》，唯《乐记》为最近道，学者深思自求之"⑦，论断《大学》乃近道的圣人之书，使其价值得到了学者的重视。第一个提出不同意见的是朱熹。朱熹提出《大学》的作者，经与传不同，经是"盖孔子之言，而曾子

---

① 参见李学勤：《从简帛佚籍〈五行〉谈到〈大学〉》，《孔子研究》1998 年第 3 期。

② 参见梁涛：《〈大学〉早出新证》，《中国哲学史》2000 年第 3 期。

③ 参见刘光胜：《〈大学〉成书问题新探——兼谈朱熹怀疑〈曾子〉十篇真实性的内在思想根源》，《文史哲》2012 年第 3 期。

④ 程颢、程颐著，王孝鱼点校：《河南程氏遗书》，《二程集》，中华书局 2016 年版，第 18 页。

⑤ 程颢、程颐著，王孝鱼点校：《河南程氏粹言》，《二程集》，第 1204 页。

⑥ 程颢、程颐著，王孝鱼点校：《河南程氏遗书》，《二程集》，第 311 页。

⑦ 程颢、程颐著，王孝鱼点校：《河南程氏遗书》，《二程集》，第 323 页。

述之。其传十章,则曾子之意而门人记之也”[①],又在《大学或问》中说:“正经辞约而理备,言近而指远,非圣人不能及也,然以其无他左验,且意其或出于古昔先民之言也,故疑之而不敢质。”[②]肯定了《大学》的义理价值,但是因为没有明确的证据,所以不敢质言是孔子的道德言论,只说是圣人或者“古昔先民”之言。对于传文,则说“或引曾子之言,而又多与《中庸》《孟子》者合,则知其成于曾氏门人之手,而子思以授孟子无疑也”[③]。此外,在《朱子语类》中,朱熹多次提出以曾子一系为孔门道统传承脉络。如“此自孔子、曾子、子思、孟子理会得后,都无人说这道理”[④]。又说:“因言‘今人只见曾子唯一贯之旨,遂得道统之传。此虽固然,但曾子平日是个刚毅有力量、壁立千仞底人……虽是做工夫处比颜子觉粗,然缘它资质刚毅,先自把捉得定,故得卒传夫子之道。后来有子思、孟子,其传亦永远’。”[⑤]从程子到朱子,皆将道统逻辑与文献佐证相结合,所以这个论断得到了很多支持。如李学勤认为,《大学》与《论语》等书中记载的曾子言论相一致,因而“《大学》确可认为是曾子的著作”[⑥]。梁涛认为,《大学》是曾子及其弟子所作的原因有四:第一,《大学》有“曾子曰”,应与曾子有一定的关系;第二,《大学》中“孝者,所以事君也”一句与《礼记·祭义》中曾子言“事君不忠,非孝也”相近;第三,《大学》思想与曾子有一致之处;第四,《中庸》受《大学》影响,从学术传承来看,《大学》与曾子一派有密切关系。[⑦]

赵泽厚对《大学》是孔曾一系所著的观点进行了反驳,指出《大学》中没有“孔子之言,而曾子述之”的明证,而且《大学》中有“曾子曰”,却不说“孔子曰”,如果是曾子记述孔子的言论,那么按照儒家尊师的传统,曾子不会不称孔子之名,如果是曾子弟子的行为,那么“掠孔子之美言,据为己说,岂不厚

---

① 朱熹撰:《四书章句集注》,中华书局1983年版,第4页。

② 朱熹撰:《四书或问》,朱杰人、严佐之、刘永翔主编:《朱子全书》(修订本)第6册,上海古籍出版社、安徽教育出版社2010年版,第514页。

③ 朱熹撰:《四书或问》,朱杰人、严佐之、刘永翔主编:《朱子全书》(修订本)第6册,第514页。

④ 朱熹撰:《朱子语类》(一),朱杰人、严佐之、刘永翔主编:《朱子全书》(修订本)第14册,第200页。

⑤ 朱熹撰:《朱子语类》(一),朱杰人、严佐之、刘永翔主编:《朱子全书》(修订本)第14册,第408～409页。

⑥ 李学勤:《从简帛佚籍〈五行〉谈到〈大学〉》,《孔子研究》1998年第3期。

⑦ 详见梁涛:《〈大学〉早出新证》,《中国哲学史》2000年第3期。

诬曾子之甚乎”[①]。赵泽厚认为《大学》是汉代董仲舒的作品，原因有三点：第一，《大学》注释最早出自郑玄，所以不可能晚于郑玄；第二，太学制度始于董仲舒的建议；第三，《大学》的思想和言论与董仲舒接近。[②] 第一点无上限，不能证明《大学》晚出；第三点只能证明二者有关系，但究竟是《大学》影响了董仲舒，还是董仲舒作了《大学》，并不能确定；最值得注意的是第二点，如果古代并无“太学”制度，如果《大学》在太学制度之前，那么“大学之道”岂不是没有对象的空言？事实上，从古代学制的历史来看，按甲骨文记载，商代就有学校教育。[③] “大学”之名见于《大戴礼记·保傅》“古者年八岁而出就外舍，学小艺焉，履小节焉；束发而就大学，学大艺焉，履大节焉”[④]。屈万里考证《保傅》篇多取材于贾谊《新书》，成书于西汉时期，董仲舒与贾谊相去不过十几年，贾谊尚称古者，说明“大学”之名要更早，不存在空论“大学之道”的情况。因而我们不能承认《大学》晚出，即其是董仲舒所作的观点。

与注重探讨《大学》和曾子思想相近的研究方向不同，刘光胜结合出土文献对《曾子》十篇进行了研究，提出了四条《大学》与《曾子》十篇不同的论据。第一，文章的主旨不同。《大学》中一些关键的术语，如明明德、亲民、止于至善、格物致知、正心、诚意、修身、齐家、治国、平天下等均不见于《曾子》十篇。第二，追求的人生目标与政治理想不同。《大学》的目标在“明明德于天下”，针对“有国者”，而《曾子》十篇则针对士人而发，修身的目标是培养人人称许的孝子。第三，《曾子》十篇没有亲民、反对聚敛等治国策略方面的内容。第四，《大学》修心论远比《曾子》十篇复杂。[⑤] 其中，第一条与第二条较为关键，或许同一人在不同的场合会有不同的表达，但是关键术语与论学宗旨基本上是有一致性的。因而我们也不能同意《大学》是“曾子之意而门人记之”的论断。

那么，《大学》是曾子后学的作品吗？综合上述讨论，这种可能性最大。《大学》所论与曾子的思想存在较大差异，但是《大学》明确引用曾子，这是最为关键的证明。对于曾子的思想，《大学》又有哪方面的发展？这需要结合《大学》的学派争议来讨论。

---

① 赵泽厚：《大学研究》，（台北）中华书局1972年版，第20页。

② 详见赵泽厚：《大学研究》，第69页。

③ 参见杨宽：《西周史》，上海人民出版社2003年版，第664页。

④ 王聘珍撰：《大戴礼记解诂》，中华书局1983年版，第60页。

⑤ 参见刘光胜：《出土文献与〈曾子〉十篇比较研究》，上海古籍出版社2016年版，第191～193页。

二、《大学》成书年代及其学派

有关《大学》的成书年代，有以下几种说法：与《郭店楚简》同时代说、晚于荀子说、秦汉说。梁涛一一驳斥了《大学》晚出的几个论据，诸如《大学》文字较为工整、大学的名称与制度形成于秦汉、《大学》中有的思想出现较晚，这些论点都立不住脚。[①] 对比《郭店楚简》，他的观点是可信的。胡适提出一个基于思想史发展规律的猜想，认为按照儒家学说的发展趋势，在孟子和荀子以前，儒家应当有从"极端伦常主义"转而"尊崇个人"，从"重君权"转而"鼓吹民权"的思想转变过程，从"实际的人生哲学"转而发展一种"内观的儒学"。如果《大学》与《中庸》是孔子以后孟子以前流传的儒书，这个转变就说得通了。[②] 可以说，无论从文献特征还是从思想脉络，《大学》的成书年代早于《孟子》是说得通的，这也是目前比较令人信服的一个论断。基于此，就可以分判目前学界对于《大学》所属学派的三种意见了。第一，《大学》是思孟学派的作品，这是自朱熹以来的主流观点，唐君毅、徐复观持此观点；第二，《大学》近荀子，出于荀子后学，冯友兰和钱穆持此论；第三，《大学》受道家影响，陈鼓应[③]、孙以楷[④]持此论。近孟子还是近荀子涉及《大学》在性情论上的取向问题，如果《大学》早于孟子和荀子，孟子和荀子均受《大学》的影响，就意味着以性善、性恶来划分《大学》是不合适的。反过来，孟子论"人有恒言，皆曰'天下国家'。天下之本在国，国之本在家，家之本在身"[⑤]，很可能出自《大学》"身修而后家齐，家齐而后国治，国治而后天下平"，荀子论"止诸至足"[⑥]则有可能出自《大学》"止于至善"。对于《大学》是否属于儒家，明末清初学者陈确曾发出过疑问。他认为《大学》"其言似圣而其旨实窜于禅……苟终信为孔、曾之书，则诬往圣，误来学，其害有莫可终穷者，若之何无辨"[⑦]。陈确提出一个重要的问题：《大学》中很多术语确实在先秦儒家典籍中不常

---

① 详见梁涛：《〈大学〉早出新证》，《中国哲学史》2000 年第 3 期。

② 参见胡适：《中国古代哲学史》，安徽教育出版社 2006 年版，第 251 页。

③ 详见陈鼓应：《早期儒家的道家化》，《中州学刊》1995 年第 2 期。

④ 详见孙以楷：《〈大学〉与道家》，《华夏文化》1998 年第 2 期。

⑤ 赵岐注，孙奭疏：《孟子注疏》，北京大学出版社 2000 年版，第 228 页。

⑥ 梁启雄：《荀子简释》，中华书局 2012 年版，第 305 页。

⑦ 陈确：《大学辨》，《陈确集》，中华书局 2009 年版，第 552 页。

见，诸如止于至善、亲民、止、静、定、安、虑、得、格物、致知等均不见于《论语》，也不见于《曾子》。陈鼓应认为《大学》是受道家影响而产生的作品，书中一些术语与道家和《黄帝四经》关系比较近。比较关键的论据有三个：第一，《大学》的修、齐、治、平直接因袭了黄老道家的由心修而至国家安、天下定的思维方式；第二，“明德”概念源于帛书《黄帝四经》“天下太平，正明以德”“化则能明德除害”；第三，“定”“静”的概念袭自道家。孙以楷的观点与此观点基本一致。陈先生列举的论点是有力的，但是我们不能因此说《大学》受《黄帝四经》的影响，只能说或许二者有关系。例如，黄老道家不重视“家”，常常讲天地、男女，而儒家恰恰重视家、乡、国的秩序。是不是黄老道家吸收了儒家的为政思想呢？白奚就持此论，他认为《黄帝四经》显然是受儒家思想影响而产生。[①] 这样看来，在《黄帝四经》与《大学》孰先孰后不确定的情况下，假定《大学》在后，则受了《黄帝四经》的影响是没有根据的。徐复观也犯了同样的错误，他注意到《大学》谈“静”与道家或许有关，但是他先认定《大学》晚于《孟子》《荀子》，所以论述起影响关系来颇为曲折，认为“老庄言‘静’，荀子受其影响而亦常言‘静’，则《大学》的‘知止而后有定，定而后能静’一段，恐亦受其影响”[②]。徐复观一方面认为老庄影响荀子，荀子再影响《大学》，另一方面又认为《大学》应该放在《孟子》以心为主宰的系统下进行解读[③]，颇为迂回。战国时期，百家争鸣的同时，也促进了思想的交流，《庄子》说“天下大乱，贤圣不明，道德不一，天下多得一察焉以自好”[④]。从思想发展的角度来看，这形容的正是战国时期思想活跃的现象，不同的思想在同一时期勃发，接下来自然是相互碰撞、交流、重建，这个影响过程和进路是复杂的，不必如徐复观所猜想的从荀子吸收老庄再反过来影响《大学》的作者。司马谈说：“道家使人精神专一……其为术也，因阴阳之大顺，采儒墨之善，撮名法之要，与时迁移，应物变化，立俗施事，无所不宜，指约而易操，事少而功多。”[⑤]这正是对道家兼采百家的描述。虽然司马谈并没有谈儒家思想也有这样一个兼采百家而发展的过程，但是结合胡适的猜想，从《五经》《论语》

---

① 参见白奚：《〈黄帝四经〉与百家之学》，《哲学研究》1995 年第 4 期。

② 徐复观：《中国人性论史 · 先秦篇》，九州出版社 2014 年版，第 250 页。

③ 徐复观说：“《大学》乃属于孟子以心为主宰的系统……对《大学》的解释，主要也应当以孟学为背景。”（徐复观：《中国人性论史 · 先秦篇》，第 251 页）

④ 郭庆藩撰，王孝鱼点校：《庄子集释》（下），中华书局 2012 年版，第 1064 页。

⑤ 司马迁：《太史公自序》，《史记》，中华书局 2012 年版，第 3289 页。

为主的儒家发展到《孟子》《荀子》，形成心性论与政治哲学相互衔合的完整体系，其间理应有一个过渡，把这个猜想放在战国时期百家争鸣和碰撞的背景下，《大学》《中庸》能达到如此高的哲理成就也就不足为奇了。

另外，结合《大学》引用的文献来看，其引用的《康诰》《楚书》《秦誓》以及《诗经》，都是孔子以前的文献，而且是孔子教学的主要内容，所引的人如孟献子、孔子、曾子等，以曾子最晚，都早于孟子。《大学》以"国不以利为利，以义为利也"结束，而孟子开篇就论义利之辨，可见二者之间是有关联的。所以朱熹说，《大学》影响了《孟子》，"多与《中庸》《孟子》者合，则知其成于曾氏门人之手，而子思以授孟子无疑也"[①]是可信的。可惜学者见《大学》一文结构完整，条理整齐，就以为晚出，多不取朱熹的看法。比如，郭沫若批评冯友兰"以兄为父"，把《大学》说成是受《荀子》影响的产物，自己却犯了同样的错误，以为《大学》和《孟子》接近，就是受了《孟子》的影响，是孟子的弟子所作。[②] 综上所论，可以说《大学》一书晚于曾子，早于《孟子》，并且在成书的过程中与道家思想交互影响。

值得注意的是，认为《大学》是在思想交流与碰撞下诞生的，并不意味着要同陈确那样将《大学》摒除于圣门之外。《大学》的宗旨、主张与道家、墨家有着很大的差异，毫无疑问是儒家的经典，但是它又确实与孔子、曾子论学的内容有着差异，这个差异恰恰是《大学》对于孔子、曾子思想的进一步发展。

首先，《大学》与《论语》的为学宗旨具有一致性，求学的目标都在道，实现志向的路径都是为政。孔子说"志于道"，《大学》开篇就说"大学之道"；《论语》记载孔门师生多讨论为政、从政，并且将为政与伦常相结合，如"《书》云：'孝乎惟孝，友于兄弟，施于有政。'是亦为政，奚其为为政"[③]，《大学》则以修身、齐家、治国、平天下为一体。

其次，《大学》与曾子思想接近。曾子说"吾日三省吾身"[④]，明确了一种

---

① 朱熹撰：《四书或问》，朱杰人、严佐之、刘永翔主编：《朱子全书》(修订本)第 6 册，第 514 页。

② 详见郭沫若：《十批判书》，《郭沫若全集 · 历史编》第二卷，人民出版社 1982 年版，第 139～141 页。

③ 何晏注，邢昺疏：《论语注疏》，北京大学出版社 2000 年版，第 24 页。

④ 何晏注，邢昺疏：《论语注疏》，第 4 页。

内省的倾向；又说“夫子之道，忠恕而已矣”[①]，《大学》言“是故君子有诸己而后求诸人，无诸己而后非诸人。所藏乎身不恕，而能喻诸人者，未之有也”[②]，与之相应。孟子评价曾子“守约”，引曾子曰“子好勇乎？吾尝闻大勇于夫子矣。自反而不缩，虽褐宽博，吾不惴焉；自反而缩，虽千万人，吾往矣”[③]。朱熹引尹氏说“曾子守约，故动必求诸身”，又引谢氏说“诸子之学，皆出于圣人，其后愈远而愈失其真。独曾子之学，专用心于内，故传之无弊，观于子思、孟子可见矣”[④]。可见，曾子内省、内求、内守而达于外的倾向，与《大学》的义理结构是一样的。

《大学》不同于《论语》之处在于，一方面《论语》谈为学、为政以礼乐为追求，如孔子说“为国以礼”[⑤]，“兴于诗，立于礼，成于乐”[⑥]，而《大学》谈为学、为政则直接以明明德、亲民、止于至善为目标；另一方面，《论语》以“仁”为根本德，追求“成仁”，《大学》则说“物格而后知至，知至而后意诚，意诚而后心正，心正而后身修”[⑦]，“知止而后有定，定而后能静，静而后能安，安而后能虑，虑而后能得”[⑧]，成德的理论更为精密。结合《论语》与《大学》的共同宗旨来看，《论语》在谈为政时均结合具体的事来说，而《大学》则重申了为学、为政的目的，《论语》在谈成德时不注重对内在体验的过程描述，而是“听其言而观其行”[⑨]，《大学》则注重成德的方式以及成德的体验描述。这种差异放在二者所处的不同的时代背景下是可以理解的。孔子说“古之学者为己，今之学者为人”[⑩]，强调的是学风变化。如果说孔子还能维护“为己之学”的教法，而到了战国时期，养士之风大兴，学者待价而沽，“为己之学”大衰，所以《大学》需要提供更为精密的由内而外的成己成人路径，精于由内圣而通外王，恰恰是《大学》的贡献。再对比曾子为学守约的特点，将《大学》归于曾子

---

① 何晏注，邢昺疏：《论语注疏》，第 56 页。
② 朱熹撰：《四书章句集注》，第 9 页。
③ 赵岐注，孙奭疏：《孟子注疏》，第 89 页。
④ 朱熹撰：《四书章句集注》，第 48 页。
⑤ 何晏注，邢昺疏：《论语注疏》，第 173 页。
⑥ 何晏注，邢昺疏：《论语注疏》，第 115 页。
⑦ 朱熹撰：《四书章句集注》，第 4 页。
⑧ 朱熹撰：《四书章句集注》，第 3 页。
⑨ 何晏注，邢昺疏：《论语注疏》，第 65 页。
⑩ 何晏注，邢昺疏：《论语注疏》，第 222 页。

虽然失之牵强，但是归于曾子后人是有思想的逻辑、有明文可据的。庄子悲呼“内圣外王之道，暗而不明，郁而不发”[①]，说明在此之前，“内圣外王”曾是学者追求的目标，朱熹评价曾子“忠信”，说“明道曰：‘忠信，内外也。’这内外二字极好”[②]。由曾子到《大学》，正是发明了儒家“内圣外王”之道。进而言之，更重要的是内圣之道的精密化以及通达外王之道的打通。有鉴于此，宋代学者才标举《大学》，重视《大学》修身的秩序，并从《大学》中进一步建构起新儒学。

三、三系《大学》改本及其特征

《大学》改本的问题与纠葛同时产生，酝酿于二程，激化于朱熹。进而言之，分经传并不止于借新文献去无限接近真相的判断问题，不同的版本在各自支持者的不断论证与诠释下已经形成了更为复杂的局面。我们将结合版本发展的三条脉络，对此进行评述。

首先是古本《大学》。古本《大学》这一概念是王阳明针对《大学》章句本而提出的，实际上指的是《礼记・大学》篇。郑玄在注解《大学》时并没有对《大学》的结构提出疑问，郑玄说：“《大学》者，以其记博学，可以为政也。”[③]《大学》谈为政是不错，但是通篇并没有谈到博学。《学记》篇说“大学之教也，时教必有正业，退息必有居学。不学操缦，不能安弦。不学博依，不能安诗。不学杂服，不能安礼。不兴其艺，不能乐学。故君子之于学也，藏焉，修焉，息焉，游焉”[④]，提出了乐、诗、礼、艺这些科目，博通这些科目可谓“博学”。但是《大学》通篇谈论的都是为政的宗旨，郑玄题解为“博学”可以“为政”，与他对“格物致知”的理解有关。孔颖达不认同郑玄的题解，他说：“此《大学》之篇，论学成之事，能治其国，章明其德于天下，却本明德所由，先从诚意为始。”[⑤]即学者学成之后本着“章明其德于天下”的宗旨而治国。孔颖达对于

---

① 郭庆藩撰，王孝鱼点校：《庄子集释》（下），第1064页。

② 朱熹撰：《朱子语类》（一），朱杰人、严佐之、刘永翔主编：《朱子全书》（修订本）第14册，第719页。

③ 郑玄注，孔颖达疏：《礼记正义》，北京大学出版社2000年版，第1859页。

④ 郑玄注，孔颖达疏：《礼记正义》，第1232～1233页。

⑤ 郑玄注，孔颖达疏：《礼记正义》，第1859页。

《大学》的理解可分为两部分[①]:第一部分是“学成之事”,第二部分是“明德所由”。按照这个结构,孔颖达对《大学》古本的分章是,第一部分为“大学之道……此谓知之至也”,第二部分为“所谓诚其意者……以义为利也”。郑玄与孔颖达都不分经传,也就不涉及“格物致知”传是否秩序错乱或缺失的问题。他们的分歧在于,郑玄认为明明德从格物致知始,而孔颖达则认为从诚意始,此已为后世的争端埋下了伏笔。

司马光的《〈大学〉〈中庸〉广义》是已知最早的《大学》单行本,原书已佚,但是目前没有文献表明司马光修改了《大学》文本,我们依然将其视为古本的支持者。卫湜在《礼记集说》中引用了司马光五条对《大学》的注释,魏涛对此进行了辑考,其中有两条能窥见司马光对于《大学》整体的理解:

> 夫离章断句,解疑释结,此学之小者也;正心、修身、齐家、治国以至盛德著明于天下,此学之大者也,故曰大学。
>
> 明明德,所以修身也;亲民,所以治天下、国家也;君子学斯二者,必至于尽善然后止,不然不足谓之大学也。[②]

司马光认为《大学》是正心、修身、齐家、治国、盛德著明于天下之学,并不是从格物、致知、诚意说起,而是将三者归于“正心”;《大学》的任务在于“明德”与“亲民”两端,司马光以“于尽善然后止”作为两端的连接,而不是将三者视为并列关系,这体现了司马光的卓见。由此可见,司马光早已意识到“明德”与“亲民”、“修身”与“齐家、治国、平天下”之间的张力,其并非简单的线性关系。

王阳明力主恢复古本《大学》,他在《大学古本原序》中指出了恢复古本的原因:其一,《大学》的要领是“诚意”,格物是诚意的工夫;其二,圣人惧人求之于外,所以反复申明诚意与格物不可分割;其三,分章本析解古本之后,圣人之意亡失,所以要“去分章而复旧本”[③]。其后诸如湛若水、清代刘沅都支持古本。

---

① 李纪祥认为孔疏可分为三个部分,本文认为孔疏在“子曰听讼”前停顿,并没有说分章的事,不必强行将之分为三章。顺题解的意思,分两章为宜。

② 魏涛:《司马光佚书〈《大学》《中庸》广义〉辑考》,姜锡东主编:《宋史研究论丛》第十四辑,科学出版社 2013 年版,第 555、556 页。

③ 王守仁撰,吴光、钱明、董平等编校:《王阳明全集》,上海古籍出版社 2011 年版,第 1321 页。

其次是朱子《大学章句》本。《章句》本的演变史应当从二程开始，二程首先提出了《大学》失序的问题，指出“《大学》，圣人之完书也，其间先后失序者，已正之矣”[①]。程颢调整《大学》顺序的依据是义理通顺，他在古本的基础上调整了两处，其中之一是把阐释明德、亲民与止于至善所引用《诗》的部分提前到“则近道矣”之后、“古之欲明明德于天下”之前。按照程颢改本的调整，明明德、亲民、止于至善均有释文，再接本末终始释文，从“古之欲明明德”到“此谓知本，此谓知之至也”都是“物有本末，事有终始”的释文。[②] 既然“格物致知”本身就是释文，那么就不需要另有释文来诠释，因而程颢说《大学》是完书。按照程颢的调整，前部分确实秩序井然，后文诚意、正心、修身、齐家、治国、平天下均有解释，但格物致知却没有，这是程颢改本未解决的。

程颐不满程颢的改本，因此他对《大学》进行了比较大的改动，修改了三个字，删去五个字，一处存疑，一处大段落顺序调整，两处句子顺序调整，和程颢本相比较，把“古之欲明明德于天下”节往前提，放在释文之前。[③] 这样《大学》的结构大致就形成了三纲领、八条目，再三纲领释文、八条目释文的结构。但是“格物致知”没有释文的问题进一步凸显出来，程颐对此也提出了解释：“《大学》论意诚以下，皆穷其意而明之，独格物则曰‘物格而后知至’，盖可以意得而不可以言传也。”[④]程颐所谓意得，即以穷理为格物，朱子说“间尝窃程子之意以补之”，即以此意。古本不分经传，因而没有是否缺“格物致知”传的问题。二程调整《大学》的顺序，则日益凸显《大学》中“格物致知”释义的缺失。

明确《大学》分经传，提出三纲领与八条目的命名，以及“格物致知”传亡失，都发端自朱熹。朱熹在《大学章句》中注：“右经一章，盖孔子之言，而曾子述之。其传十章，则曾子之意而门人记之也。”[⑤]明确分《大学》为经传，而且断言经为孔子之言。朱子注释“《大学》之道，在明明德，在亲民，在止于至善”，“此三者，大学之纲领也”[⑥]；注“古之欲明明德……致知在格物”，“此八

① 程颢、程颐著，王孝鱼点校：《河南程氏遗书》，《二程集》，第 311 页。

② 参见程颢、程颐著，王孝鱼点校：《河南程氏经说》，《二程集》，第 1126～1129 页。

③ 参见程颢、程颐著，王孝鱼点校：《河南程氏经说》，《二程集》，第 1129～1132 页。

④ 程颢、程颐著，王孝鱼点校：《河南程氏遗书》，《二程集》，第 316 页。

⑤ 朱熹撰：《四书章句集注》，第 4 页。

⑥ 朱熹撰：《四书章句集注》，第 3 页。

者，大学之条目也"[①]，乃三纲领、八条目名称的首次出现。朱熹还说："右传之五章，盖释格物、致知之义，而今亡矣。"[②]因为在朱熹看来，第五章是"明善之要"，非常重要，所以意图通过补传的方式，补全其意。朱熹在程颐改本的基础上进一步调整了《大学》的次序，并增加了补传。高世泰谓"朱子《大学》格物补传为圣贤切实要领工夫，谓朱子早虑后人认作空知但说灵明知觉，而于事物都不能贯通，故提出一理字以实知字，再提出表里精粗以实理字"[③]，凌廷堪评价宋儒格物补传为"鬻沙为饭"[④]，钱穆认为《大学》纵然没有阙文，但有阙义，朱子补齐的是《大学》的阙义[⑤]。就格物传的发展而言，顺着二程的改本而来，发展到朱熹改本有其逻辑必然。

最后是董槐本一系。[⑥] 董槐著有《大学记》，原书已佚，他的改本对"格致传"的修订在思想史上影响较大。持反对意见的如元代史伯璿说："矩堂董氏槐以经文自'知止而后有定'至'则近道矣'九句合传之四章及五章结句共为一章，是释格物致知之传，朱子不当更作补亡……董氏盖不足以知此也。"[⑦]方孝孺说："董文清公槐、叶丞相梦鼎、王文宪公柏皆谓《大学》致知格物传未尝阙，特编简错乱，遂归经文'知止'以下至'则近道矣'以上四十二字于'听讼，吾犹人也'之右，为传第四章，以释致知格物。车先生清臣尝为书以辩其说之可信。"[⑧]顾炎武说："董文清槐改《大学》'知止而后有定'二节，于'子曰听讼吾犹人也'之上，以为传之四章，释'格物致知'，而传止于九章。则《大学》之文，元无所阙。其说可从。"[⑨]综以上线索，董槐的格致传为：

---

① 朱熹撰：《四书章句集注》，第3、4页。

② 朱熹撰：《四书章句集注》，第6页。

③ 高岿等辑：《东林书院志》，《续修四库全书》第721册，上海古籍出版社2002年版，第189页。

④ 凌廷堪：《校礼堂文集》，《续修四库全书》第1480册，上海古籍出版社2002年版，第219页。

⑤ 参见钱穆：《中国学术思想史论丛》，生活·读书·新知三联书店2019年版，第113页。

⑥ 最先提出退经补传思路的其实是南宋林之奇，但是他的改本影响太小，前人很少提到，唯有现代学者叶国良与李纪祥将其表彰出来。宋代乃至明清，提到这个改本的以董槐为先，因而我们将第三系称为董槐本。

⑦ 史伯璿：《四书管窥》，《景印文渊阁四库全书》第204册，（台北）台湾商务印书馆1986年版，第695～696页。

⑧ 黄宗羲原著，全祖望补修，陈金生、梁运华点校：《宋元学案》，中华书局1986年版，第2059页。

⑨ 顾炎武著，陈垣校注：《日知录校注》，安徽大学出版社2007年版，第440页。

知止而后有定，定而后能静，静而后能安，安而后能虑，虑而后能得。物有本末，事有终始，知所先后，则近道矣。子曰：“听讼，吾犹人也，必也使无讼乎！”无情者不得尽其辞，大畏民志，此谓知本。此谓物格，此谓知之至也。

自董槐的改本出，吴槩、王柏、车若水、宋濂、王祎、蔡清均同其说，或略有不同①，可以说董氏改本是自二程与朱子改本后，影响最大的改本之一。明代林希元甚至上书明世宗，取董槐本的改定为《更正大学经传定本》，推行于学宫、造士、科举、命题，取代朱子的《大学章句》，以使“千载未全之书，一朝复全”②，但是并未得到明世宗支持，反而因此获罪。

四、董槐一系的优势及其发展

古本最大的问题在于失序，《大学》一篇的结构基本符合逻辑，开宗明义，点明宗旨，继而分言之，指出路径，程颢感叹其为“圣人完书”是具有洞见的。同样，程颢指出的“先后失序”也是确实存在的问题，古本《大学》中“康诰曰‘克明德’……与国人交止于信”三句显然与明明德、亲民、止于至善在关键词与次序的排列上有关联，但是却杂在了解释“诚意”与解释“修身”的句子之间；另外“《诗》云‘瞻彼淇澳’……此谓知本”一部分与“诚意”的关系并不大，却放在了解释“诚意”的部分。程颢的改本正是就这两个部分进行了顺序调整。但是正如前文所述，程颢的改本仅代表一种理解结构，程颐与朱熹又分别提出了不同的理解方式与改本。在此意义上，朱熹《大学章句》的不足之处也凸显出来了：其一，《大学章句》给出的秩序重构只是众多改本之一；其二，《大学章句》需要通过补传的形式才能获得其思想表达的完整性，这正是《大学章句》本最受诟病之处。

董槐主张把“知止而后有定……此谓物格，此谓知之至也”作为格致传，稍晚于他的王柏曾经列举了此改本的十个优点：

① 参见李纪祥：《两宋以来〈大学〉改本之研究》，（台北）台湾学生书局 1988 年版，第三章第二节“宋、元格致传改本”。李纪祥从《黄氏日抄》中截取董槐《大学记》，没有“五章结句共为一章”，即没有“此谓物格，此谓知之至也”一句。本文从史伯璿所引，认为应当加上，以示其为完整的一章。

② 林希元著，林海权点校：《林次厓先生文集》，商务印书馆 2018 年版，第 122 页。

夫以经统传、以传附经，则其次第可知者，此朱子之言也。此章若为经文，则上无所统，而下无所附。一也。

两“止”字之相应承接，固紧矣。两“明德”之相应而承接，岂不为尤紧？二也。

以朱子之所补文体，难于凑合，孰若移此章为传，而文气宛然，不失旧物。三也。

以“致知格物”之不可无传，而此章于此处尚可缓也。用其本有以补不足，不动斤斧。四也。

古人不区区于字义，只说大意，而字意在其中，况此既有“知”字、“物”字，自然为“格致”之一传。五也。

“致知”云者，因其已知推致于极之谓“知止”。“知”也，至于“定”“静”“安”“虑”而后“得所止”。先非“致其知”乎？六也。

物则有本末，事则有先后，知其本之当先，末之当后，是谓“致知在格物”也。“听讼”者末也，“无讼”者本也。“无情者不得尽其辞，大畏民志”，此“物格”矣，此之谓“知本”，即此之谓“知至”也。七也。

“听讼”一章，原在“止于信”之下。程子进而置之经文之下。朱子乃列于“诚意”传之上，曰：以传之结语考之，则其为释“本末”之义可知；以经之本文乘之，则知其当属于此可见，则知朱子亦未尝不以为当在此。八也。

朱子“听讼”章句曰：观于此言，可以知本末之先后。以此可以“知止”一章甚明。九也。

《或问》又曰：“知止”云者，物格知至，而于天下之事，皆有知其至善之所在，则吾所当止之地也。未尝不以“知止”为物格知至。十也。①

分类而言之，十个理由可以分为三类。其一，从文章的结构上看，这一部分如果为经文，则会缺少对应的传文，调为“格致传”便可以解决此问题。另外，将这一部分调开之后，虽然“知止而后有定”不再紧跟着“止于至善”，但是解释“明德”“亲民”“止于至善”的次序便理顺了，格物致知也因而有了传，这是结构上的两全。其二，从文义通顺上看，将“知止”与“听讼”合为释格物致知的传，在训诂上以及程子与朱子的解释中均能找到依凭。其三，从改本

① 王柏：《鲁斋集》，《景印文渊阁四库全书》第1186册，第146～147页。

的方式上，不必补传而只需调整顺序。相比于古本与章句本，王柏提出的这十个理由均是成立的；结合出土文献与后世改本的发展来看，王柏的意见亦是富有洞见的。无论是董槐还是王柏，均是在朱熹分经传的基础上进行调整。

将“知止”一段定位为释“格致”的改本在明以降又有了新动向，即逐渐抛弃分经传解读《大学》的思路。崔铣、王世贞、管志道均有改本，及至唐君毅还有改本。唐君毅自述：“吾人以上重编订大学章句，对于古本大学原文之牵动，远较朱子为少，亦不较他家多。”①我们以唐编《大学》作为董槐本发展得较为完善的一个改本，探讨其合理性。唐编本的次序如下：

> 大学之道，在明明德，在亲民，在止于至善。古之欲明明德于天下者，先治其国。欲治其国者，先齐其家。欲齐其家者，先修其身。欲修其身者，先正其心。欲正其心者，先诚其意。欲诚其意者，先致其知。致知在格物。物格而后知至，知至而后意诚，意诚而后心正，心正而后身修，身修而后家齐，家齐而后国治，国治而后天下平。
>
> （此上为大学之三纲及八目之次第，如朱子说为大学之经文亦可。）
>
> 康诰曰“克明德”，大甲曰“顾禔天之明命”，帝典曰“克明峻德”，皆自明也。
>
> （上释自明其明德。）
>
> 汤之盘铭曰：“苟日新，日日新，又日新。”康诰曰：“作新民。”诗云：“周虽旧邦，其命维新。”是故君子无所不用其极。
>
> （上释新民，即由自明其明德而明明德于天下也。）
>
> 诗云：“邦畿千里，唯民所止。”诗云：“缗蛮黄鸟，止于丘隅。”子曰：“于止，知其所止，可以人而不如鸟乎？”诗云：“穆穆文王，於缉熙敬止。”为人君止于仁，为人臣止于敬，为人子止于孝，为人父止于慈，与国人交止于信。
>
> （上释止于至善，即谓明明德新民之事，在止于至善也。）
>
> 知止而后有定，定而后能静，静而后能安，安而后能虑，虑而后能得。物有本末，事有终始，知所先后，则近道矣。自天子以至于庶人，壹是皆以修身为本。其本乱而末治者否矣。其所厚者薄，而其所薄者厚，未之有也。此谓知本，此谓知之至也。

---

① 唐君毅：《中国哲学原论·导论篇》，中国社会科学出版社2005年版，第194页。

（上释致知格物。）

所谓诚其意者……此谓知本。

（上释诚意以下全据古本。）[①]

唐本首三纲领，次八条目，次"明明德"传，次"亲民"传，次"止于至善"传。先释三纲领，与朱、王、刘本都不同。再以"知止而后有定……此谓知之至也"为"致知格物"传，"诚意"章以下依照古本。相较于董槐本，唐本的"格致传"去掉了"听讼"一章，而续上"自天子"一章，以知本为"致知"，相对"听讼"一章更为合理。经过唐君毅的调整，三纲八目都有释文，井然有序，义理完备。蔡仁厚评价："在不增删《大学》原文的前提下，以期《大学》之纲目体系秩然有序，而又义理完足，则唐编《章句》盖是唯一可以满足此一条件者。"[②]这是唐本的优势之一。第二，围绕《大学》的争论在于朱熹与王阳明两家的格物说，一主穷理，一主诚意，唐编本的"格致传"以"知止"为工夫，兼采两家对于格物的义理发展，相较于章句本与古本更能吸收《大学》思想的发展。第三，有关是否分经传的问题，倡议者分经与传的意图是尊经而抑传，如果传是对经的解说，那么朱熹补传便不是改经，只是对经的补充说明，如此就获得了合理性。反对分经传者则认为，《大学》"与《中庸》其言虽累千百而意义相承，血脉贯通，元只是一篇文字，朱子则为之区别"[③]。参以出土文献《五行》篇：《郭店楚简·五行》有经而无传，而马王堆的《五行》篇分为经、传两个部分，但其体例与《大学》存在很大的差异。对比二者，《五行》篇经的部分语言流畅，说的部分则支离而不连贯，均是先引经文，再进行诠释，例如：

[经 8]君子之为善也，有与始也，有与终也。君子之为德也，有与始也，无与终也。

[说 8]"君子之为善也，有与始有与终"，言与其体始与其体终也。"君子之为德也，有与始无与终"。有与始者，言其与其体始；无与终者，言舍其体而独其心也。[④]

---

① 参见唐君毅：《中国哲学原论·导论篇》，第 193～194 页。

② 蔡仁厚：《宋明理学·南宋篇》，吉林出版集团有限责任公司 2009 年版，第 107 页。

③ 蔡清：《四书蒙引》，《景印文渊阁四库全书》第 206 册，第 5～6 页。

④ 庞朴：《帛书〈五行篇〉校注》，朱东润等主编：《中华文史论丛》第 4 辑，上海古籍出版社 1979 年版，第 53 页。

其他经文与说文的对应关系也是如此，并没有像《大学》一样，引用《诗》《书》反复强调，可见战国时虽然有同一篇文献分经传的传统，但是与《大学》文体差异较大，不见得适用于《大学》。综上所述，在没有新的文献论据之前，可以视唐本为目前最好的《大学》改本。

结　语

不可否认的是，即便参照出土新文献，我们对《大学》的作者以及学派、版本也无法给出一个确切的论断，只能推论其产生的时间范围，对于版本的评价亦要秉持折衷主义的立场，在现有的版本中选择一个最佳的选项。但是这项工作的意义不容忽视，经典与其他的文本不同之处在于，经典时刻在发生效用。对于经典，哪怕小小的纠正，对思想史而言都意义重大，这也是为何自二程提出《大学》的作者和文本秩序问题后，学界产生了经久不衰的讨论。欧阳修曾说："经非一世之书也，其传之谬非一日之失也，其所以刊正补缉亦非一人之所能也。使学者各极其所见，而明者择焉，十取其一，百取其十，虽未能复六经于无失，而卓如日月之明。然聚众人之善以补缉之，庶几不至于大谬，可以俟圣人之复生也。"①就其现实价值而言，目前无论是在学界还是其他场合，人们要么持某种立场来挑选《大学》版本，要么则无意识地使用某个版本。基于本文的探讨，则董槐本一系发展至唐君毅的改本无论是义理还是考据，乃至对后世《大学》诠释隐义的吸收，都不失为最适合使用的版本。

① 欧阳修著，申楠注：《欧阳修文集》，北京联合出版公司2018年版，第133页。

从“友”之实践到仁政秩序：《孟子》“友善士”章政治意蕴发微

李政

摘要：《孟子·万章下》“友善士”章中对“善士”相友对象的区分，适用于乡、国、天下各统治治理层级的“选贤贡士”制度。“尚论古之人”或曰“知人论世”是将古代圣王选拔、任用人才的事迹确立为“友善士”典范的重要方式。综观《孟子》全书，“友其德”是孟子对“友”之实践的总体规定，其核心诉求是令“天位、天职、天禄”所代表的统治、治理权职在有相应资质的人之间得以传承与让渡，这实际上就是令“天爵”与“人爵”恰如其分地得到分配和授受。“友”之实践的最终归宿，在于通过培养、选拔、任用人才的客观措施以结成“善士”共同体，从而助成一种由“井田制”等客观制度保障的充极至“天下”规模的仁政秩序。

关键词：友其德　选贤贡士　知人论世　仁政

《孟子·万章下》第八章云：

> 孟子谓万章曰：一乡之善士，斯友一乡之善士；一国之善士，斯友一国之善士；天下之善士，斯友天下之善士。以友天下之善士为未足，又尚论古之人。颂其诗，读其书，不知其人，可乎？是以论其世也。是尚友也。①

李政，聊城大学政治与公共管理学院讲师，主要从事儒家哲学、经学思想研究。

① 赵岐注，孙奭疏：《孟子注疏》，阮元校刻：《十三经注疏》第8册，(台北)艺文印书馆2001年版，第188页。

此章(以下称“友善士”章)蕴含着孟子关于“友”之实践的深刻思想。清代以来,学者多重视此章中“知其人、论其世”的表述,或将其理解为讲习《诗》《书》的基本进路与宗旨[①],或将其发明为文学批评、诠释学等理论系统中的重要方法[②]。但正如朱自清先生所指出的,所谓“知人论世”本是申明“成人的道理,也就是‘尚友’的道理”[③]。吕艺先生进而主张“‘知人论世’的方法论……是从尚友慕道的角度提出的,目的原非为了‘评论作品’,而是为了效法先王”[④]。

实际上,孟子关于“友”的言说具有丰富的政治内涵。[⑤] 在《孟子》文本的内在意义脉络中,“友善士”全章可被理解为关于一种特殊的“友”之实践形态的表述,此种实践乃建基于人伦—政治秩序的制度建构,其归宿或曰理想形态则在于由“仁政”确立和保障的天下秩序。唯有将孟子肯认的“友”之实践形态置于政治秩序建构的语境中加以理解,才能恰当把握并充分开显“友善士”章的深刻意义。

---

① 如方苞云:“孟子言:诵《诗》读《书》,道在知人论世。”[方苞撰:《望溪集》,《景印文渊阁四库全书》第 1326 册,(台北)台湾商务印书馆 1986 年版,第 721 页]陈启源云:“源因考诸孟子所论读诗之法,其要不外二端,一曰‘诵其诗,不知其人,可乎?是以论其世’。”(陈启源撰:《毛诗稽古编》,《景印文渊阁四库全书》第 85 册,第 694 页)

② 参见郭英德、谢思炜等:《中国古典文学研究史》,中华书局 1995 年版,第 29~31 页;黄俊杰:《孟子运用经典的脉络及其解经方法》,《东亚儒学:经典与诠释的辩证》,(台北)台湾大学出版中心 2007 年版,第 357~359 页;周裕锴:《中国古代阐释学研究》,上海人民出版社 2003 年版,第 54~55 页;马银琴:《孟子诗学思想二题》,《文学遗产》2008 年第 4 期;彭启福:《孟子经典诠释方法再思考》,《江海学刊》2010 年第 6 期;李凯:《孟子的诠释思想》,山东大学 2008 年博士学位论文,第 38~41、116~117 页。

③ 朱自清:《诗言志辨》,上海古籍出版社 1998 年版,第 26 页。

④ 吕艺:《孟子“以意逆志”“知人论世”辨析》,《北京大学学报》(哲学社会科学版)1985 年第 2 期。

⑤ 在先秦时代,“友”的涵义与政治密切相关。《诗经·小雅·沔水》:“邦人诸友。”郑玄注:“邦人诸友,谓诸侯也。”孔颖达疏:“天子谓诸侯为友也。”[郑玄注,孔颖达疏:《毛诗注疏》,阮元校刻:《十三经注疏》第 2 册,(台北)艺文印书馆 2001 年版,第 375、376 页]郭店楚简中则出现了“友,君臣之道”的表述。参见李零:《郭店楚简校读记》,中国人民大学出版社 2007 年版,第 192、198 页。查昌国先生亦明确指出:“西周‘友’为君臣之德,君臣须接受友道的规范。”(查昌国:《友与两周君臣关系的演变》,《历史研究》1998 年第 5 期)

一、"友其德":"友"之实践的核心诉求

孟子对"友"之实践形态的总体规定是:"友也者,友其德也,不可以有挟也。"具体地讲,"不挟"而"友其德"的表现可分为两个层次。第一层次之表现,如孟献子与乐正裘、牧仲等五人为友,又如费惠公自称"吾于颜般,则友之矣",再如晋平公对亥唐"入云则入,坐云则坐,食云则食"。孟子认为,晋平公等人之"不挟",并不包括与相交的士人"共天位、治天职、食天禄",因此只能被视为"士之尊贤"的表现。孟子推崇的是更高层次的"王公之尊贤"①,是谓"尧之于舜也,使其子九男事之,二女女焉,百官牛羊仓廪备,以养舜于畎亩之中,后举而加诸上位。故曰王公之尊贤者也"。他又特别指出:"舜尚见帝,帝馆甥于贰室,亦飨舜,迭为宾主。是天子而友匹夫也。"②此种由尧舜相友呈现的"天子而友匹夫"实践才是孟子真正推崇的"友其德"形态。

结合《尚书·尧典》考察,尧作为天下的最高统治者,有"平章百姓,百姓昭明""协和万邦,黎民于变时雍"等施政功绩,这其实就是尧居于"天位"而履行其"天职"的表现。又如《论语·尧曰》记尧命舜之言云:"天之历数在尔躬。允执其中,四海困穷,天禄永终。"③此即孟子"食天禄"说之所本。且尧于"侧陋"之人中拔擢舜,并最终逊位于舜;舜摄行天子之政时,有告天、巡狩、征诛之事。这正是舜与尧"共天位、治天职、食天禄"的具体内容,也是尧舜"友其德"的真实呈现。就此而论,孟子主张的"天子而友匹夫""王公之尊贤",作为"友其德"的典范形态或理想方式(无论相关之"德"的具体内容如何),与特定的职位、权力在具有承受"天位""天职""天禄"资质的不同人之间的传承让渡相关。

进一步考察,落实于政治秩序的"友其德"蕴含着与"天爵""人爵"相匹配的实践诉求。孟子认为:"天下有达尊三:爵一,齿一,德一。朝廷莫如爵,乡党莫如齿,辅世长民莫如德。"疏云:"以其朝廷贵贵在爵,故以爵为朝廷之

---

① 《周礼·考工记》:"谓之王公。"郑玄注:"天子、诸侯。"[郑玄注,贾公彦疏:《周礼注疏》,阮元校刻:《十三经注疏》第3册,(台北)艺文印书馆2001年版,第606页]

② 赵岐注,孙奭疏:《孟子注疏》,《十三经注疏》第8册,第180页。

③ 何晏注,邢昺疏:《论语注疏》,《十三经注疏》第8册,(台北)艺文印书馆2001年版,第178页。

所尊……贤者有德，故以之辅世而佐佑之，则天下待之而后治，以之长民，则天下之民待之而后安，故以德为辅世长民之所尊。”[①]据此，“德”在政治实践中的功能乃助成“爵”作为“朝廷贵贵”之效用并最终达成天下之治。[②] 孟子又云：“有天爵者，有人爵者。仁义忠信，乐善不倦，此天爵也。公卿大夫，此人爵也。古之人修其天爵，而人爵从之。”赵岐注：“天爵以德，人爵以禄。”[③]因为“德”本身就是“天爵”（或者说是“天爵”的内容），“人爵”又对应着“禄”“位”的等次及分配，则相应于“职、位、禄”之传承让渡的“友其德”实践，可被视为令“天爵”“人爵”统一于政治秩序的重要方式，如所谓：“如舜耕于历山，乐取诸人以为善，而尧自然禅其禄位，是修其天爵而人爵从之者也。”[④]

值得注意的是，孟子没有把“天子之位”纳入“人爵”，而他理想中的“班爵禄”模式包括“天子”，即“天子一位，公一位，侯一位，伯一位，子、男同一位，凡五等也”[⑤]。这种“五等爵”的政治架构即孟子认同的“班爵禄”之典范形态，而“修其天爵而人爵从之”的诉求及其效用理当在这种由“天子之位”引领乃至统摄的“班爵禄”形态中实现和贞定。换言之，“友其德”实践蕴含的与“天爵”“人爵”相匹配之诉求，无论涉及何种“德”，总要在相应于“天子之位”的制度中被证成。

同时，孟子并不认为任何人——特别是“匹夫”——能仅凭其自身之“德”就获得与“爵”相应之禄位。他特别强调：“匹夫而有天下者，德必若舜禹，而又有天子荐之者。”[⑥]这表明，一个人即便有舜、禹之德，也须经过“天子荐之”的程序或契机，方可将其“德”落实于“有天下”的客观权位。“天子之位”以下，“人爵”的授予也应当经由“诸侯荐人于天子”“大夫荐人于诸侯”的程序，而这也是一种对“天子”权威的制度保障。换言之，“天子而友匹夫”的

---

① 赵岐注，孙奭疏：《孟子注疏》，《十三经注疏》第 8 册，第 74 页。

② 《孟子·告子上》：“人人有贵于己者，弗思耳矣。人之所贵者，非良贵也。……《诗》云：‘既醉以酒，既饱以德。’言饱乎仁义也，所以不愿人之膏粱之味也。令闻广誉施于身，所以不愿人之文绣也。”（赵岐注，孙奭疏：《孟子注疏》，《十三经注疏》第 8 册，第 204～205 页）虽然就主观状态而言，我们可以信赖自身之“德”而不产生“人之所贵”，如“人爵”的意愿，但“良贵”并不与“膏粱之味”“文绣”等“人之所贵”相互排斥，“令闻广誉”亦必然有待“贵于己者”之外的客观条件或契机而“施于身”。

③ 赵岐注，孙奭疏：《孟子注疏》，《十三经注疏》第 8 册，第 204 页。

④ 赵岐注，孙奭疏：《孟子注疏》，《十三经注疏》第 8 册，第 204 页。

⑤ 赵岐注，孙奭疏：《孟子注疏》，《十三经注疏》第 8 册，第 177 页。

⑥ 赵岐注，孙奭疏：《孟子注疏》，《十三经注疏》第 8 册，第 169 页。

理想方式是“天子荐人于天”，而非“天子以天下与人”；唯当“天与之”，匹夫才能够承受天子之权位与待遇。且诸侯、大夫之“友匹夫”或“友士人”，各等次之“人爵”也必须在合法权威的决定下授予有德之人。这意味着，天子、诸侯、大夫皆不能凭一己之意、个人偏好，运用掌握的权力授予他人名位，此即“不挟”之要义。由此呈现的政治秩序即所谓：“用下敬上谓之贵贵，用上敬下谓之尊贤。贵贵、尊贤，其义一也。”[①]总体来看，“友其德”的实践乃以“不挟”为前提，令“职、位、禄”依照政治秩序的客观运作方式在真正有资格的人之间传承授受，并由此达成“修其天爵而人爵从之”在现实政治运作中的效用。这正是孟子肯认的“友”之实践所蕴含的核心政治诉求。

二、“尚论古之人”：确立“友善士”典范的必由进路

依孟子，“友善士”之实践形态必拓展至“尚论古之人”才可能臻于圆满，是谓“以友天下之善士为未足，又尚论古之人”。吕艺先生指出，在孟子的表述脉络中，“‘古之人’的地位在‘天下之善士’上，当指先王圣贤无疑”[②]。的确，孟子所言“古之人”，凡依《孟子》原文及注疏可明确其所指者，其对象皆为“先王圣贤”。如《梁惠王上》“古之人所以大过人者，无他焉，善推其所为而已矣”，赵岐注：“大过人者，大有为之君也。”《梁惠王下》“取之而燕民悦，则取之。古之人有行之者，武王是也。取之而燕民不悦，则勿取。古之人有行之者，文王是也”，至于“古之人修其天爵，而人爵从之”，疏云：“如舜耕于历山，乐取诸人以为善，而尧自然禅其禄位。”[③]显然，孟子把古代圣王贤君的事迹视为实践典范，而“尚论古之人”就是将“古之人”确立为“友”之典范的重要方式。

就孟子肯认的“友其德”之最高典范——尧舜之间“天子而友匹夫”的事迹考察，作为“尚论古之人”具体方式的“诵诗、读书、论世”，旨在了解尧舜二人“共天位、治天职、食天禄”之形态。“书”即《尚书·尧典》等记载尧舜执政方略、举措的典籍或曰“政典”。“诗”则是歌颂、彰显尧舜王业圣德的乐歌之

---

① 赵岐注，孙奭疏：《孟子注疏》，《十三经注疏》第8册，第180页。

② 吕艺：《孟子“以意逆志”“知人论世”辨析》，《北京大学学报》（哲学社会科学版）1985年第2期。

③ 赵岐注，孙奭疏：《孟子注疏》，《十三经注疏》第8册，第23、43、204页。

歌辞，如《大唐之歌》《大咸》《大韶》之类。[①] 孟子云："讴歌者不讴歌尧之子而讴歌舜。"[②]此处所言，即相应于舜的"颂其诗"之本事。

至于作为"知其人"内容的"世"，指的是王者的出身及子嗣传承谱系。如《国语·楚语上》"教之《世》，而为之昭明德而废幽昏焉，以休惧其动"，韦昭注："《世》，先王之世系也。"[③]又如《周礼·瞽矇》"讽诵诗，世奠系"，郑玄注："讽诵王治功之诗，以为谥。世之而定其系，谓书于世本也。"[④]《大戴礼记·卫将军文子》记文子问子贡云："吾闻夫子之施教也，先以《诗》《世》。"孔广森谓："《诗》世者，诵其诗，论其世也。"[⑤]可知，"论世"乃周官之成法，也是孔门的进学之本。《孟子》中涉及尧舜之"世"的表述，如《离娄下》"舜生于诸冯，迁于负夏，卒于鸣条，东夷之人也"，《万章上》"丹朱之不肖，舜之子亦不肖；舜之相尧，禹之相舜也，历年多，施泽于民久"，《告子下》"舜发于畎亩之中"。[⑥] 正是基于对尧舜二人之"世"的了解，并与诵诗读书之内容相印证，孟子才能将尧舜之交树立为"天子而友匹夫"的典范，并由此确证一种"友其德"的理想形态。

总体来看，孟子所谓"尚论古之人"，并非意味着以"古人"为对象而"友其德"。换言之，诵诗、读书、论世并不是构建一种"友古人"之虚拟情境的方法。尽管从类比修辞的角度讲，抑或就某种主观构想而言，研习并尊崇古人的言行近乎"友古人"。但作为真实人伦关系的"友"或曰"友道"，必然只存在于活生生的人之间的双向理解、交流活动中。而不管"尚论古之人"者居于"士"还是"王公"的地位，都无法以"古人"为对象践行孟子所说的"贵贵尊贤"或曰"用下敬上、用上敬下"的内容，更不可能对作为"先王圣贤"的"古之人"提出"责善"的要求，以在现实中改变其人的行为。"尚论古之人"表明，

---

① 《尚书大传》："维五祀……乃浡然《招》乐兴于大鹿之野。执事还归二年，谈然乃作《大唐之歌》。乐曰：'舟张辟雍，鸧鸧相从。八风回回，凤皇喈喈。'"（皮锡瑞：《尚书大传疏证》，吴仰湘编：《皮锡瑞全集》第1册，中华书局2015年版，第63～65页）又如《周礼·春官·大司乐》："以乐舞教国子舞云门、大卷、大咸、大韶、大夏、大濩、大武。"郑玄注："大咸，咸池，尧乐也。尧能殚均刑法以仪民，言其德无所不施。大韶，舜乐也。言其德能绍尧之道也。"（郑玄注，贾公彦疏：《周礼注疏》，《十三经注疏》第3册，第337～338页）

② 赵岐注，孙奭疏：《孟子注疏》，《十三经注疏》第8册，第168页。

③ 徐元诰撰，王树民、沈长云点校：《国语集解》（修订版），中华书局2006年版，第485页。

④ 郑玄注，贾公彦疏：《周礼注疏》，《十三经注疏》第3册，第358页。

⑤ 孔广森撰，王丰先点校：《大戴礼记补注》，中华书局2013年版，第119页。

⑥ 赵岐注，孙奭疏：《孟子注疏》，《十三经注疏》第8册，第141、169、223页。

“友其德”的理想形态乃在“古之人”的行事中呈现，与此对照考量，现世的“善士”与“贵贵尊贤”实践皆可谓“未足”。要弥补或消除此种“未足”，显然不能幻想、要求“古人”与现世之人“共天位、治天职、食天禄”或相互“责善”，而只能踏踏实实地在与现世“善士”的交往中，通过履行“责善”及“贵贵尊贤”的准则，不断趋近“友其德”的理想形态，此即“尚友”之根本。

三、选贤贡士：“友善士”的制度化运作方式

在孟子的表述中，“友善士”活动相应于“乡”“国”“天下”这三个统治—治理层级而成立。实际上，所谓“善士”，就是根据统治、治理“乡”“国”“天下”的不同需求，基于适用于“乡”“国”“天下”范围的各级“选贤贡士”制度而被培养和选拔出的具有政治才能的人士。此种“选贤贡士”制度正是确证“友”作为一种公共实践的政治功能与意义的客观保障。

就“一乡之善士”考察，《孟子·滕文公上》：“死徙无出乡，乡田同井，出入相友，守望相助，疾病相扶持，则百姓亲睦。”[①]此所谓“乡”，通指“国”以下的各治理层级，具体包括“乡、州、党、族、闾”[②]等。在乡中，有由乡大夫主持的定期的人才选拔活动：“三年则大比，考其德行道艺，而兴贤者能者，乡老及乡大夫帅其吏与其众寡，以礼礼宾之。”[③]这种“宾兴贤能”之礼的主要功能即在基层治理区域中考察、选拔、推荐优秀人士，“乡之学士其始学于州党之学，学成则州长、党正论其秀者，升之乡学，学成则乡老、乡大夫、乡师论其秀者，升之司徒”[④]。由乡大夫考核遴选出的学士，“必升诸国学，教成而后用之”[⑤]。就此而论，“一乡之善士”即通过“宾兴贤能”之礼选拔出，并推荐给朝

---

① 赵岐注，孙奭疏：《孟子注疏》，《十三经注疏》第8册，第92页。

② 《周礼·地官·大司徒》“令五家为比，使之相保；五比为闾，使之相受；四闾为族，使之相葬；五族为党，使之相救；五党为州，使之相赒；五州为乡，使之相宾”，郑玄注：“闾二十五家，族百家，党五百家，州二千五百家，乡万二千五百家。”（郑玄注，贾公彦疏：《周礼注疏》，《十三经注疏》第3册，第159页）

③ 郑玄注，贾公彦疏：《周礼注疏》，《十三经注疏》第3册，第180页。

④ 孙诒让撰，王文锦、陈玉霞点校：《周礼正义》，中华书局2013年版，第845页。

⑤ 黄以周撰，王文锦点校：《礼书通故》，中华书局2007年版，第1396页。

廷的“贤者能者”。[①] 这些“贤者能者”的基本来源，是“同乡之田，共井之家”[②]中能够相互协助以“合耦锄作”[③]者。而孟子所说的“设为庠序学校以教”，就是针对此类品行良好的乡民的教育措施。[④] 唯有在乡学接受“道艺德行”的系统教育后，乡民才有资格经由乡大夫的推荐获得深造的机会，并最终成为执行政令的王朝官员。

乡一级的“宾兴贤能”之礼是确认、选拔“一乡之善士”的重要制度，“一国之善士”则通过诸侯向天子“贡士”之礼而被客观认证。《尚书大传》云：“古者诸侯之于天子也，三年一贡士。天子命与诸侯辅助为政，所以通贤共治，示不独专，重民之至。大国举三人，次国举二人，小国举一人。”[⑤]各国所推荐士人的能力品行，是天子考核诸侯政绩的重要指标，且诸侯会因其履行“贡士”义务的状况而受赏或受罚。对于诸侯推荐的优秀士人，天子会命以贡士之国的禄位，令其辅佐诸侯“通贤共治”。如《春秋穀梁传·庄公元年》“单伯者何？吾大夫之命乎天子者也”，范宁注：“诸侯岁贡士于天子，天子亲命之，使还其国为大夫者不名。天子就其国命之者，以名氏通也。”[⑥]皮锡瑞则谓：“诸侯之卿命于天子者，大国三人，次国二人，小国一人，故所贡之人数亦准此与？”[⑦]概言之，“一国之善士”中的“国”，通指大小诸侯国，“善士”就是诸侯向天子举荐的人才；“一国之善士”可被理解为由诸侯依照“贡士”制度

---

① 《仪礼·乡饮酒礼》“乡饮酒之礼。主人就先生而谋宾、介”，郑玄注引《乡大夫》职“以礼礼宾”一段云：“是礼乃三年正月而一行也。诸侯之乡大夫，贡士于其君，盖如此云。”贾公彦疏：“乡送一人至君所，其国有遂，数亦同其乡，并有公邑、采地，皆有贤能贡之，而贡士与乡数同。”[郑玄注，贾公彦疏：《仪礼注疏》，阮元校刻：《十三经注疏》第4册，(台北)艺文印书馆2001年版，第80页]又如《国语·齐语》记管子云：“于子之属，有居处为义好学，慈孝于父母，聪慧质仁，发闻于乡里者，有则以告。……是故匹夫有善，可得而举也。”[徐元诰撰，王树民、沈长云点校：《国语集解》(修订版)，第229页]

② 赵岐注，孙奭疏：《孟子注疏》，《十三经注疏》第8册，第92页。

③ 《周礼·天官·太宰》“八曰友，以任得民”，郑玄注：“友谓同井相合耦锄作者。”贾公彦疏：“谓在田里之间相佐助，以相任使而得民，即邻伍聚居者。”(郑玄注，贾公彦疏：《周礼注疏》，《十三经注疏》第3册，第32～33页)

④ 相关论述参见陈祥道：《礼书》，《景印文渊阁四库全书》第130册，第296～297页；焦循撰，沈文倬点校：《孟子正义》，中华书局1987年版，第343页。

⑤ 皮锡瑞：《尚书大传疏证》，《皮锡瑞全集》第1册，第77页。

⑥ 范宁集解，杨士勋疏：《春秋穀梁传注疏》，阮元校刻：《十三经注疏》第7册，(台北)艺文印书馆2001年版，第44页。

⑦ 皮锡瑞：《尚书大传疏证》，《皮锡瑞全集》第1册，第79页。

规定向天子推荐，并受天子任命以辅佐诸侯治国的杰出士人。

至于“天下之善士”，即堪与天子“治天职”并一同“平治天下”之士。《尚书·尧典》记载，舜即天子位后一方面继续任用稷、契、皋陶等尧时的官员，另一方面又新授予禹、垂、益、伯夷、夔、龙以要职，并对他们及“四岳”“十二牧”声明：“咨，汝二十有二人，钦哉，惟时亮天功。”《皋陶谟》又记舜对禹言：“臣作朕股肱耳目。予欲左右有民，汝翼。”皋陶则说：“无旷庶官，天工人其代之。”[①]是以舜对禹等人的任命，即所谓“王者代天爵人”[②]、“天子不过承天意以予之”[③]。而禹、垂等由舜提拔任用的人才，就是辅助天子治理天下以成就“天功”的“天下之善士”。又如《君奭》云：“惟文王尚克修和我有夏，亦惟有若虢叔，有若闳夭，有若散宜生，有若泰颠，有若南宫括。”[④]这里列举的虢叔等人，作为辅佐文王成就“三分天下有其二”及“造立周邦”之功业者，亦可谓“天下之善士”。且孟子云：“五百年必有王者兴，其间必有名世者。……夫天，未欲平治天下也，如欲平治天下，当今之世，舍我其谁也。”[⑤]则孟子的自我期许，就是在圣王未出之世，作为“天下之善士”来重新确立政治秩序。

结合上述选拔和确认“善士”的政治制度考察，“一乡之善士”彼此相“友”的实践形态，就是在劳动中协作互助，并共同完成在乡间学校的学习，从而通过“宾兴贤能”之礼得到举荐。“一国之善士”间的“友”之实践，则是各人本于天子、诸侯任命的特定禄位，与其他“善士”一同辅佐国君以治理国家。“天下之善士”分担着天子“平治天下”[⑥]的职责，与此相应的“友”之形态，正如禹与皋陶唱和所言：“股肱喜哉，元首起哉，百工熙哉！”“元首明哉，

---

① 孔安国传，孔颖达疏：《尚书注疏》，阮元校刻：《十三经注疏》第 1 册，(台北)艺文印书馆 2001 年版，第 47、67、62 页。

② 班固：《汉书》，中华书局 1962 年版，第 3498 页。

③ 丘濬：《大学衍义补》，《景印文渊阁四库全书》第 712 册，第 312 页。

④ 孔安国传，孔颖达疏：《尚书注疏》，《十三经注疏》第 1 册，第 247 页。

⑤ 赵岐注，孙奭疏：《孟子注疏》，《十三经注疏》第 8 册，第 85 页。

⑥ 《孟子·万章上》：“天下之士多就之者，帝将胥天下而迁之焉。”赵岐注：“天下之善士，多就舜而悦之。”(赵岐注，孙奭疏：《孟子注疏》，《十三经注疏》第 8 册，第 160 页)朱子论《孟子·尽心上》“有天民者，达可行于天下，而后行之者也”一句云：“若只是泽被一国，道行一乡，此人亦不轻。出谓之天民者，盖谓不是寻常之人，乃天之民耳。天民之云，亦犹曰‘天下之善士’云尔。”(黎靖德编，王星贤点校：《朱子语类》，中华书局 1986 年版，第 1176 页)是以“天下之善士”并非泛指所有“善士”，而是具有治理天下才能之“善士”的特称。

股肱良哉,庶事康哉!"①就此来看,孟子倡导"友善士",实际上就是主张"培养一以知识德能为主之新统治阶级";其在战国时期的现实指向,即"荡平阶级"并"提升平民而令上跻于贵族"。② 乡、国、天下之"善士"皆可通过政治秩序中的制度设计得到培养、选拔并彼此相友,则"善士"之"善"乃至天下之"善"亦得以超拔于舆论风向、主观偏好、个体境域之限度,而真正成为公共秩序的建构要素乃至基石。

四、仁政秩序:"友"之实践的最终归宿

孟子所谓"天下之善士"中的"天下"作为乡、国之上的最高统治—治理层级,就其理想形态而言亦可被理解为一种"政治系统下的世界秩序"③。"友其德"或"友善士"之完美形态即在以"天下"为规模的统治—治理秩序中成立。同时,造就"友"之最高典范的"古之人",如尧和舜,本身就是"天下"的统治者。这意味着,孟子理想中的"友"之形态与一种以"天下"为范围而建构的政治秩序密切相关;在实践中趋近前者,也是成就后者的必然要求。

在孟子看来,要建立天下秩序则必然要施行"仁政",是谓"尧舜之道,不以仁政,不能平治天下"④。参照《礼记·大学》"尧、舜率天下以仁,而民从之"⑤,则以尧舜为代表的"友其德"之理想形态,可谓依托"仁政"成立的适用于"天下"的"友"之典范。同时,作为"友其德"典范的尧舜,也是"事君治民"的典范。如所谓"欲为君,尽君道;欲为臣,尽臣道,二者皆法尧舜而已矣。不以舜之所以事尧事君,不敬其君者也;不以尧之所以治民治民,贼其民者也"⑥,就包括尧舜在内的所有居于君位、臣位者来看,"尽君道""尽臣道"虽然皆可被视为特定个体的行事,但真正贯彻此"道"的实践必然超出任何个体之"身"及主观境界,而构成一种可充极至"天下"的"事君治民"之客观政治秩序,此即"仁政"。则"友善士""友其德"作为依托"仁政"的实践,其核心

---

① 孔安国传,孔颖达疏:《尚书注疏》,《十三经注疏》第1册,第74页。

② 萧公权:《中国政治思想史》,(台北)联经出版事业股份有限公司1982年版,第56页。

③ 赵汀阳:《"天下"的外运用与内运用》,《文史哲》2018年第1期。

④ 赵岐注,孙奭疏:《孟子注疏》,《十三经注疏》第8册,第123页。

⑤ 郑玄注,孔颖达疏:《礼记注疏》,《十三经注疏》第5册,(台北)艺文印书馆2001年版,第986页。

⑥ 赵岐注,孙奭疏:《孟子注疏》,《十三经注疏》第8册,第125页。

功能与最终归宿(Endzweck)皆不限于对个体行为之塑造与规范[1],而在于成就一种客观的“天下秩序”形态。

就“仁政”的基本制度设计来看,孟子认为:

> 夫仁政必自经界始。……经界既正,分田制禄,可坐而定也。……死徙无出乡,乡田同井,出入相友,守望相助,疾病相扶持,则百姓亲睦。方里而井;井九百亩,其中为公田。八家皆私百亩,同养公田。公事毕,然后敢治私事,所以别野人也。[2]

考《周礼·地官·小司徒》“乃经土地而井牧其田野,九夫为井,四井为邑,四邑为丘,四丘为甸,四甸为县,四县为都,以任地事而令贡赋,凡税敛之事”[3],有论者指出:“各诸侯国之间的界限亦是由井田制为基础的邦畿之界。同时,井田制的推扩形成比、闾、族、党、州、乡等这样一级一级的行政区划,在此之上形成乡学和国学。”[4]则“仁政必自经界始”意味着“正经界”是“仁政”的运作前提,“井田制”则是对于在乡、国、天下领域中施行“仁政”,以及对培养和选拔人才起到基本保障作用的生产生活制度。换言之,仿照孟子所谓“仁政必自经界始”,我们可以主张,“友善士”或“友其德”必始于“乡田同井,出入相友”的制度规划。同时,在孟子看来,正因为“井田制”属于“古制”,则基于此制度而贞定的“天下秩序”必追溯至“古之人”。

进一步考察,“仁政”运作包含“善政”与“善教”两个面向。[5] 孟子云:“仁言不如仁声之入人深也,善政不如善教之得民也。善政,民畏之。善教,民

---

① 孔子云:“禹立三年,百姓以仁遂焉,岂必尽仁?”郑玄谓:“言百姓效禹为仁,非本性能仁也。”(郑玄注,孔颖达疏:《礼记注疏》,《十三经注疏》第 5 册,第 928 页)据此而论,“仁政”的效用在于“率天下”之统治—治理秩序的成功运作,而不在于民众之“尽仁”。又如孟子主张:“尧舜之道,孝悌而已矣。子服尧之服、诵尧之言、行尧之行,是尧而已矣。”(赵岐注,孙奭疏:《孟子注疏》,《十三经注疏》第 8 册,第 210 页)然而,尧舜作为“天子”而践行孝悌的活动,如尧之“亲九族”、舜之“受终于文祖”,并非一般人或者说绝大多数人所能仿效。因此,孟子所言只是表明尧之服、言、行是值得效法的对象或目标,“是尧而已矣”则意味着一切效法行为最后皆确证了尧之言行的典范地位。

② 赵岐注,孙奭疏:《孟子注疏》,《十三经注疏》第 8 册,第 91～92 页。

③ 郑玄注,贾公彦疏:《周礼注疏》,《十三经注疏》第 3 册,第 170 页。

④ 谌衡:《论〈孟子〉田地制度与教育制度的关系》,陈明、朱汉民主编:《原道》第 36 辑,湖南大学出版社 2019 年版,第 126 页。

⑤ 相关研究参见魏义霞:《王道与仁政:孟子政治哲学及其审思》,《东岳论丛》2012 年第 9 期。

爱之。善政得民财，善教得民心。”[①]注疏认为“善政”的制度内容即《周礼·天官·太宰》之“九职任万民”，“有九两以系万民”。[②] 实际上，“九两”之“长、师、儒、主”皆有教民之责。[③] 则“九职”“九两”兼具“善政”“善教”两方面内容。进一步考察《太宰》职之规定，“九两”中有“八曰友，以任得民”之职，“以八统诏王驭万民”中的“进贤使能”“尊贵礼宾”则与孟子所谓“贵贵尊贤”“尊贤使能，俊杰在位”内容相同。则孟子肯认的“友”之实践可由以《周礼·太宰》职为代表的“仁政”之政教制度设计所统摄，并以“建保邦国”为根本指向。正是在此意义上，“尚论古之人”可被理解为“谈论一个寻求仁政楷模的政治秘方”[④]。

概言之，“仁政”及相应的“天下秩序”必依托特定的制度建构而在公共领域中成立；旨在贞定此种秩序的“友善士”或“尚友”之活动，其形式与目的皆不应收缩、局限于“修身”范围，而总是作为联结“个体”与“制度”的关键环节，在“仁政”的客观形态中逐步落实。唯当乡、国、天下之“善士”皆在制度的保障下被选拔举荐并彼此相友，“天位”“天职”“天禄”才能恰如其分地在真正具有统治、治理资格和能力的群体中得到分配以及传承授受，“为政于天下”“平治天下”的政治理想才有可能落实为特定的统治—治理形态。[⑤]

---

① 赵岐注，孙奭疏：《孟子注疏》，《十三经注疏》第 8 册，第 231～232 页。

② 赵岐注，孙奭疏：《孟子注疏》，《十三经注疏》第 8 册，第 231～232 页。

③ 《周礼·太宰》：“以九两系邦国之民……二曰长，以贵得民；三曰师，以贤得民；四曰儒，以道得民。……六曰主，以利得民。”郑玄注：“师，诸侯师氏，有德行以教民者。儒，诸侯保氏，有六艺以教民者。……利，读如‘上思利民’之利，谓以政教利之。”孙诒让云：“长犹言官长，即公卿大夫士凡有爵位而无国邑者之通称。”“师则泛指四民之有德行材艺，足以教人者而言。”“‘谓以政教利之’者……谓以善政善教利民也。”（孙诒让撰，王文锦、陈玉霞点校：《周礼正义》，第 109～114 页）

④ 赵新、梁卫华：《“友道”的精神呈现——孟子“知人论世”说的新探讨》，《殷都学刊》2009 年第 4 期。

⑤ 孟子云：“人有恒言，皆曰天下国家。天下之本在国，国之本在家，家之本在身。”赵岐注：“治天下者不得良诸侯，无以为本。治其国者不得良卿大夫，无以为本。治其家者不得良身，无以为本。”（赵岐注，孙奭疏：《孟子注疏》，《十三经注疏》第 8 册，第 127 页）依此，所谓“良诸侯、良卿大夫、良身”皆系于天下国家之“治”，则有能力、资格治理天下国家之人即为“本”。“友”之实践可串联在天下国家之“本”为一共同体，从而形成对天下国家之有效治理。又如孟子指出：“居下位而不获于上，民不可得而治也。获于上有道，不信于友，弗获于上矣。信于友有道，事亲弗悦，弗信于友矣。悦亲有道，反身不诚，不悦于亲矣。诚身有道，不明乎善，不诚其身矣。”（赵岐注，孙奭疏：《孟子注疏》，《十三经注疏》第 8 册，第 133 页）据此可知，“民可得而治”是从“明乎善”到“居下位而获于上”这整个实践系列中的基本诉求；在这个系列中，“治民”而非“诚身”才是“信于友”的最终指向。

结　论

通观《孟子》全书，就"友"之实践的总体规模来看，不同"善士"在乡、国、天下等统治治理层级中彼此"友其德"或"责善"，必然促成一种特殊的共同体，此即由所谓"劳心治人者"和"劳力治于人者"组成的共同体。孟子云"劳心者治人，劳力者治于人"，焦循认为："施教化以治理之，即使之同乡共井，相友相助相扶持以亲睦也。"①显然，在上述共同体中，"劳心—治人者"的主要成员即具有政治才能并掌握相应职权的"善士"。同时，来源于田井山野的"治于人者"亦可与"治人者"相友乃至转变为后者，如"舜发迹于畎亩"而终受尧之禅让。就此而言，培养与选拔"善士"的制度在很大程度上也是授予"善士"以"治人"之职权义务的制度，"友"之实践是"治于人者"向"治人者"转变不可或缺的环节。"友其德"作为传承让渡职权的方式，表明"治人者"的职权并非依附于任何个人或个体素质，而是依附于"善士"共同体所处之政治秩序的客观建构。亦唯有通过"友"之实践而促成的"善士"共同体，"仁政"秩序才可能在"天下"范围内成立并最终贞定。

① 焦循撰，沈文倬点校：《孟子正义》，第 374 页。

《荀子》"五经"体系的确立及其历史地位

王培峰

摘要：在六艺经典体系形成的过程中，荀子是起到关键作用的学术人物。荀子不以《易》为经书，而提出了独具特色的"五经"体系，尤为值得关注。荀子的"五经"体系是对西周春秋时期《诗》、《书》、礼、乐四教之学的继承与发展。一方面，荀子对四教之学中偏于实践的礼乐，加强了对文献的重视和理论上的阐发；另一方面又将《春秋》增入四教之学体系，发展成"五经"体系，并对"五经"各自的特点进行了总结。荀子的"五经"体系是《庄子·天下》《新书·道德说》《史记·太史公自序》等传世文献中较早出现的六艺之学体系的重要基础，为儒家经典的体系化建设做出重要贡献。

关键词：《荀子》 "五经" 六艺

在中国经学发展史上，荀子具有非常崇高的地位，正如日本学者本田成之所言："（荀子）对于诸经是有功的，实际可说是个经学的建设者。"① 但值得注意的是，在儒家六艺经典体系形成的过程中，荀子并未将《易》纳入儒家经典体系之中。

本文系教育部人文社会科学研究青年项目"《四库全书总目》经学思想研究"（19YJCZH164）阶段性成果。

王培峰，山东师范大学文学院副教授，主要从事儒家经典阐释与中国古典文献学研究。

① ［日］本田成之：《中国经学史》，孙俍工译，漓江出版社 2013 年版，第 88 页。

在传世文献中，最早把《易》和《诗》《书》《礼》《乐》《春秋》并列的是《庄子·天下》《礼记·经解》，而将其并列且直接提及"六经"之名的是《庄子·天运》。不过，自古史辨学派质疑其成书年代之后，此三篇的成书年代之争，至今尚未尘埃落定，用这三篇来认定六经并举的年代，似乎较难餍服人心。不过，成书于公元前300年之前的郭店楚简《六德》《语丛一》，也已经将《诗》《书》《礼》《乐》《易》《春秋》并列①，所以可以确定，六经并列的时代要早于荀子。即便如此，荀子依然以《礼》《乐》《诗》《书》《春秋》作为一个经典体系，并在《劝学》篇中提出，《礼》《乐》《诗》《书》《春秋》五者"在天地之间者毕矣"②。也就是说，《礼》《乐》《诗》《书》《春秋》五部经书已经囊括了天地间的所有道理，完全没有给《易》的加入留下空间。

荀子是战国晚期儒家的主要代表，是中国经学发展过程中举足轻重的学术人物，他的《礼》《乐》《诗》《书》《春秋》"在天地之间者毕矣"的观点，是六艺经典体系形成过程中的重要节点，理应受到重视。但目前学术界对荀子以"五经"为核心的经典体系是如何构建的，其内在的逻辑关系是怎样的，以及其历史地位如何，却鲜有讨论，这不得不说是一件憾事。下面笔者不揣谫陋，拟对此进行较为深入的探讨，以就正方家。

一、《荀子》对西周春秋四教之学的继承与发展

《荀子》的"五经"体系，是建立在西周春秋时期《诗》、《书》、礼、乐四教之学的基础之上的。《荀子》不但在此基础上加入了《春秋》一书，而且对《诗》、《书》、礼、乐四教之学的内涵也有所发展。

《诗》、《书》、礼、乐四教之学的形成，有一个较长的过程。据现存文献记载，至迟到春秋时期，四教之学已经成为当时贵族阶层的公共知识。《左传·僖公二十七年》载，赵衰向晋君推荐郤縠做元帅时说："臣亟闻其言矣，说礼、乐而敦《诗》《书》。《诗》《书》，义之府也；礼、乐，德之则也；德、义，利之

---

① 李学勤："由考古学的证据看，郭店1号墓是战国中期后段的，其具体年代，可估计为公元前4世纪末，不晚于公元前300年。"（李学勤：《先秦儒家著作的重大发现》，《中国哲学》编辑部、国际儒联学术委员会编：《中国哲学》第20辑，辽宁教育出版社1999年版，第13页）

② 王先谦撰，沈啸寰、王星贤点校：《荀子集解》，中华书局1988年版，第12页。

本也。”[1]可见此时《诗》、《书》、礼、乐已经作为一个体系而存在。《礼记·王制》亦云：

> “乐正崇四术，立四教，顺先王《诗》《书》《礼》《乐》以造士。春秋教以《礼》《乐》，冬夏教以《诗》《书》，王大子、王子、群后之大子，卿大夫、元士之適子，国之俊选，皆造焉。”郑玄注云：“乐正，乐官之长，掌国子之教。……幼者，教之于小学。长者，教之于大学。……顺此四术而教，以成是士也。”[2]

此处的“四术”“四教”，指的就是西周春秋《诗》、《书》、礼、乐四教之学。当时对贵族子弟的教育，“皆以四术成之”，可见贵族阶层普遍比较熟悉四教之学。

不过，西周春秋时期的四教之学可能还不完全是经典（文献）教育。郭店楚简《性自命出》云：“《诗》、《书》、礼、乐，其始出皆生于人。《诗》，有为为之也。《书》，有为言之也。礼、乐，有为举之也。”[3]很显然，“有为举之”的礼乐，是重在实践的。这一点透过先秦诸子对《诗》、《书》、礼、乐的运用也可以得到证实。

就《诗》《书》而言，成书于春秋晚期到战国初期的《左传》《国语》《论语》《墨子》等著作就已经普遍存在引用《诗》《书》的现象。[4] 所以，最晚从春秋时期开始，《诗》《书》就以文献的形式流传，并为儒墨两家的知识分子所熟悉。与《诗》《书》相比，礼、乐则更侧重于实践。表现最为明显的是，先秦诸子较少引用礼、乐。无论是维护礼、乐，还是批判礼、乐，他们都很少对礼、乐进行具体的讨论。以最重视礼、乐的孔子为例，他所关注的礼、乐，主要是实践层面的。如《论语·述而》“子所雅言，《诗》、《书》、执礼，皆雅言也”，朱熹注：“《诗》以理情性，《书》以道政事，礼以谨节文，皆切于日用之实，故常言之。礼独言执者，以人所执守而言，非徒诵说而已也。”[5]可见《诗》《书》侧重于文

---

① 杨伯峻编著：《春秋左传注》，中华书局 1981 年版，第 445 页。

② 郑玄注：《礼记》，中华书局 2021 年版，第 17 页。按：此处标点据所引整理本，“礼”“乐”是否可以加书名号，尚可讨论。

③ 荆门市博物馆编：《郭店楚墓竹简》，文物出版社 1998 年版，第 179 页。

④ 参见董治安：《战国文献论〈诗〉、引〈诗〉综录》《战国文献引〈书〉综录》，《先秦文献与先秦文学》，齐鲁书社 1994 年版，第 64、154 页。

⑤ 朱熹撰：《四书章句集注》，中华书局 1983 年版，第 97 页。

献诵读，而礼则重在实践层面（执）。较为集中地反映孔子礼、乐思想的《论语·八佾》，提及礼乐之时，也大多侧重于实践。如“八佾舞于庭”章，侧重于批评三桓以卿大夫的身份用王礼。其他如对旅礼、禘礼、祭祖礼、告朔礼、射礼等礼仪的评价，也是针对礼仪实践而发的。对乐的评价，如“三家者以《雍》彻”章，侧重于批评三桓以卿大夫的身份用王乐，其他无论对鲁大师语乐，还是评价《韶》《武》之乐，也都是对音乐实践的评价。

墨家、道家、法家对礼、乐的评价或批评，侧重点也在实践层面。如墨家节葬、非乐，就是对实践中礼乐文化的批判。道家学派从“道”的角度去评价礼、乐，认为礼、乐对国家治理有着负面作用。如《老子》三十八章云：“故失道而后德，失德而后仁，失仁而后义，失义而后礼。夫礼者，忠信之薄，而乱之首。”河上公认为老子“言礼废本治末，忠信日以衰薄”①，把“礼”当作“乱之首”，否认了礼在社会治理中的作用。《庄子》对礼、乐的评价，继承了《老子》的基本态度，如《骈拇》篇“屈折礼乐，呴俞仁义，以慰天下之心者，此失其常然也”②，《马蹄》篇“道德不废，安取仁义！性情不离，安用礼乐”③，皆否认礼乐在社会治理中的价值。至于法家对待礼、乐的态度，虽然其反对以先王之道治理国家，以法代礼，但乐不仅能够与礼相配，还是统治阶级享乐的工具，所以法家代表人物李斯在《谏逐客书》说：

> 夫击瓮叩缶弹筝搏髀，而歌呼呜呜快耳者，真秦之声也；《郑》《卫》《桑间》《昭》《虞》《武》《象》者，异国之乐也。今弃击瓮叩缶而就《郑》《卫》，退弹筝而取《昭》《虞》，若是者何也？快意当前，适观而已矣。④

从这个角度来说，法家对于乐的态度是较为灵活的。秦始皇焚书坑儒而不禁礼、乐，也说明了这个问题。

当然，我们并不因此否认当时礼类文献的存在。孔子在评价杞人、宋人对夏礼、商礼的继承时说：“夏礼吾能言之，杞不足征也；殷礼吾能言之，宋不足征也。文献不足故也，足则吾能征之矣。”⑤又说：“殷因于夏礼，所损益，可

---

① 王卡点校：《老子道德经河上公章句》，中华书局 1993 年版，第 149～150 页。

② 陈鼓应注译：《庄子今注今译》，中华书局 2009 年版，第 238 页。

③ 陈鼓应注译：《庄子今注今译》，第 247 页。

④ 司马迁撰：《史记》，中华书局 2014 年版，第 3072 页。

⑤ 朱熹撰：《四书章句集注》，第 63 页。

知也；周因于殷礼，所损益，可知也。”[①]夏礼、殷礼属于前代之礼，后世仅有杞（夏之后）、宋（殷之后）两个小诸侯国可能保留了他们的祖宗之礼，孔子自称“能言之”，且能够对三代之礼的因袭有所评价，说明当时的三代之礼应该是有文献记载的。但是，这种礼类文献并不像《诗》《书》一样大范围流传，只为少数专业人士所掌握。

与先秦诸子其他各家相比，荀子不但对四教之学有着较为全面的继承，还有所发展。先秦诸子中引用《诗》《书》最为频繁的，荀子算是一家。就礼、乐来说，《荀子》所说的礼，就不仅是实践层面的，也涉及文献层面。如《大略》篇征引《仪礼・聘礼》“币厚则伤德，财侈则殄礼”[②]，属于先秦诸子中较少出现的征引礼文的情况。又如《劝学》篇云：“学恶乎始？恶乎终？曰：其数则始乎诵经，终乎读《礼》……《礼》者，法之大分，类之纲纪也。”[③]此处“读《礼》”的“礼”字到底是礼书还是礼法典制，后世注释之家言各有殊[④]，但“《礼》者，法之大分，类之纲纪也”中的“礼”是指礼之文辞[⑤]，基本上是没有争议的。可见，《荀子》对礼的探讨至少是实践与文献并重，与先秦其他诸子相比，是有所发展的。同时，《荀子》一书中《礼论》《乐论》两篇，也是较早的有关礼乐之学的理论文献，对后世产生了深远影响。

所以，形成于西周春秋时期的四教之学，在战国时期依旧是诸子共同的知识背景，诸子无论是赞成还是反对，总归是无法忽视四教之学的存在的。而荀子作为战国后期诸子之学的代表人物，是四教之学的重要继承者和发展者，除了大量引用《诗》《书》，他对礼、乐的研究也有所深化，对礼不仅有实践层面的研究，也有文献层面的引用和论述，并在理论上升华了礼、乐文化。而这些继承与发展，都是荀子构建独具特色的“五经”体系的基础。

---

① 朱熹撰：《四书章句集注》，第 59 页。

② 王先谦撰，沈啸寰、王星贤点校：《荀子集解》，第 488 页。

③ 王先谦撰，沈啸寰、王星贤点校：《荀子集解》，第 11～12 页。

④ 此处“诵经”“读礼”二词，历来注释之家有较大分歧。其中杨倞注较为可靠：“经谓《诗》《书》。礼，谓典礼之属也。”卢文弨校：“典礼，疑当是‘曲礼’之误。”参见董治安、郑杰文、魏代富整理：《荀子汇校汇注附考说》，凤凰出版社 2018 年版，第 36 页。

⑤ 参见董治安、郑杰文、魏代富整理：《荀子汇校汇注附考说》，第 37 页。

二、《春秋》升格与《荀子》"五经"体系的确立

西周春秋时期，有四教之学而无"六艺"之说。《易》与《春秋》进入六艺经典体系，经历了一个较长的过程。

《易》与《春秋》能够进入六艺经典体系，与"经禀圣裁"有关。《史记·孔子世家》记载，到孔子之时，四教之学盛况不再，"周室微而礼乐废，《诗》《书》缺"，于是孔子序《书》、删《诗》、复礼、正乐，并"以诗书礼乐教，弟子盖三千焉"；接着孔子"晚而喜《易》，序《彖》《系》《象》《说卦》《文言》"，后来"因史记作《春秋》"，于是就有了"身通六艺者七十有二人"。① 《史记》对孔子与六经关系的记载，发生在六艺经典体系形成之后，追述前言往行，不免以今律古。即便如此，我们从中还是可以看出，《易》与《春秋》能够进入六艺经典体系，和它们曾经过孔子的整理或纂修是有关系的。

与此同时，孔子教《诗》、《书》、礼、乐，针对的是所有学生；而加上《易》与《春秋》，通六艺者才七十二人。这充分说明，《易》《春秋》与《诗》、《书》、礼、乐有着明显的差异。正如清儒孙希旦所说：

> 盖四术尽人皆教，而《易》则义理精微，非天资之高者不足以语此；《春秋》藏于史官，非世胄之贵或亦莫得而尽见也。孔氏赞《周易》，删《诗》《书》，定《礼》《乐》，修《春秋》，因举六者而言其教之得失，然其时犹未有《经》之名。②

所以说，《易》与《春秋》最初只是掌握在极少数人（"天资之高者""世胄之贵"）手中的经典，而不是士阶层的公共经典。其中，《春秋》从少数人手中的经典变成士阶层的公共经典的过程，是有迹可循的。在这个过程中，孔子、孟子、荀子起到了关键性的作用。

首先，正如上文所说，《春秋》在后世受到重视，与孔子对它的整理或纂修有关。"春秋"一词，本是对史书的泛称，如《国语·晋语》"羊舌肸习于春

---

① 司马迁撰：《史记》，第 2332～2340 页。

② 孙希旦撰，沈啸寰、王星贤点校：《礼记集解》，中华书局 1989 年版，第 1254 页。

秋”[①],《墨子·明鬼》篇言及周、燕、宋、齐诸国之《春秋》[②],此时其与孔子无关。在现存文献之中,最早将孔子与《春秋》相联系的是《左传》。如《左传·僖公二十八年》云:“是会也,晋侯召王,以诸侯见,且使王狩。仲尼曰:‘以臣召君,不可以训。故书曰“天王狩于河阳”,言非其地也,且明德也。’”[③]此处明确说明《春秋》以“天王狩于河阳”写“晋侯召王”,是出自孔子的意见。又如《左传·成公十四年》云:“九月,侨如以夫人妇姜氏至自齐。舍族,尊夫人也。故君子曰:‘《春秋》之称,微而显,志而晦,婉而成章,尽而不污,惩恶而劝善,非圣人谁能修之?’”[④]此处的圣人,也是指孔子。

《左传》将《春秋》和孔子联系在一起,是《春秋》地位上升的必备条件。但直到孟子之时,《春秋》的流传范围还不是很广。《孟子·梁惠王上》记载,孟子在齐宣王即位之初,曾与之论政。齐宣王问他“齐桓、晋文之事可得闻乎”,孟子回答说:“仲尼之徒无道桓文之事者,是以后世无传焉,臣未之闻也。”[⑤]齐宣王想听一听春秋五霸代表人物齐桓公、晋文公的事迹,大概是想学习一点行霸道的历史经验,但孟子只想“以道事君”,宣扬王道,所以回复说孔子的学生都不谈论齐桓、晋文之事。而实际上,《春秋》就是了解齐桓公、晋文公事迹最好的著作,孟子当时敢以“后世无传”答复齐宣王,可见《春秋》在当时并未获得较为普遍的流传。

其次,孟子将《春秋》视为继《诗》之作,是《春秋》升为经书的关键一步。孟子提出:

> 王者之迹熄而《诗》亡,《诗》亡然后《春秋》作。晋之《乘》,楚之《梼杌》,鲁之《春秋》,一也:其事则齐桓、晋文,其文则史。孔子曰:“其义则丘窃取之矣。”[⑥]

对于孟子这段话,可以从两个角度加以分析。一个是《春秋》与孔子的关系。此处孟子继承《左传》中的观点,认为《春秋》是孔子所作,所以赵岐引申道:

---

① 徐元诰撰,王树民、沈长云点校:《国语集解》,中华书局2002年版,第415页。

② 详见孙诒让撰,孙启治点校:《墨子间诂》,中华书局2001年版,第224、228、230、231页。

③ 杨伯峻编著:《春秋左传注》,第473页。

④ 杨伯峻编著:《春秋左传注》,第870页。

⑤ 杨伯峻译注:《孟子译注》,中华书局2010年版,第13页。

⑥ 杨伯峻译注:《孟子译注》,第177页。

"孔子自谓窃取之,以为素王也。孔子人臣,不受君命,私作之,故言窃,亦圣人之谦辞尔。"[①]一个是认为《春秋》是续《诗》之作。赵岐注云:"王者谓圣王也。太平道衰,王迹止熄,颂声不作,故《诗》亡。《春秋》拨乱,作于衰世也。"[②]所以孟子"《诗》亡然后《春秋》作"这种提法,在一定程度上认可《春秋》继承了《诗》的社会功用,这就理顺了将《春秋》与四教之学并列的逻辑。

《孟子》的观点对后世产生了较大的影响,如《淮南子·汜论》云:"王道缺而《诗》作;周室废,礼义坏,而《春秋》作。"[③]又如《史记·孔子世家》:"(孔子)乃因史记作《春秋》……为《春秋》,笔则笔,削则削,子夏之徒不能赞一辞。"[④]这都是沿着《孟子》的逻辑进行阐发的。

最后,荀子将《春秋》与西周春秋四教之学相提并论,并将其体系化、理论化,正式突破了四教之学的既有格局,是六艺经典体系发展中非常关键的一步。《荀子》一书中多次将《诗》《书》《礼》《乐》《春秋》五部经典并举,如《荀子·劝学》云:

> 学恶乎始?恶乎终?曰:其数则始乎诵经,终乎读礼;其义则始乎为士,终乎为圣人。……故《书》者,政事之纪也;《诗》者,中声之所止也;《礼》者,法之大分,类之纲纪也,故学至乎《礼》而止矣。夫是之谓道德之极。《礼》之敬文也,《乐》之中和也,《诗》《书》之博也,《春秋》之微也,在天地之间者毕矣。[⑤]

又云:

> 学莫便乎近其人。《礼》《乐》法而不说,《诗》《书》故而不切,《春秋》约而不速。方其人之习君子之说,则尊以遍矣,周于世矣。故曰学莫便乎近其人。[⑥]

《荀子·儒效》亦云:

> 圣人也者,道之管也。天下之道管是矣,百王之道一是矣,故《诗》

---

① 赵岐注,孙奭疏:《孟子注疏》,北京大学出版社1999年版,第226页。

② 赵岐注,孙奭疏:《孟子注疏》,第226页。

③ 陈广忠译注:《淮南子》,中华书局2012年版,第723～724页。

④ 司马迁撰:《史记》,第2340～2341页。

⑤ 王先谦撰,沈啸寰、王星贤点校:《荀子集解》,第11～12页。

⑥ 王先谦撰,沈啸寰、王星贤点校:《荀子集解》,第14页。

《书》《礼》《乐》之归是矣。《诗》言是，其志也；《书》言是，其事也；《礼》言是，其行也；《乐》言是，其和也；《春秋》言是，其微也。……天下之道毕是矣。乡是者臧，倍是者亡。[1]

以上三条资料中，虽然《诗》《书》《礼》《乐》《春秋》的次序尚不固定，但五部经典的名目是固定的，并且点明了每部经典的特点，建立起了独具特色的“五经”体系。

值得注意的是，《荀子·劝学》篇认为《礼》《乐》《诗》《书》《春秋》五部经书“在天地之间者毕矣”，《儒效》篇认为“天下之道毕是矣”，非常明确地将《礼》《乐》《诗》《书》《春秋》视为一个完整的体系。这说明在荀子的思想视域中，或者在荀子所处的学术环境中，《易》的地位尚无法和《诗》《书》《礼》《乐》《春秋》五部经书并列齐观。

三、引《易》而不占：《荀子》对《易》的基本态度

《荀子》未将《易》纳入儒家经典体系之中，并不意味着荀子不了解或不重视《易》。事实上，荀子十分重视《易》，在行文中多次引用《易经》和《易传》的文字。

与孟子完全不言及《易》相比，荀子作为战国儒家中“谈到《易》的唯一的人”[2]，且《荀子》一书与《易》的关系是较为密切的。蒙文通说：“《易传》义虽精至，似别为统绪，若与思、孟不相闻接，谅《易》学别为儒学之行于南方者。诸子征《易》辞始于荀卿，荀氏亦征《道经》，当为荀卿所受于楚人之传。卿每并称仲尼、子弓，知即传《易》之楚人馯臂子弓；殆至战国末期，而《易》始显于中国，其为儒家之别支，固无足异。”[3]蒙氏所言为通达之论，虽出土简帛文献证明《易》学之传绵延不绝，然战国末期以前其隐而未彰，未能成为士阶层的公共知识，亦是毋庸置疑的。

荀子与《易》有着非常密切的关系，西汉刘向校理群书时所说的“孙（荀）卿善为《诗》《礼》《易》《春秋》”[4]，在《荀子》一书中有着鲜明的体现。

---

① 王先谦撰，沈啸寰、王星贤点校：《荀子集解》，第133～134页。

② 郭沫若：《十批判书》，东方出版社1996年版，第153页。

③ 蒙文通：《儒家哲学思想之发展》，《蒙文通文集》第一卷，巴蜀书社1987年版，第86页。

④ 王先谦撰，沈啸寰、王星贤点校：《荀子集解》，第557页。

首先，《荀子》一书中多次引用《易》。如《大略》篇"《易》曰：'复自道，何其咎？'《春秋》贤穆公，以为能变也"①，引文是《小畜》卦初九爻辞。又如《非相》篇"故君子之于言无厌。鄙夫反是，好其实，不恤其文，是以终身不免埤污佣俗。故《易》曰：'括囊，无咎无誉。'腐儒之谓也"②，引文是《坤》卦六四爻辞。著书时引《易》立论，和引《诗》《书》一样，在一定程度上就是对《易》经典地位的承认。

其次，《荀子》与《易传》也有较为密切的关系。如《大略》"《易》之《咸》，见夫妇。夫妇之道，不可不正也，君臣父子之本也。咸，感也，以高下下，以男下女，柔上而刚下"③，杨倞注首句云："《易·咸卦》艮下兑上。艮为少男，兑为少女，故曰'见夫妇'"④，语本《周易·说卦》"艮三索而得男，故谓之少男；兑三索而得女，故谓之少女"⑤。第二句语本《周易·序卦》，讲《咸》卦说："有天地然后有万物，有万物然后有男女，有男女然后有夫妇，有夫妇然后有父子，有父子然后有君臣。"下面又说："夫妇之道不可以不久也，故受之以《恒》。"⑥所以讲"夫妇之道，不可不正也，君臣父子之本也"。第三句"咸，感也""男下女""柔上而刚下"等，均出自《周易·咸卦》的《彖传》。对于《大略》篇的作者，自杨倞注《荀》认为是"弟子杂录荀卿之语"后，颇有讨论。但大致出自荀子后学之手，对于讨论这个问题，尚有一定的参考价值。

最后，从思想的承袭关系上，也能看出《荀子》和《易传》的密切关系。如郭沫若曾提出《荀子·天论》在天道观上与《周易·系辞》是一致的："荀子的天道思想的确是把儒道两家融合了的。这种思想和《易传》，特别是《系辞传》的思想完全如出一范。"⑦日本学者久保爱《荀子增注》也认为《天论》"列星随旋，日月递炤，四时代御，阴阳大化，风雨博施，万物各得其和以生，各得其养以成，不见其事，而见其功，夫是之谓神"，与《周易·系辞》"日往则月

---

① 王先谦撰，沈啸寰、王星贤点校：《荀子集解》，第 498 页。

② 王先谦撰，沈啸寰、王星贤点校：《荀子集解》，第 84 页。

③ 王先谦撰，沈啸寰、王星贤点校：《荀子集解》，第 495 页。

④ 荀况著，王天海校释：《荀子校释》，上海古籍出版社 2016 年版，第 1057 页。

⑤ 黄寿祺、张善文：《周易译注》，上海古籍出版社 2001 年版，第 630 页。

⑥ 黄寿祺、张善文：《周易译注》，第 647 页。

⑦ 郭沫若：《先秦天道观之进展》，《郭沫若全集·历史编》第一卷，人民出版社 1982 年版，第 372 页。按：郭沫若认为《系辞传》成书时代较晚，所以他认为"做《系辞传》的人该得是荀子的弟子"，我们并不认同这一点，但这从另一个角度说明郭沫若认为《系辞传》和荀子之间是有学术传承关系的。

来，月往则日来，日月相推而明生焉；寒往则暑来，暑往则寒来，寒暑相推而岁成焉”“阴阳不测之谓神”等相通。① 又如《荀子》中有关“神明”的诸多论述，《儒效》篇“并一而不二，则通于神明，参于天地矣”，将“神明”联系于“天地”，与《周易·系辞》“阴阳合德，而刚柔有体，以体天地之撰，以通神明之德”的思想也是相通的。②

除此之外，作为荀子后学之作的《荀子·大略》篇③，有将《诗》《易》《礼》三者并列之处：“故《春秋》善胥命，而《诗》非屡盟，其心一也。善为《诗》者不说，善为《易》者不占，善为《礼》者不相，其心同也。”④此处从“贵行不言”的角度，将“善为《诗》者不说，善为《易》者不占，善为礼者不相”三者相提并论，可见荀子后学逐渐开始将《易》与六艺中的其他经书并列齐观。

既然《荀子》与《周易》经传具有这么密切的关系，那么荀子为何没有将《易》放置在与“五经”相提并论的地位上呢？

我们觉得有两种可能。一种可能是在荀子的知识视野中，尚未出现将《易》和其他五经并列为“六艺”的情况。荀子是当时极为博学的学者，如果他不知道《易》和其他五经并列为“六艺”的提法，那么《庄子》之《天运》《天下》及《礼记·经解》中的相关记载，应该晚于荀子时代，也就是说古史辨学派的怀疑是有依据的。至于郭店楚简中“六经”并列的情况，由于是孤证，而且出土地点偏处南方，离中原较远，很可能是一种地域性现象，并不为北方的儒家学者所共知。经学发展的地域性特征一直都存在，直到西汉时期，齐学与鲁学还存在较大的差异，在兼并战争不断的战国时期，各地经学发展不均衡的现象是肯定存在的。

另一种可能，即荀子知道有《易》和其他五经并列的情况，但不予接受，仍然坚持“五经”说。如果此说可信，则荀子不认同“《易》以道阴阳”⑤之类的观点，这与《大略》篇所说的“善为《易》者不占”⑥在学理上也是一致的。正如上文所引孙希旦所说：“《易》则义理精微，非天资之高者不足以语此。”荀子

---

① 荀况著，王天海校释：《荀子校释》，第 681 页。

② 参见郭静云：《先秦易学的“神明”概念与荀子的“神明”观》，《周易研究》2008 年第 3 期。

③ 唐杨倞注《荀子》最早提出《大略》等六篇可能是荀子语及杂录传记文字。参见王先谦撰，沈啸寰、王星贤点校：《荀子集解》，第 485 页。

④ 王先谦撰，沈啸寰、王星贤点校：《荀子集解》，第 507 页。

⑤ 陈鼓应注译：《庄子今注今译》，第 859 页。

⑥ 王先谦撰，沈啸寰、王星贤点校：《荀子集解》，第 507 页。

不以《易》和其他五经并列，或许也有这一层面的考虑。

对于以上两种说法，我们倾向于认同第一种观点，因为这种观点比较符合学术思想发展的规律。至于第二种观点为何可能无法成立，我们将在下文予以解析。

值得注意的是，在《荀子》身后不久成书的《吕氏春秋》①，是继《荀子》之后引《易》较多的著作。《吕氏春秋》成书于秦地，与《荀子》俱成书于北方，可见战国晚期《易》在北方的流传已经较为普遍，则蒙文通“至战国末期，而《易》始显于中国”的说法，是非常可靠的。

四、从“五经”到六艺:《荀子》“五经”体系的影响

《荀子》不但建立了独特的“五经”体系，还对“五经”的特质和功用做了较为系统的阐发。如《荀子・劝学》云:“《书》者，政事之纪也;《诗》者，中声之所止也;《礼》者，法之大分，类之纲纪也……《礼》之敬文也，《乐》之中和也，《诗》《书》之博也，《春秋》之微也。”②又云:“《礼》《乐》法而不说，《诗》《书》故而不切，《春秋》约而不速。”③对《诗》《书》《礼》《乐》《春秋》的特点做了总结，但或分或合，不尽贴切。《儒效》篇的阐发最成体系，也最为合理:“《诗》言是，其志也;《书》言是，其事也;《礼》言是，其行也;《乐》言是，其和也;《春秋》言是，其微也。”④下面，我们分析一下《荀子・儒效》这段文字与《庄子》《新书》《史记》等其他传世文献中类似内容的关系，以此判断荀子“五经”体系的价值和影响。

首先，《庄子・天下》云:“《诗》以道志，《书》以道事，《礼》以道行，《乐》以道和，《易》以道阴阳，《春秋》以道名分。”⑤对于这段文字，马叙伦《庄子义证》提出:“‘《诗》以道志’以下六句，疑古注文，传写误为正文。”此后徐复观《中国人性论史》等皆申此说。⑥ 其中，《庄子・天下》对《诗》《书》《礼》《乐》四部

---

① 荀子卒于前 238 年，《吕氏春秋》成书于秦王嬴政即位第八年，即前 239 年。

② 王先谦撰，沈啸寰、王星贤点校:《荀子集解》，第 12 页。

③ 王先谦撰，沈啸寰、王星贤点校:《荀子集解》，第 14 页。

④ 王先谦撰，沈啸寰、王星贤点校:《荀子集解》，第 133 页。

⑤ 陈鼓应注译:《庄子今注今译》，第 859 页。

⑥ 陈鼓应注译:《庄子今注今译》，第 859 页。按:陈鼓应接受此数句为注文衍入的说法，故正文中删汰之，收入注释之中。

经典的表述，在内容上与《荀子·儒效》几乎完全一致。对《春秋》的评价，《荀子·儒效》作"《春秋》言是，其微也"，《庄子·天下》作"《春秋》以道名分"，《春秋》的微言大义正是集中在"道名分"上，所以两者也是相近的。两者唯一差别较大的就是《庄子·天下》有"《易》以道阴阳"，而《荀子·儒效》没有。从观念生发的角度来看，《荀子·儒效》刻意删掉《庄子·天下》"《易》以道阴阳"一句的可能性是非常小的，更有可能是《庄子·天下》在《荀子·儒效》"五经"说的基础上，增加了"《易》以道阴阳"。从这个角度来说，《庄子·天下》的成书年代是晚于《荀子·儒效》篇的，或者这段文字像马叙伦说的是衍文，是注文窜入了正文，那时代只能更晚。[①]

其次，汉初成书的贾谊《新书·道德说》也有一段类似的文字：

> 《书》者，著德之理于竹帛而陈之令人观焉，以著所从事，故曰"《书》者，此之著者也"。《诗》者，志德之理而明其指，令之缘之以自成也，故曰"《诗》者，此之志者也"。《易》者，察人之精德之理与弗循而占其吉凶，故曰"《易》者，此之占者也"。《春秋》者，守往事之合德之理与不合而纪其成败，以为来事师法，故曰"《春秋》者，此之纪者也"。《礼》者，体德理而为之节文，成人事，故曰"《礼》者，此之体者也"。《乐》者，《书》《诗》《易》《春秋》《礼》五者之道备，则合于德矣，合则欢然大乐矣，故曰"《乐》者，此之乐者也"。[②]

这段文字中《书》《诗》《春秋》《礼》《乐》部分，与《荀子·儒效》篇在内涵上是相近的。与《庄子·天下》篇相同的是，《新书·道德说》也多出一段有关《易》的论述："《易》者，察人之精德之理与弗循而占其吉凶。"这段文字强调《易》的占卜功能，与《荀子》继承孔子的说法，强调"善为《易》者不占"相比，二者对《易》的占卜功能在认知上是一致的，但在褒贬上则是不同的。可以说，在这一点上，贾谊《新书·道德说》对《荀子》的思想是有所发展的。

最后，司马迁《史记·滑稽列传》《史记·太史公自序》也有两处将"六经"并列的情况，其中《史记·太史公自序》对"六经"的阐释较为详尽：

> 《易》著天地阴阳四时五行，故长于变；《礼》经纪人伦，故长于行；

---

① 参见陈鼓应注译：《庄子今注今译》，第859页。

② 贾谊撰，吴云、李春台校注：《贾谊集校注》（增订版），天津古籍出版社2010年版，第258～259页。

《书》记先王之事，故长于政；《诗》记山川溪谷禽兽草木牝牡雌雄，故长于风；《乐》乐所以立，故长于和；《春秋》辨是非，故长于治人。是故《礼》以节人，《乐》以发和，《书》以道事，《诗》以达意，《易》以道化，《春秋》以道义。①

尤其是最后一段文字的总结，与《荀子·儒效》非常相合，只是多了"《易》以道化"一句，与《庄子·天下》篇"《易》以道阴阳"的说法较为相近。其中明确指出"《易》著天地、阴阳、四时、五行，故长于变"，如果《庄子·天下》"《诗》以道志"以下六句果真为衍文，那么其"《易》以道阴阳"之说很可能来源于此。而此条所列六经之说，也应该是在继承《荀子·儒效》的基础上略有增易。

除了《庄子·天下》《新书·道德说》《史记·太史公自序》中明显与《荀子·儒效》一系的解说之外，《礼记·经解》《淮南子·泰族》也有一套六经之说，此二者的解说内容、文辞都比较相近，但与《荀子·儒效》一系差别很大。由于与本文讨论的问题关系不密切，故此处不予赘述。

综上所述，在传世文献有关六艺经典体系的记载中，《荀子》的"五经"说是一个非常重要的过渡阶段，对汉初以来六艺经典体系的构建有着很大的影响。不过，由于荀子之后不久就出现了六艺经典体系，后世学者鲜少论及《荀子》"五经"说这个完整的经学体系。唯有数百年之后，《汉书·艺文志》将此"五经"附会于五常（五行）：

六艺之文，《乐》以和神，仁之表也。《诗》以正言，义之用也。《礼》以明体，明者著见，故无训也。《书》以广听，知之术也。《春秋》以断事，信之符也。五者，盖五常之道，相须而备，而《易》为之原。故曰，"《易》不可见，则乾坤或几乎息矣"。言与天地为终始也。至于五学，世有变改，犹五行之更用事焉。②

姚明辉《汉书注解》解释道："五学，谓《乐》《诗》《礼》《书》《春秋》。据学者而言，故曰五学。五常之于五行，仁为木，义为金，礼为火，知为水，信为土。五学既为五常之道，则其递相为教，亦如五行之更用事也。"③此处将五学附会

---

① 司马迁撰：《史记》，第3975页。

② 陈国庆编：《汉书艺文志注释汇编》，中华书局1983年版，第96页。

③ 转引自张舜徽：《汉书艺文志通释》，《张舜徽集》，华中师范大学出版社2004年版，第254页。

为五常(五行),自是汉儒的曲说。但是,“五学”之说也是其来有自,《汉书·艺文志》将“五学”视为一个较为独立的体系,也可能是受到了《荀子》的影响。

结语

综上所述,在儒家六艺经典体系形成的过程中,《荀子》的“五经”体系是一个重要的过渡阶段。荀子不以《易》为经,而提出了独具特色的“五经”体系,这是值得关注的。荀子的“五经”体系是对西周春秋四教之学的继承与发展。一方面,对于四教之学中偏于实践的礼、乐,荀子加强了对文献的重视和理论上的阐发;另一方面又将《春秋》增入四教之学体系,发展成“五经”体系,并对“五经”各自的特点进行了总结。

从传世文献生成的角度来看,《荀子·儒效》篇的“五经”体系及其相关阐释,是《庄子·天下》、贾谊《新书·道德说》、司马迁《史记·太史公自序》六艺经典体系形成的基础,为儒家经典的体系化建设做出了重要的贡献。而目前对儒家六艺经典体系形成的讨论,或者认为早在孔子之时就已经存在,或者认为要晚至汉初才正式成立,这都在一定程度上忽略了从四教之学到六艺之学的发展过程中,荀子的“五经”体系所起到的重要的过渡作用。作为战国晚期儒家的代表人物,荀子“五经”体系在儒家六艺经典体系形成过程中的影响,是他对西汉经学发展产生的影响的一部分,应该予以更多的关注。

从刘勰对三代文学的评价再论其原儒观

武志斌

摘要:在《文心雕龙》五十篇中,涉及刘勰对上古三代文学评价的有三十八篇。刘勰提出上古三代是文学从萌芽走向鼎盛的时期,这一时期的文学在内容上辞约旨丰,在艺术上则文理兼备。这时期的文学创作多是感物而兴,表达自然流畅。刘勰对上古三代的文学绝无贬斥,全是大力弘扬,这与传统的儒家文论观念一脉相承。从此可以看出刘勰在思想上对儒家文论的继承,同时也反映出刘勰弘扬儒家道统的观念。

关键词:《文心雕龙》 上古三代文学 儒家文论

刘勰的《文心雕龙》古往今来都深受学者们的重视,单就近几十年来看,研究成果也是不断涌现,20 世纪以来仅研究综述类的文章,就有数十篇之多,其中不仅有针对专题、篇目、时段等研究综述性文章,如《刘勰〈文心雕龙〉对陆机评价综述》《二十世纪以来〈文心雕龙·宗经〉研究综述》《2013 年〈文心雕龙〉研究综述》《明清两代〈文心雕龙〉评点综述》等,还有全面总结以往研究成果的综述性文章,如《2001 年以来〈文心雕龙〉研究评述》《新世纪〈文心雕龙〉研究综述》等。梳理以往研究成果也能发现一些未被关注的地方。

武志斌,山东师范大学齐鲁文化研究院博士研究生,主要从事先秦两汉文学文献研究。

从新时期出现的研究成果来看，学者们在思想文化研究、文体论研究、批评方法论研究、学术史研究、跨文化研究、言说方式①等方面着力很多，对于刘勰关于某人或某个时期具体评价的梳理归纳却成就不多。20 世纪赵逵夫有文章分析刘勰对屈原的批评，但并未完整地总结归纳。以后的学者继轨而行，出现了分析刘勰对《周易》、《诗经》、《楚辞》、司马相如、汉乐府、三曹、陆机、左思等批评归纳的一系列文章，其说纷纭，不胜枚举。当然，一些总体分析刘勰对两汉文坛、两晋文风评论的研究性文章，同样颇有价值。不难发现，学者们在研究中有意识地偏重于魏晋南北朝时期。分析刘勰对曹植、陆机等人评价的文章，每类都在三篇以上，标题和内容主旨展现出同样的倾向。然而，对刘勰评价上古三代文学的归纳和分析却少有人做，关注点也仅限于《诗经》《周易》。统观刘勰《文心雕龙》全书，出现刘勰评价上古三代文学内容的篇章将近四十篇，这足以证明刘勰对三代之文的重视。但在我们后世的学术研究中，却未有学者从这方面去进行归纳研究。学者们以往大多偏爱从文学理论本身去阐释分析，并且执着于“文学自觉”的魏晋南北朝时期。但事实上，中国文论自有其特殊性，无论艺术与修辞意识如何觉醒，当时的学者仍保留着传统的儒家观念。现代学者有更广泛的理论视角，能够接受西方的文学理论，但如果针对刘勰个人，我们必须重视传统原道观念对其《文心雕龙》理论建构的影响。这或许是刘勰个人对文学认识的局限，但反而更符合刘勰自身理论架构的实际。因此，笔者从“焕乎始盛”“辞约旨丰”“感物吟志”“文理允备”四个方面梳理刘勰对上古三代文学的评价，通过整体归纳后的深入探讨，试图探寻刘勰思想理论的基础，以及在文学批评上的偏重。希望学者们在认识刘勰及其《文心雕龙》时会有一个更加全面的视角。

《文心雕龙》全书五十篇，出现评价上古三代文章内容的有三十八篇。这里所讲的上古三代，时间上是从黄帝时延展到春秋时期。章学诚曾说：“盖至战国而文章之变尽，至战国而著述之事专，至战国而后世之文体备。”②章学诚对先秦文学的发展变化做了一个精妙的概括，在时间分期上，他的意见可以作为参考。因此，从文章源头上讲，分析刘勰对上古三代文章的评价，就适合把时间截止到战国之前。

---

① 参见党圣元、师雅慧：《新世纪〈文心雕龙〉研究综述》，《丽水学院学报》2007 年第 6 期。

② 章学诚著，叶瑛校注：《文史通义校注》，中华书局 1985 年版，第 60 页。

在未涉及上古三代内容的篇章中，《正纬》篇主要讲纬书及其对文学的影响。纬书出于后世编造，风格也与三代不同，故不在论述之列。《辨骚》篇以屈原作品为主，属于战国时作品，虽然对前代文学有所继承，但整篇并未对以往文学有过多评价，因此也被排除。文体论的二十篇中，杂文始于宋玉《对问》，因此《杂文》篇也不涉及对前代的评价。创作论主要讲文章写作构思以及技巧的处理，《神思》《体性》《定势》《熔裁》《炼字》《隐秀》《指瑕》《附会》八篇或根本未提及前代文学，或只是阐述事实未做评价，也不属于论述范围。批评论中《知音》篇提到最早的人物是战国时的庄周，并且未有评价。除以上十二篇之外，其他每篇都或多或少地含有刘勰对上古三代文学评价的内容。从对这些内容的归纳分析中，可以窥见刘勰自身的文学批评偏向。

一、"焕乎始盛"——上古三代是中国文学的开端

关于中国文学源头的问题，魏晋之前的论述大体是罗列而未有实指，且散乱而不成体系。《书》之《舜典》，诗乐一体；《论语》圣言，标举《韶》《武》；《庄子·天运》，学源六经；《荀子·儒效》，各体归经。像以上这些论述多少都涉及文学的源头问题，但从《尚书》到《荀子》，并没有直面这个问题。后面诸如《毛诗序》、《礼记》、王充、王逸等有关的诸多论述，仍然没有正面回答问题。这其实也是缘于魏晋之前学者的文学意识处于模糊状态，因此在论述中有所涉及，但根本没有清晰的文学观念。刘勰对文学开端的探讨虽然不能说是独创之见，但也是融会以往诸家之说后形成的系统总结。文学发展到这个时期，文人们已经开始直面关于文学自身的诸多问题。同时期钟嵘的《诗品》也是辨明文学起源的重要著作，其《诗品序》说："昔《南风》之辞，《卿云》之颂，厥义敻矣。夏歌曰：'郁陶乎予心。'楚谣曰：'名余曰正则。'虽诗体未全，然略是五言之滥觞也。"[①]由此可见，刘勰在这方面的探讨不仅是渊源有自，而且在同时代也不是"独学而无友"的。当然，刘勰在论述具体篇目时也构建了自己的理论体系，这是以往学者所未有的。

刘勰在第一篇中就探讨了文的起源问题，对天文和人文都做了源和流的考述。他在《原道》篇说"人文之元，肇自太极"[②]，认为象是人文之始。但

---

① 钟嵘著，曹旭集注：《诗品集注》，上海古籍出版社 2011 年版，第 6 页。

② 刘勰著，詹锳义证：《文心雕龙义证》，上海古籍出版社 1989 年版，第 11 页。

是，从事实上看，图像与文学终究还是不能等同。接着又讲："自鸟迹代绳，文字始炳，炎皞遗事，纪在《三坟》，而年世渺邈，声采靡追。唐虞文章，则焕乎始盛。"①这样的论述已经触及了今天学者们所论及的文学理论问题。他从文的衍生开始讲起，最后认为到了唐尧、虞舜时期才摆脱了以往"声采靡追"的特点，人们可以直接把握文学的内容，这时真正的文章才开始出现。《征圣》篇的论述与此相似，"是以远称唐世，则焕乎为盛；近褒周代，则郁哉可从"②，与前篇论述相互呼应。在后面二十篇文体论中，刘勰追溯每种文体的起源，虽在时间上略有先后，但基本都是在黄帝、尧、舜时期。如《乐府》篇："钧天九奏，既其上帝；葛天八阕，爰乃皇时。自《咸》《英》以降，亦无得而论矣。"③这些作品虽年代不可确考，但也大体出自上古三代之时。

《宗经》篇的论述则更具代表性："故论、说、辞、序，则《易》统其首；诏、策、章、奏，则《书》发其源；赋、颂、歌、赞，则《诗》立其本；铭、诔、箴、祝，则《礼》总其端；记、传、盟、檄，则《春秋》为根。"④其余《祝盟》《铭箴》《哀吊》《谐隐》《史传》《诸子》《论说》《檄移》《封禅》等篇，追溯文体起源，也都分别有相似的论述。单论诗体，则又有《章句》篇云："寻二言肇于黄世，《竹弹》之谣是也；三言兴于虞时，《元首》之诗是也；四言广于夏年，《洛汭之歌》是也；五言见于周代，《行露》之章是也。"⑤这番论述与钟嵘《诗品序》中的主张相互联系，但明显更加详细。

从这些论述中，很明显可以看出在刘勰的观念里，从黄帝到尧、舜的这一阶段是文学真正成型的时期。文字已经超越了原来简单表意的功能，开始形成一种经过构思而呈现出来的排布组合。文字开始形成文学作品，开始具有抒情性和艺术性，因此刘勰将这一时期概括为"焕乎始盛"。从这一主张可以看出，刘勰并不愿意把远古时期的图像符号当作真正的文学作品，他所认为的文学作品是能够寄托吟咏之志，并且符合雅正审美的文字组合。从上古歌谣到《尧典》《舜典》，这些作品很明显已初具文学形态。

---

① 刘勰著，詹锳义证：《文心雕龙义证》，第17～18页。
② 刘勰著，詹锳义证：《文心雕龙义证》，第35页。
③ 刘勰著，詹锳义证：《文心雕龙义证》，第220页。
④ 刘勰著，詹锳义证：《文心雕龙义证》，第78～79页。
⑤ 刘勰著，詹锳义证：《文心雕龙义证》，第1270页。

二、“辞约旨丰”——上古三代文学的思想表现

对于三代文学，“辞约旨丰”基本上是学者公认的特点。但遍观以往论述，却鲜有直接用这个词明确评价三代文学的内容。因此刘勰的这一概括虽然具有以往的理论渊源，但他直接的总结与评价却实属独创。这当然跟南北朝时文学风尚有关，却也能反映出刘勰个人对以往作品的深刻认识。

刘勰在《宗经》篇提出：“皇世《三坟》，帝代《五典》，重以《八索》，申以《九丘》；岁历绵暖，条流纷糅。自夫子删述，而大宝咸耀。”①先列举上古时期的作品，后面又评价道：“至于根柢槃深，枝叶峻茂，辞约而旨丰，事近而喻远。是以往者虽旧，余味日新。”②从这些论述不难看出，刘勰十分认可以往作品，认为上古三代文章虽然文辞质朴简单，但是“余味日新”，而之后的文学作品，则是“楚艳汉侈，流弊不还”。同时，他在《通变》篇中说：

> 是以九代咏歌，志合文则。黄歌《断竹》，质之至也。唐歌《在昔》，则广于黄世；虞歌《卿云》，则文于唐时。夏歌“雕墙”，缛于虞代；商周篇什，丽于夏年……搉而论之，则黄、唐淳而质，虞、夏质而辨，商、周丽而雅，楚、汉侈而艳，魏、晋浅而绮，宋初讹而新。从质及讹，弥近弥澹。何则？竞今疏古，风末气衰也。③

刘勰认为从唐尧时期直到周代，文学作品由淳质逐渐走向雅丽，不仅思想表现雅正真质，而且语言丽辞。总体而言，整个时期的作品虽然在向华美的风格转变，但在周及其以前，仍不失真淳质朴、辞约旨丰。越往后发展，文学则“从质及讹，弥近弥澹”。刘勰不仅推举上古三代文学，而且批评了后世讹浅浮艳的文学风气。这不仅是在文学观念上对传统的继承，而且是在思想上对儒家重道重质观念的认可。作为文学理论著作，《文心雕龙》虽然一直强调文学作品应该文质并重，但对比刘勰对上古文学和近时文学的评价，从中不难看出他更倾向于文章的质。这和梁代萧纲提出的“立身先须谨重，文章且须放荡”观念完全不同，反而继承了孔子“辞达而已矣”④的文学主张。

---

① 刘勰著，詹锳义证：《文心雕龙义证》，第 57～58 页。

② 刘勰著，詹锳义证：《文心雕龙义证》，第 77 页。

③ 刘勰著，詹锳义证：《文心雕龙义证》，第 1084、1089～1090 页。

④ 朱熹撰：《四书章句集注》，中华书局 1983 年版，第 170 页。

在《情采》篇中，刘勰讲："研味《孝》《老》，则知文质附乎性情；详览《庄》《韩》，则见华实过乎淫侈。"①从西周末到战国，文章便在文质方面有了很大的变化；继而又讲："昔诗人什篇，为情而造文；辞人赋颂，为文而造情。"②由此也能看出刘勰对战国时期华丽淫侈、为文造情文学特点的批评。《序志》篇的论述最能体现刘勰重视传统、标举三代的文学主张：

> 唯文章之用，实经典枝条，五礼资之以成，六典因之致用。君臣所以炳焕，军国所以昭明，详其本源，莫非经典。而去圣久远，文体解散，辞人爱奇，言贵浮诡，饰羽尚画，文绣鞶帨，离本弥甚，将遂讹滥。盖《周书》论辞，贵乎体要；尼父陈训，恶乎异端。辞训之异，宜体于要。于是搦笔和墨，乃始论文。③

这段论述明显表明了刘勰的主张，他强调"文章之用，实经典枝条"，又说"详其本源，莫非经典"，并且主张"辞贵体要"，批评浮诡文风。这种主张与传统儒家道统观念相呼应，儒家标举圣王，上古三代文章皆圣王治下所成，上古三代之民亦是真淳质朴。在传统儒家思想的影响下，刘勰的文学主张虽然强调文质并重，但具体论述细节经常流露出对上古三代文章的尊崇。因此在思想表现上，刘勰对上古三代辞约旨丰的特点给予了足够的称赞。

三、"触类而兴"——上古三代文学的创作方法

在刘勰以前的文论中，言情与言志是文学表现的两个方面，学者也有不少争论。《尚书·舜典》《毛诗序》《典论·论文》《文赋》等都有探讨，对于"情志一也"④，已有非常详细的论述。从创作上看，无论是言情还是言志，"触类而兴"总是抒发自身情感的创作手段。在刘勰的创作论中，神、气、形都有关键性作用，既要有先天的才气禀赋，又要有后天的学习雕琢。但是情感倾向上，自然吟咏而成的文学作品显然比空事雕琢的作品更能得到刘勰的肯定。

刘勰在《明诗》篇中说："人禀七情，应物斯感，感物吟志，莫非自然。昔葛天乐辞，《玄鸟》在曲；黄帝《云门》，理不空弦。至尧有《大唐》之歌，舜造

① 刘勰著，詹锳义证：《文心雕龙义证》，第 1156 页。

② 刘勰著，詹锳义证：《文心雕龙义证》，第 1158 页。

③ 刘勰著，詹锳义证：《文心雕龙义证》，第 1909～1913 页。

④ 杜预注，孔颖达疏：《春秋左传注疏》，上海古籍出版社 1997 年版，第 2108 页。

《南风》之诗，观其二文，辞达而已。”①不仅提出诗歌是自然流露、感物吟志的作品，也对尧、舜时期的作品做出了评价。论及与他同时的作品，刘勰总结为“俪采百字之偶，争价一句之奇，情必极貌以写物，辞必穷力而追新，此近世之所竞也”②。两相对比，虽然并未直接分判出优劣，但也可以看出刘勰本人的情感偏向。最后刘勰提出了诗歌创作的标准：“若夫四言正体，则雅润为本；五言流调，则清丽居宗。”③“雅润”“清丽”的风格显然不是雕琢艳辞所能达到的，要创作优秀的作品，也该有一颗“触类而兴”的诗家之心。

在《丽辞》篇，刘勰则指出：“唐虞之世，辞未及文，而皋陶赞云……龙虎类感，则字字相俪；乾坤易简，则宛转相承。”④刘勰认为唐虞之时的文学虽没有华丽的辞藻，但已经有了骈俪、宛转等形式与风格。然后又提道：“至于诗人偶章，大夫联辞，奇偶适变，不劳经营。自扬马张蔡，崇盛丽辞，如宋画吴冶，刻形镂法，丽句与深采并流，偶意共逸韵俱发。至魏晋群才，析句弥密，联字合趣，剖毫析厘。然契机者入巧，浮假者无功。”⑤刘勰认为真正的丽辞反而是“不劳经营”的，在进行艺术处理时，“契机者入巧，浮假者无功”，因此他心目中的优秀作品是“诗人偶章”，是“文理允备”的周代作品。

在《养气》篇，刘勰评价道：“夫三皇辞质，心绝于道华；帝世始文，言贵于敷奏；三代春秋，虽沿世弥缛，并适分胸臆，非牵课才外也。”⑥在称述上古三代文章的同时，又提出文章要“适分胸臆”，这与《明诗》篇“应物斯感”“随性适分”的主张相互呼应。刘勰强调文章要顺应内心思想情感与个人才性，反对牵强造文，而前面评价的这些文章刚好符合这一点。他认为“率志委和，则理融而情畅；钻砺过分，则神疲而气衰”⑦，因此高度认可上古三代随性而作、触类而兴的文章。《物色》篇的论述也与此相合，他说：“是以诗人感物，联类不穷；流连万象之际，沉吟视听之区。写气图貌，既随物以宛转；属采附声，亦与心而徘徊。”⑧刘勰推崇应物随心的创作方式，在他的评价中，上古三

① 刘勰著，詹锳义证：《文心雕龙义证》，第 173～175 页。

② 刘勰著，詹锳义证：《文心雕龙义证》，第 208 页。

③ 刘勰著，詹锳义证：《文心雕龙义证》，第 210 页。

④ 刘勰著，詹锳义证：《文心雕龙义证》，第 1296～1297 页。

⑤ 刘勰著，詹锳义证：《文心雕龙义证》，第 1299～1302 页。

⑥ 刘勰著，詹锳义证：《文心雕龙义证》，第 1567 页。

⑦ 刘勰著，詹锳义证：《文心雕龙义证》，第 1565 页。

⑧ 刘勰著，詹锳义证：《文心雕龙义证》，第 1733 页。

代诗人基本都是这样进行创作的。

通过这样的梳理总结，明显可以看出刘勰本人对上古三代诗人创作方法的肯定。这种尊古崇质、反对强事雕琢、批评过分钻砺的观念，与传统的儒家文艺思想倾向是一致的。从创作论上讲，虽然刘勰提出了文章创作需要的诸多要素，但对具体诗篇创作的评价，也显示出刘勰对于传统儒家思想的继承与维护。

四、"文理允备"——上古三代文学的艺术特征

如果说从创作论和对思想表现的评价上还不能直观明显地看出刘勰对上古三代文学的推崇，那么从艺术特色方面看，刘勰的诸多评价则是更多地在正面称赞三代文学。《颂赞》篇讲："昔帝喾之世，咸墨为颂，以歌《九韶》。自商已下，文理允备。……晋舆之称原田，鲁民之刺裘韠，直言不咏，短辞以讽，丘明、子高，并谓为诵，斯则野颂之变体，浸被乎人事矣。"[①]刘勰在这里论述了颂体的源流，认为自商代以后，"文理允备"，而到了春秋时期，开始出现变体。

统观《文心雕龙》全书，刘勰极力褒扬商周两代作品，认为商周时期的作品不仅符合雅正的思想要求，也具有清丽宛转的艺术特征，"文理允备"可谓刘勰的文学审美理想。《章表》篇的论述与此如出一辙，"至太甲既立，伊尹书诫，思庸归亳，又作书以赞。文翰献替，事斯见矣。周监二代，文理弥盛"[②]。用"文理弥盛"来评价商周作品，反映出商周两代在文学艺术表现上对前代的超越。其他相应论述，如《时序》篇：

> 有虞继作，政阜民暇，"薰风"诗于元后，"烂云"歌于列臣。尽其美者，何乃心乐而声泰也。[③]

刘勰评价虞舜时的歌诗尽善尽美，兼具思想和艺术。《物色》篇又评价商周诗人作品"情貌无遗"，《才略》篇评价说"九代之文，富矣盛矣"，说商周之世"文亦师矣"，像这种正面的评价不胜枚举。[④] 如果说文理兼备是刘勰推

---

① 刘勰著，詹锳义证：《文心雕龙义证》，第 313、319 页。

② 刘勰著，詹锳义证：《文心雕龙义证》，第 822 页。

③ 刘勰著，詹锳义证：《文心雕龙义证》，第 1653 页。

④ 刘勰著，詹锳义证：《文心雕龙义证》，第 1738、1764、1766 页。

崇的文章标准，那么在《夸饰》篇中又能看出刘勰在内容和修辞方面的辩证："夫形而上者谓之道，形而下者谓之器。神道难摹，精言不能追其极；形器易写，壮辞可得喻其真。才非短长，理自难易耳。故自天地以降，豫入声貌，文辞所被，夸饰恒存。虽《诗》《书》雅言，风格训世，事必宜广，文亦过焉。"①刘勰强调文章修饰的作用，认为即便像《诗经》《尚书》这样的雅正文学，也需要夸饰之笔。但斟酌"文亦过焉"这一评价，其实也可以看出刘勰认可文理相应的作品，文辞不该超越思想内容的表达需要。而"然饰穷其要，则心声锋起；夸过其理，则名实两乖"②，也代表了他的态度。刘勰终究认为文辞的修饰应该适中，也应该在思想内容的基础上合理地使用文辞，要"夸而有节"。在评价后代文学时，刘勰指出的问题多是"文过其实""过分夸饰"；评价周代及之前作品时，却认为是文理兼备。这种以商周文学为审美标准的思想倾向明显与儒家整个文论观完全一致。通过总结这些评价，也能够看出刘勰思想的传统性，以及对儒家观念的尊崇。

结　语

通过总结以上问题，可以看出刘勰从始至终都对上古三代文学评价颇高。在思想基础上，刘勰对儒家思想多有继承，甚至可以说儒家思想构成了其思想的主体部分。无论在艺术评价还是思想内容上，针对具体作品的评价全都显示出刘勰对儒家文论的继承。当然，不能否认的是，刘勰确实接受了道家、佛家等思想，并且在《文心雕龙》一些篇章字句中反映出来。但是就《文心雕龙》整体的写作来看，传统的儒家思想仍是刘勰创作思想的主体，这不仅能通过比较刘勰在评价具体作品的差异时看出，《序志》篇也有所体现。刘勰支持儒家建德立言的观念，称："君子处世，树德建言，岂好辩哉？不得已也！"③刘勰有心著述，想凭借自己的著作留下不朽声名，这种创作初衷就完全承袭了正统儒家功业思想。他认为"敷赞圣旨，莫若注经"，但对于六经之学，前人已经有很大成就，自己很难突破，于是另辟蹊径，提出"文章之用，实经典枝条"。有感于"去圣久远，文体解散，辞人爱奇，言贵浮诡，饰羽尚

① 刘勰著，詹锳义证：《文心雕龙义证》，第 1376～1378 页。

② 刘勰著，詹锳义证：《文心雕龙义证》，第 1399 页。

③ 刘勰著，詹锳义证：《文心雕龙义证》，第 1903 页。

画，文绣鞶帨，离本弥甚，将遂讹滥”的现实文学创作情况，因此刘勰以三代之文，特别是商周文学为标杆，进而“搦笔和墨，乃始论文”，创作出《文心雕龙》这部作品。我们现在解读《文心雕龙》，更多的是把它当作一部成体系的文学理论著作。但是在进行文学解读的同时，一定不能忽视刘勰本人的创作主旨和意图，这样才能有更加深入的体会。刘勰本人的思想基础，以及《序志》篇描绘的南行之梦，其实都能反映其思想主张。当时南北文风存在很大的差异，虽然与刘勰同时的学者没有就此予以特别论述，但唐代总结南北朝文风时就明确提出：

> 暨永明、天监之际，太和、天保之间，洛阳、江左，文雅尤盛，彼此好尚，互有异同。江左宫商发越，贵于清绮；河朔词义贞刚，重乎气质。气质则理胜其词，清绮则文过其意。[①]

北方文学对南方文学有所学习，但南方却一直沿着偏重文辞的方向发展，因此免不了有“文过其意”之弊。结合这种现象，以及刘勰对浮靡文章的批评，可以看出他有挽救时弊的意图。他在梦中南行，或许是在南方推行他的文学理论主张。这种主张，其实跟儒家的风化观念十分相似。因此，通过梳理所有条目，能够看出刘勰是以儒家思想为根基创作《文心雕龙》的。书中虽然吸收了其他领域的思想，但仍以儒家思想为主体。刘勰创作《文心雕龙》以儒家思想为出发点，对南北文风进行思考，对南方浮靡之风予以纠正，也值得学者进一步思考。

① 李延寿等：《北史》，中华书局 1974 年版，第 2781 页。

韩愈道统说及其对荀学地位的影响

杨靓瑜

摘要：韩愈为复兴儒学，排斥佛老，首提儒家“道统说”，以“仁义道德”为“道”，以尧、舜、禹、汤、文、武、周公、孔、孟为“统”。其“道统说”视孟子为儒家正统，而将荀子排除于道统之外，首开“尊孟抑荀”之风。宋明理学家在韩愈的基础上，进一步贬斥荀子，将其视为“异端”“歧出”，对荀学在儒学史上的地位有着重要影响。但宋明理学家批评荀子，还有更为深层的原因，即荀子在人性论、天人观等方面与宋明理学相悖。

关键词：韩愈　道统说　荀子　孟子　朱熹

荀子在汉代地位显赫，不仅司马迁、刘向、班固、徐幹等皆将其与孟子并列，《徐幹中论序》甚至还将其与孟子并称为“亚圣”①。但至宋明时期，“扬孟抑荀”之风兴起，孟子备受重视，而荀子则被视为“异端”“歧出”。荀子地位的前后变化，与唐代韩愈“道统说”的提出有不可分割的关系。正是因为韩愈在“道统说”中将孟子列入道统，视其为儒家正统、孔学真传，而将荀子排除在道统之外，认为其“择焉而不精，语焉而不详”②，“尊孟抑荀”之风方始。这种风气后来被宋明理学家接受，并进一步发挥，荀子的学术地位遂降到极致。

杨靓瑜，山东大学儒学高等研究院硕士研究生，主要从事中国哲学研究。

① 《徐幹中论序》云：“予以荀卿子、孟轲怀亚圣之才，著一家之法，继明圣人之业，皆以姓名自书，犹至于今厥字不传。”（徐幹撰，孙启治解诂：《中论解诂》，中华书局 2014 年版，第 393 页）

② 韩愈著，马其昶校注，马茂元整理：《韩昌黎文集校注》，上海古籍出版社 2014 年版，第 20 页。

一、韩愈道统说的建构及其原则

“道统”的说法，始见于朱熹的《中庸章句序》：“《中庸》何为而作也？子思子忧道学之失其传而作也。盖自上古圣神继天立极，而道统之传有自来矣。”①“道统”虽然是一个词，但可以分开来说。“道”即历圣相传之原则，而“统”则是指前圣后圣代代相承之统绪。“道统”一词虽然出现得比较晚，但道统的意识实际上早在先秦时期就已经产生，至少孔孟思想中已经有了明确的道统意识。《中庸》所云孔子“祖述尧舜，宪章文武”②，《论语》中孔子对尧、舜、禹、汤、文、武的称述，以及《孟子·滕文公上》所云“孟子道性善，言必称尧舜”③，皆为孔孟道统意识的表现。《论语·子罕》云：“子畏于匡。曰：‘文王既没，文不在兹乎？天之将丧斯文也，后死者不得与于斯文也；天之未丧斯文也，匡人其如予何？’”④孔子这种“斯文在兹”的自信与担当，充分体现出其道统意识。孟子“乃所愿，则学孔子也”⑤，及其在《公孙丑下》中所云：“五百年必有王者兴，其间必有名世者。由周而来，七百有余岁矣。以其数则过矣，以其时考之则可矣。夫天，未欲平治天下也；如欲平治天下，当今之世，舍我其谁也？”⑥孟子这种私淑孔子的传承意识与“舍我其谁”的担当精神，也表现出强烈的道统意识。

道统意识虽然在孔孟思想中已经出现，但当时尚未自觉，只是处于萌芽状态。正如钱穆先生所言，儒家道统的观念，“实由昌黎韩氏首先提出”⑦。在中国儒学史上，第一个正式提出道统观念，并自觉建构道统学说的无疑是唐代的韩愈。韩愈之所以提出“道统说”，乃是出于与佛道相争的目的。我们知道，经过魏晋南北朝的酝酿与发展，唐代佛教盛行，出现了所谓的“八大宗派”，尤其是由印度佛教与中国传统文化相结合而产生的中国化佛教宗派

---

① 朱熹撰：《四书章句集注》，中华书局1983年版，第14页。

② 朱熹撰：《四书章句集注》，第37页。

③ 朱熹撰：《四书章句集注》，第251页。

④ 朱熹撰：《四书章句集注》，第110页。

⑤ 朱熹撰：《四书章句集注》，第234页。

⑥ 朱熹撰：《四书章句集注》，第250页。

⑦ 钱穆：《中国学术通义》，《钱宾四先生全集》第25册，（台北）联经出版事业股份有限公司1994年版，第96页。

禅宗，在当时有着广泛的影响力。佛教禅宗具有强烈的法统意识，自觉建构起一个由佛祖释迦牟尼、摩诃迦叶、菩提达摩、慧可、僧璨、道信、弘忍到六祖慧能的传法谱系，使禅宗传承渊源有自，更使佛教在三教之争中处于有利地位。又因为司马迁在《史记·老子韩非列传》中提到老子姓李名耳字老聃，而李唐王朝的统治者恰恰又是少数民族改汉姓李，为了强调其承继大统的权威性与必然性，李唐统治者奉老子为祖师，并封其为“玄元皇帝”，连带着道教在唐代也具有崇高地位。与佛道的兴盛相比较，儒家在唐代反而处于弱势。作为儒家知识分子，韩愈为了与佛道抗争，也为了复兴儒学，提出著名的“道统说”。

韩愈所生活的时代，社会危机四伏，藩镇割据与宦官专权现象严重，中央集权被大大削弱，国家经济渐趋衰落，百姓流离失所，生活在水深火热之中的百姓便寄希望于佛道二教，以求解脱。韩愈对此极力排斥，他在《送灵师》中说：“佛法入中国，尔来六百年。齐民逃赋役，高士着幽禅。官吏不之制，纷纷听其然。耕桑日失隶，朝署时遗贤。”①韩愈认为，随着佛教的兴盛，寺院和僧尼大量出现，处于危难中的百姓为了逃避现世而选择成为僧尼，使得从事生产的人数不断减少，出家人既不承担赋税又不劳而食，从而加剧了百姓的生活困境，给社会经济带来沉重负担。韩愈在反对佛教的同时，也排斥道教，认为“老子之小仁义，非毁之也，其见者小也”，“其所谓道，道其所道，非吾所谓道也；其所谓德，德其所德，非吾所谓德也。凡吾所谓道德云者，合仁与义言之也，天下之公言也；老子之所谓道德云者，去仁与义言之也，一人之私言也”。② 在韩愈看来，老子所见都是小仁小义，老子之道不同于且不是儒家仁义之大道。儒家重纲常伦理，以孔孟建立的仁义之道，即以“尊尊”“亲亲”为核心，纲常伦理下有“五伦”，即君臣、父子、兄弟、夫妇、朋友。韩愈认为，佛老之法“不知君臣之义，父子之情”③，“必弃而君臣，去而父子，禁而相生养之道”④，佛教思想割断了血缘关系，会导致君不君、臣不臣、父不父、子不子的“去仁义”行为，扰乱儒家致力于构建的尊卑有序、等级分明的社会秩序，有违儒家纲常伦理之道。佛教追求的彼岸世界、涅槃轮回和

---

① 韩愈著，马其昶校注，马茂元整理：《韩昌黎文集校注》，第117页。

② 韩愈著，马其昶校注，马茂元整理：《韩昌黎文集校注》，第15页。

③ 韩愈著，马其昶校注，马茂元整理：《韩昌黎文集校注》，第686页。

④ 韩愈著，马其昶校注，马茂元整理：《韩昌黎文集校注》，第17～18页。

道教追求的虚无、清静亦与儒家积极入世的思想相违背。

面对佛老的冲击，韩愈创建儒家的传承谱系，其在《原道》中明确言“斯吾所谓道也，非向所谓老与佛之道也。尧以是传之舜，舜以是传之禹，禹以是传之汤，汤以是传之文武周公，文武周公传之孔子，孔子传之孟轲，轲之死，不得其传焉。荀与扬也，择焉而不精，语焉而不详”[①]，由此确立了儒家正统之道是从尧、舜、禹、汤、文、武、周公、孔子传至孟子。韩愈《原道》中载有“博爱之谓仁，行而宜之之谓义；由是而之焉之谓道，足乎己，无待于外之谓德”[②]，明确以“仁、义、道、德”为儒家之道的传授核心，认为“博爱”为仁，“行宜”为义，沿着“仁义”之路前进为“道”，道是“博爱”与“行宜”的结合，“道”的内涵是内在仁与外在义的结合，使自己具备完美的修养，而不去依靠外界的力量为“德”。韩愈认为“仁与义为定名，道与德为虚位”[③]，仁义是实，道德是虚，道德作为虚有的概念，只有包含仁义的内涵才算是真正的“道”，即历代相传之“圣人之道”是“仁义之道”，“仁义道德”乃韩愈“道统说”的基本原则。

韩愈延续儒家重道的传统，明倡自己的“道统说”。他阐发仁义道德和礼乐刑政的关系，构建了一个“先王之道”的传道谱系，以此恢复儒家仁义道德的正统地位，并排斥佛老。其道统说“基于固有的传统而自觉进行儒家文化重建”[④]，其目的是重立儒学正统地位，明确圣人之道的传承统绪，弘扬儒家之道，为儒学正名。

二、韩愈道统说中的尊孟抑荀倾向

韩愈在其所建道统中将孟子排在孔子之后，称“尊圣人者，孟氏而已”[⑤]。韩愈之所以抬高孟子的地位，认为他是孔子之后能够承继道统者，乃因“惟孟轲师子思，而子思之学出于曾子。自孔子没，独孟轲氏之传得其宗，故求观圣人之道者，必自孟子始”[⑥]，即唯有孟子得孔子“真传”。且孟子有“卫道”之功，韩愈在《与孟简尚书书》中言：“孟子虽贤圣，不得位，空言无施，虽切何

---

① 韩愈著，马其昶校注，马茂元整理：《韩昌黎文集校注》，第 20 页。

② 韩愈著，马其昶校注，马茂元整理：《韩昌黎文集校注》，第 15 页。

③ 韩愈著，刘真伦、岳珍校注：《韩愈文集汇校笺注》，中华书局 2010 年版，第 1 页。

④ 何俊：《论韩愈的道统观及宋儒对他的超越》，《孔子研究》2000 年第 2 期。

⑤ 韩愈著，刘真伦、岳珍校注：《韩愈文集汇校笺注》，第 111 页。

⑥ 朱熹撰：《四书章句集注》，第 198 页。

补？然赖其言而今学者尚知宗孔氏、崇仁义，贵王贱霸而已。”[①]正是仰赖孟子的言论，后学才知以孔子为宗师，崇尚仁义，重视王道而轻视霸道。于是韩愈尊崇孟子，其言：“然向无孟氏，则皆服左衽而言侏离矣。故愈尝推尊孟氏，以为功不在禹下者，为此也。”[②]韩愈认为，倘若没有孟子，人们早就沦为夷狄，且孟子以继承弘扬孔子之道为己任，以孔子的“仁”为核心发展仁学观，其功劳不在造福苍生的大禹之下。

韩愈在《读荀子》中说，“始吾读孟轲书，然后知孔子之道尊，圣人之道易行”[③]，表示自己是通过读孟子之书，才知孔子之道，才明白圣人之道之易行。韩愈试图在孟子思想中寻找对抗佛教法统、振兴儒学所需要的理论资源，孟子思想中的仁义之道恰好满足了这一需要。陈寅恪先生评价：“退之自述其道统传授渊源固由孟子卒章所启发，亦从新禅宗所自称者摹袭得来也。”[④]陈寅恪先生认为，韩愈“道统”思想既源于孟子，又受到禅宗“教外别传”的影响。“道统说”虽由韩愈首次提出，但实际上渊源于《孟子》。孟子提出了从尧舜到孔子的传承谱系，并以“如欲平治天下，当今之世，舍我其谁也”[⑤]的气概自续儒家正统。“道统”在孟子后失传的原因是荀子和扬雄“择焉而不精，语焉而不详”，于是韩愈以继承儒家“道统”自任，发出“使其道由愈而粗传，虽灭死万万无恨”[⑥]的宏愿。

韩愈接续并盛赞孟子承孔子之学的正统性，称“孟氏，醇乎醇者也”[⑦]。他抬高孟子的地位，认为孟子在传承儒家圣人之道上发挥了关键的作用。通过排列古圣先贤谱系，韩愈将孟子列入儒家道统，认为“（斯道）孔子传之孟轲。轲之死，不得其传”[⑧]，“故求观圣人之道者必自孟子始”[⑨]。韩愈通过孟子来求圣人之道，从而确立了孟子在儒家正统中的合法性地位。经过韩

① 韩愈著，刘真伦、岳珍校注：《韩愈文集汇校笺注》，第 887 页。

② 韩愈著，刘真伦、岳珍校注：《韩愈文集汇校笺注》，第 887～888 页。

③ 韩愈著，刘真伦、岳珍校注：《韩愈文集汇校笺注》，第 111 页。

④ 陈寅恪：《论韩愈》，《金明馆丛稿初编》，生活・读书・新知三联书店 2001 年版，第 320 页。

⑤ 朱熹撰：《四书章句集注》，第 250 页。

⑥ 韩愈著，刘真伦、岳珍校注：《韩愈文集汇校笺注》，第 888 页。

⑦ 韩愈著，刘真伦、岳珍校注：《韩愈文集汇校笺注》，第 112 页。

⑧ 韩愈著，刘真伦、岳珍校注：《韩愈文集汇校笺注》，第 4 页。

⑨ 韩愈著，刘真伦、岳珍校注：《韩愈文集汇校笺注》，第 1115 页。

愈的推崇和表彰，孟子以及《孟子》一书的地位逐渐提高，再经二程和朱熹等的尊崇，孟子在道统史上的崇高地位得以确立，《孟子》也由"子"入"经"，成为发扬道统思想的重要典籍。

相对于将孟子列为儒家正统，并对孟子作出"醇乎醇者"的评价，韩愈对荀子的评价是"大醇而小疵"①。醇疵之辨以孔子的思想为参照，沿着孔子思想继续丰富与发展的学说，称得上是"醇乎醇"，在继承与发展孔子思想学说的基础上又有不同发挥的称为"大醇而小疵"，如荀子。樊汝霖《读荀子》篇注："《荀子》三十二篇，其《非十二子篇》以子弓并仲尼，谓子思孟轲略法先王而不知其统。"②即荀子在《非十二子篇》中批评孟子"不知其统"③，认为孟子并未遵循仲尼之道，此说与韩愈将孟子列为儒家正统的说法相悖，因而哪怕韩愈认为荀子"要其归，与孔子异者鲜矣"④，仍要称其有"小疵"。再者，"其《性恶篇》谓人之性恶，礼义生于圣人之伪。此其抵牾不合于道，而公所欲削者欤"⑤，即源自荀子主张"性恶"论，否定了孟子的"性善"论。不过，以上原因为后人所作的推测，韩愈本人作出此论的具体缘由仍需进一步考证。⑥ 继而，韩愈主张"仁义道德"为儒家之正统，其"仁义"思想与荀子"隆礼"的主张存在差异，因而不得不将荀子剔除出儒家"道统"序列。

韩愈深受孟子影响，将孟子列入儒家正统，他虽在"道统说"上有抑荀的倾向，实则在思想上并不排斥荀子，其用儒家用语评论时政、言说主张，既合乎孟子的学说，又不违荀子的学说。韩愈贬抑荀子，乃是因其影响到了孟子的正统地位。实际上，在韩愈的思想中，涉及"道"之传，则"扬孟抑荀"；涉及"道"之用，则"孟荀并举"。⑦ 然而，韩愈"道统说"所体现的"尊孟抑荀"倾向为宋明理学家们所进一步发挥，极大影响了荀子在儒学史上的地位。

---

① 韩愈著，刘真伦、岳珍校注：《韩愈文集汇校笺注》，第 112 页。

② 韩愈著，刘真伦、岳珍校注：《韩愈文集汇校笺注》，第 115 页。

③ 王先谦撰，沈啸寰、王星贤点校：《荀子集解》，中华书局 1988 年版，第 94 页。

④ 韩愈著，刘真伦、岳珍校注：《韩愈文集汇校笺注》，第 111 页

⑤ 韩愈著，刘真伦、岳珍校注：《韩愈文集汇校笺注》，第 115 页。

⑥ 参见张明、胡磊：《论韩愈的荀学观》，《学习与探索》2016 年第 11 期。

⑦ 参见张明、胡磊：《论韩愈的荀学观》，《学习与探索》2016 年第 11 期。

三、韩愈道统说对荀学地位的影响

荀子的学说在秦汉得到尊奉，荀子和荀学被赋予极高评价，如《荀子·尧问》篇称："今之学者，得孙卿之遗言余教，足以为天下法式表仪。"①刘向言："至汉兴，江都相董仲舒亦大儒，作书美孙卿。"②西汉儒家的代表人物董仲舒，"作书美孙卿"以表达对荀子的肯定与推崇。司马迁在《史记·儒林列传》中写道："孟子、荀卿之列，咸遵夫子之业而润色之，以学显于当世。"③不仅充分肯定了荀子的学术贡献，而且在《史记》中为其作传，将荀子和孟子并列，足见其对荀子的重视。刘向在《孙卿书录》中说："唯孟轲、孙卿为能尊仲尼。"④亦将孟荀并尊，且高度评价荀子的学说，认为"孟子、孙卿、董先生皆小五伯"⑤。班固撰《汉书·艺文志》，把《荀子》与《孟子》同列入"子部"，这说明其认为荀子与孟子之间没有高下之分。中唐以前，多数著作往往孟荀并称，如《隋书·经籍志》将荀孟并提，其载："至于战国，孟轲、子思、荀卿之流，宗而师之，各有著述，发明其指。"⑥《隋书·儒林传》亦将孟荀并举，其称："故仲尼顿挫于鲁君，孟轲抑扬于齐后，荀卿见珍于强楚，叔孙取贵于隆汉。"⑦中唐时期，《新唐书·艺文志》载"杨倞注《荀子》二十卷"⑧，以此阐扬荀学。其在序文中将荀孟并称，给予荀子极高的评价，称其为"真名世之士，王者之师"⑨，认为其书《荀子》"根极理要"，"羽翼《六经》，增光孔氏，非徒诸子之言也"。⑩ 然而，中唐以后，自韩愈"道统说"将孟子视为儒家之正统，把荀子排除于道统之外，且对荀子学说作出"大醇而小疵"的评价后，荀子的地位开始动摇。到了宋代，二程、朱熹等理学家，对韩愈在传承儒家思想、恢复儒家正统地位方面所做的努力持充分肯定态度，并在此基础上对荀子思想提出了

① 王先谦撰，沈啸寰、王星贤点校：《荀子集解》，第553页。
② 严可均校辑：《全上古三代秦汉三国六朝文》，中华书局1958年版，第333页。
③ 司马迁撰：《史记》，中华书局1982年版，第3116页。
④ 严可均校辑：《全上古三代秦汉三国六朝文》，第333页。
⑤ 严可均校辑：《全上古三代秦汉三国六朝文》，第333页。
⑥ 魏徵等撰：《隋书》，中华书局1973年版，第999页。
⑦ 魏徵等撰：《隋书》，第1705页。
⑧ 欧阳修、宋祁撰：《新唐书》，中华书局1975年版，第1512页。
⑨ 王先谦撰，沈啸寰、王星贤点校：《荀子集解》，第51页。
⑩ 王先谦撰，沈啸寰、王星贤点校：《荀子集解》，第51页。

更为严厉的批评，以至于荀子的地位跌入低谷，甚至被贬为“异端”。

朱熹首次把韩愈所提出的以“仁义道德”为“道”，以尧、舜、禹、汤、文、武、周公、孔、孟为“统”的儒家传承称为“道统”。朱熹“道统”体系的最终形成以淳熙十六年(1189)春三月修正的《中庸章句序》为标志，其言：“其见于经，则‘允执厥中’者，尧之所以授舜也；‘人心惟危，道心惟微，惟精惟一，允执厥中’者，舜之所以授禹也。”①朱熹在韩愈“道统说”的基础上，进一步理论化、系统化，提出了“十六字心传”的说法。朱熹将韩愈“道统说”中的“仁义之道”进一步落实到“心之体”②，认为“心者，人之知觉，主于身而应事物者也。指其生于形气之私者而言，则谓之人心；指其发于义理之公者而言，则谓之道心”③。朱熹虽然肯定了从尧、舜、禹到孔、孟的道统传承谱系，如言“孔子传之孟轲，轲之死，不得其传，此非深知所传者何事，则未易言也”④，然而他对于“道统”之“道”的理解，已不再是韩愈所提出的“仁义道德”，而是“人心惟危，道心惟微，惟精惟一，允执厥中”的“十六字心传”。

出于建构心性论的需要，二程延续了韩愈“尊孟抑荀”的立场，《河南程氏遗书》言：“至如断曰：‘孟氏醇乎醇。’又曰：‘荀与杨择焉而不精，语焉而不详。’若不是他见得，岂千余年后便能断得如此分明也？”⑤程颢赞同韩愈关于孟子“醇乎醇者也”、荀子“大醇而小疵”的评价，认为韩愈“断得分明”。程颐也赞同韩愈关于孟子的评价，称：“韩退之言‘孟子醇乎醇’，此言极好。”⑥朱熹认为荀学的义理不够透彻与细致，并在《朱子语类》中指出：“孟子说义理，说得来精细明白，活泼泼地。如荀子空说许多，使人看着，如吃糙米饭相似。”⑦朱熹用“糙”字来形容荀学的品格，并且把荀子与秦之暴政联系起来，认为“荀卿则全是申韩”⑧，以此贬低荀子。理学家们甚至认为：“荀卿才高，其过多。杨雄才短，其过少。韩子称其‘大醇’，非也。若二子，可谓大驳矣。

① 朱熹撰：《四书章句集注》，第 14 页。

② 参见梁涛：《郭店竹简与思孟学派》，中国人民大学出版社 2008 年版，第 517 页。

③ 蔡沈撰，王丰先点校：《书集传》，中华书局 2018 年版，第 31 页。

④ 朱熹著，朱杰人、严佐之、刘永翔主编：《朱子全书》第 24 册，上海古籍出版社、安徽教育出版社 2010 年版，第 3525 页。

⑤ 程颢、程颐著，王孝鱼点校：《二程集》，中华书局 2004 年版，第 5 页。

⑥ 程颢、程颐著，王孝鱼点校：《二程集》，第 262 页。

⑦ 黎靖德编，王星贤点校：《朱子语类》第八册，中华书局 1986 年版，第 3272 页。

⑧ 黎靖德编，王星贤点校：《朱子语类》第八册，第 3255 页。

然韩子责人甚恕。”①又因理学家们尊崇孟子，信奉孟子的性善论，以人性本善的人性论为基础发展理学思想，而荀子的人性论不同于孟子，而是认为性“本始材朴”，人性需要经过“化性起伪”，才能成为善的，所以荀子《性恶》篇的论述遭到理学家的严厉批评。程颢、程颐曾评价“荀子极偏驳，只一句‘性恶’，大本已失”，认为“荀卿才高学陋，以礼为伪，以性为恶，不见圣贤，虽曰尊子弓，然而时相去甚远。圣人之道，至卿不传”。② 程颐从人性论的角度肯定孟子、否定荀子：“孟子言人性善是也。虽荀、杨亦不知性。孟子所以独出诸儒者，以能明性也。……性即是理，理则自尧、舜至于涂人，一也。”③

经过宋代学者大力“扬孟抑荀”后，荀学自此长期处于衰微状态。到了明代，据《明史·儒林传》“原夫明初诸儒，皆朱子门人之支流余裔，师承有自，矩矱秩然”④，明初诸儒大多接受朱熹的思想，对荀子也多持贬斥之态度。直到明末清初，经过乾嘉学者们的努力，荀学才得以重新复兴。

余　论

通过以上论述可知，唐代韩愈的“道统说”，尤其是“道统说”所体现出来的“扬孟抑荀”思想，对于其后荀子以及荀学在中国哲学史上的地位产生了重要的影响。从某种意义上讲，宋明理学家对荀子思想的排斥与批驳，深受韩愈“道统说”的影响，是对韩愈“扬孟抑荀”思想的进一步发展。但我们不能过分夸大韩愈“道统说”对荀学地位的影响，因为宋明理学家批判荀子还有更深层次的原因。首先，宋明理学家在学理上继承的是思孟学派的思想，在经典上重“四书”，所以他们推崇孟子、贬抑荀子是理之必然。其次，思孟学派尤其是孟子所提出的“性善论”，是宋明理学的内在根基，而荀子却主张“人性恶”，与其正相悖逆，二程与朱熹在批评荀子时多次点明这一点，这也是他们排斥荀子的主要原因。最后，宋明理学家尤其是程朱理学，“推天道

① 程颢、程颐著，王孝鱼点校：《二程集》，第 231 页。

② 程颢、程颐著，王孝鱼点校：《二程集》，第 262、403 页。

③ 程颢、程颐著，王孝鱼点校：《二程集》，第 204 页。

④ 张廷玉等撰：《明史》，中华书局 1974 年版，第 7222 页。

以明人事”，以建构宇宙论来完善儒家理论体系，并以此与佛道相抗衡，而其宇宙论系统的根基乃是自孔孟以来的儒家“天人合一”思想，荀子主张“天人相分”“制天命而用之”，这与宋明理学家所推崇的“天人合一”的人生境界相背，必然会受到他们的批评。

邵雍对孔孟的继承与发展

——邵雍儒家道统地位刍议

李细成

摘要:邵雍以易教为体,以春秋教与诗教为用的儒学纯一不杂、汪洋浩大,对孔孟思想做出了创造性的发展,本应在儒家主流道统谱系中占据重要一席,但由于邵雍的象数易学,以及康节体诗自朱熹以来便为后世儒家主流所误解,直至于今,牟宗三对宋明儒学的研究与判系仍然完全忽略了邵雍,在当代《中国哲学史》《儒学史》《宋明理学史》诸多教材中邵雍都未能得到应有重视。实际上,邵雍"取字尧夫","自比孟子",明辨"皇帝王霸","直道而行—中道而立","以道自任—抱道自高",是以终身不仕,深得孟子精神;独具一格的"春秋教"明治世大法、"易教"顺性命之理、"诗教"乃风雅正传,正是儒者"学为仲尼"归鲁事业之高格。由此反思儒家主流道统观,赫然可见羲皇之道、尧舜之道、周孔之道、孔孟之道、周程之道、程朱之道、陆王之道与牟宗三以"新内圣"开"新外王"等学说在"内圣外王之学"上的区别,以及自孟子以降,历代儒家的格局与气象越来越小的坠落之势。

关键词:取字尧夫　自比孟子　学为仲尼　再见伏羲　儒家道统

朱熹说康节之学"近似释氏","似老子","与张子房之学相近",甚至"与杨氏为我之意何异"。[①] 他与吕祖谦以"《四子》,《六经》之阶梯;《近思录》,《四

李细成,曲阜师范大学孔子文化研究院副教授,主要从事儒家经典诠释、儒家哲学与世界文明对话研究。

① 黎靖德编,王星贤点校:《朱子语类》第七册,中华书局 1986 年版,第 2544 页。

子》之阶梯”[①]为指导思想，合编《近思录》，只收入周、张、二程“四子”的语录，完全没有考虑邵雍。世传朱熹所编《伊洛渊源录》虽于周、程之后列有邵雍，但《朱子语类》中却记载，朱熹向弟子宣称此乃刊刻时“书坊自增耳”[②]，并非自己的本意，似乎有意将邵雍排挤出儒门正统。受朱熹道统观的影响，其后宋元明清的儒家主流人物都没有对邵雍的儒家道统地位给予足够重视。及至当代，牟宗三分判宋明儒学为三系[③]，不仅没有将邵雍列入正统，甚至在他的所有关于宋明儒学的著作中连专门的章节论述都没有，完全忽略了邵雍的存在。总之，从朱熹到牟宗三的儒学主流“道统论”中，邵雍都没有得到应有的重视。

本文之作，希望揭示邵雍对孔孟思想与精神的全面继承、创新发展之处，为学界同仁中正思考、平实界定邵雍在儒家道统论中的地位提供一曲之见。

一、邵雍与孟子一脉相承之处探赜索隐

《孟子》七篇最后一章建立了一个“尧、舜、汤、文王、孔子”的儒家道统雏形，韩愈《原道》进一步将其发展为“尧、舜、禹、汤、文、武、周公、孔子、孟子”，诚如学界同仁所言：“儒学历史上对儒学地位危机感最强烈，从而卫道立场最鲜明、态度最坚决者，在韩愈之前，只有孟子。”[④]确实，北宋以前，儒家天下情怀于孟子处最见精神、儒家道德主体至孟子时最显光辉。窃以为，儒者必于“孟子道性善、言必称尧舜”的德性担当与王道理想有真切的生命感应，才不愧为真儒者。因此，探讨邵雍的道统地位，或许从发现邵雍与孟子是否具有一脉相承之处最为切近。

然而，在笔者狭隘的学术视野内，从与邵雍交游密切的二程、张载开始一直到现代，都很少有人指出邵雍与孟子之间存在纵向上的一脉相承之处，有的只是将二者进行横向比较的零散之论。比如家铉翁（约 1213～1297）曾

① 黎靖德编，王星贤点校：《朱子语类》第七册，第 2629 页。

② 黎靖德编，王星贤点校：《朱子语类》第四册，第 1447 页。

③ 参见牟宗三：《心体与性体》上册，上海古籍出版社 1999 年版，第 42 页。

④ 甘祥满：《何种“道”？谁之“统”？——儒家道统说的建构与变迁》，《云南大学学报》（社会科学版）2019 年第 4 期。

说:“盖邵子之自贵即孟子之良贵,而亚圣大贤出处殊致。……孟子志伊尹之志,邵子乐颜子之乐。一出一处,惟义所在。”[①]罗大经(约 1196～1252)曾说:“孟子言求放心,而康节邵子曰心要能放,二者天渊悬绝。盖放心者,自放也,心放者,吾能放也。放心者如鸡豚出于埘栅,不求则不得。心放者,如鹰隼翔于云霄,而绦旋固在吾手也。众人之心易放,圣贤之心能放。易放者流荡,能放者开阔。流荡者失其本心,开阔者全其本心。”[②]另外,朱熹虽然曾经说过“孟子是个有规矩底康节”[③],但那也不过是从精神状态与思想表达形式将邵雍与古人相比较,以此说明邵雍的“放旷”“疏狂”而已。朱熹站在儒家“入世、务实、谨严”的立场上说孟子比邵雍“有规矩”(严密),而邵雍又比庄子“有规矩”(较稳)[④],其实是对邵雍的贬低与排斥,并非旨在揭示孟子与邵雍前后贯通。因为朱熹还说过:“颜子明道是好仁,孟子伊川是恶不仁;康节近于好仁,横渠是恶不仁。”[⑤]显然认为孟子与邵雍性情相反,在“好仁”与“恶不仁”上是异类而非同类,但这同样只是说说而已,并没有深入论析。

总体来说,邵雍与孟子一脉相承之处古往今来都没有得到重视,根本原因虽然在于邵雍纯一不杂、汪洋浩大的“内圣外王之学”一直为其“数学”与“诗学”所掩而未能光显于世,但最直接的原因或许在于邵雍自己很少言及孟子,即便偶尔提到,也似乎缺少思想分量。综观邵雍著作,只有 11 处明确提到“孟子”之名:《观物内篇》“岂不敢比孟子上赞仲尼乎?……孟子言自生民以来,未有如夫子”[⑥]两处;《观物外篇》“孟子著书未尝及《易》……如孟子可谓善用《易》者也”[⑦],“孟子言男女授受不亲”[⑧]三处;《伊川击壤集》“孟子方当不动年”(《闲行吟》)[⑨],“孟子方能不动心”(《知音吟》)[⑩],“不动已求如

① 家铉翁撰:《则堂集》,《景印文渊阁四库全书》第 1189 册,(台北)台湾商务印书馆 1986 年版,第 288 页。

② 罗大经撰:《鹤林玉露》,《景印文渊阁四库全书》第 865 册,第 259 页。

③ 黎靖德编,王星贤点校:《朱子语类》第六册,第 2362 页。

④ 黎靖德编,王星贤点校:《朱子语类》第八册,第 2988 页。

⑤ 黎靖德编,王星贤点校:《朱子语类》第二册,第 653 页。

⑥ 邵雍著,郭彧整理:《邵雍集》,中华书局 2010 年版,第 22、23 页。

⑦ 邵雍著,郭彧整理:《邵雍集》,第 159 页。

⑧ 邵雍著,郭彧整理:《邵雍集》,第 165 页。

⑨ 邵雍著,郭彧整理:《邵雍集》,第 276 页。

⑩ 邵雍著,郭彧整理:《邵雍集》,第 452 页。

孟子，无言又欲学宣尼”(《首尾吟》)[1]，“仲尼岂欲轻辞鲁，孟子何尝便去齐”(《首尾吟》)[2]四处；《皇极经世书》“孟轲为魏卿”[3]，“齐用孟轲为上卿。丙申，孟轲去齐”[4]两处。概括这11处言及孟子之意，主要有个三方面：第一，邵雍有强烈的道统担当意识，并自比“孟子上赞仲尼”；第二，邵雍认为知《易》、善用《易》者不必引用讲解，孟子著书未尝及《易》，但深谙通经达权之道、大易时中之理[5]，《邵氏闻见录》也载邵雍“以老子为知《易》之体，以孟子为知《易》之用”[6]；第三，邵雍赞赏孟子心系国民、入世立功的行为，但更加赞赏、学习孟子“不动心”的生命境界。将后面两点合而为一，我们还可以进一步将邵雍赞赏、学习孟子之处概括为“继往开来的道统担当”与“通经达权的时中智慧”两个方面。但这是邵雍主观上的一厢情愿，还是客观上邵雍的学术、生平确实在这两方面都“知行合一”地做到了与孟子一脉相承？笔者以此为线索研读邵雍与孟子时，发现二者之间存在许多惊人的神似之处。

（一）邵雍何以取字“尧夫”

现存文献中，邵雍和邵伯温都没有对取字“尧夫”做出说明，倒是曾经向邵雍问学的邢恕在《伊川击壤集后序》中所说的“蕲身于尧舜之民，而寄意于唐虞之际”[7]可以聊作注解，如果说邢恕人浊言轻不足为凭，那么我们可以依据被邵雍引为知己的程颢在《邵尧夫先生墓志铭》中所说的“先生少时，自雄其材，慷慨有大志。既学，力慕高远，谓先王之事为可必致”[8]，以及《宋史·邵雍传》记载的“坚苦刻厉，寒不炉，暑不扇，夜不就席者数年”[9]。这种底气十足、英气逼人、豪气冲天的性情与孟子何其相似！让人感觉活脱脱就是一个青少年时期常常以“天将降大任于是人也，必先苦其心志，劳其筋骨”[10]自勉自励的孟子。因此，很可能青少年时期的邵雍就非常仰慕孟子，他取字

---

① 邵雍著，郭彧整理：《邵雍集》，第524页。

② 邵雍著，郭彧整理：《邵雍集》，第527页。

③ 邵雍著，陈明点校：《皇极经世书》，学林出版社2003年版，第289页。

④ 邵雍著，陈明点校：《皇极经世书》，第290页。

⑤ 后来清代著名易学家焦循在《孟子正义》中也反复强调“孟子深通于《易》”。参见焦循撰，沈文倬点校：《孟子正义》，中华书局1987年版，第167、525、755、904、1050页。

⑥ 邵伯温撰，李剑雄、刘德权点校：《邵氏闻见录》，中华书局1983年版，第215页。

⑦ 邵雍著，郭彧整理：《邵雍集》，第572页。

⑧ 邵雍著，郭彧整理：《邵雍集》，第579页。

⑨ 脱脱等撰：《宋史》，中华书局1985年版，第12726页。

⑩ 朱熹撰：《四书章句集注》，中华书局2012年版，第355页。

"尧夫"可能是在表达与孟子相似的人生志向:传尧舜之道——"言必称尧舜"[①],成尧舜之道——"吾岂若使是君为尧舜之君哉?吾岂若使是民为尧舜之民哉"[②],乐尧舜之道——"人皆可以为尧舜"[③]。这种推测还可以从邵雍知交好友富弼的话中得到印证:"黎民于变是尧时,便字尧夫德可知。"[④]所谓尧舜之道,用孔子的话来说,即"修己以敬—修己以安人—修己以安百姓"[⑤]的内圣外王之道;用孟子的话来说,即"以不忍人之心,行不忍人之政,治天下可运之掌上"[⑥]的扩充四端以保四海之道。

(二)邵雍何以自比孟子

在儒学史上,孟子初次建构了一个完整的儒家道统谱系,表达了自己强烈的传道使命与担当意识,还明确说过"尧舜,性之也;汤武,身之也;五霸,假之也"[⑦],在中国历史上第一次从"人性论"的角度将尧舜、汤武、五霸的政道与治道明确划分为三个不同层次。在孟子的基础上,邵雍进一步将道统观、人性论、政治学三者熔为一炉,称:"孔子赞《易》自羲轩而下,序《书》自尧舜而下,删《诗》自文武而下,修《春秋》自桓文而下。自羲轩而下,祖三皇也。自尧舜而下,宗五帝也。自文武而下,子三王也。自桓文而下,孙五伯也。祖三皇,尚贤也。宗五帝,亦尚贤也。三皇尚贤以道,五帝尚贤以德。子三王,尚亲也。孙五伯,亦尚亲也。三王尚亲以功,五伯尚亲以力。呜呼,时之既往亿万千年,时之未来亦亿万千年,仲尼中间生而为人,何祖宗之寡而子孙之多耶!此所以重赞尧舜,至禹则曰:'禹,吾无间然矣。'仲尼后禹千五百余年,今之后仲尼又千五百余年,虽不敢比夫仲尼,上赞尧舜禹,岂不敢比孟子上赞仲尼乎?"[⑧]将孟子对于尧舜、汤武、五霸"一分为三"的简要对比进一步发展为皇帝王霸、道德功力、化教劝率、圣贤才术"一分为四"的系统建构,认为三皇"同意而异化者必以道。以道化民者,民亦以道归之,故尚自然",五帝"同礼而异教者必以德。以德教民者,民亦以德归之,故尚让",三王"同

① 朱熹撰:《四书章句集注》,第 254 页。

② 朱熹撰:《四书章句集注》,第 315 页。

③ 朱熹撰:《四书章句集注》,第 345 页。

④ 邵伯温撰,李剑雄、刘德权点校:《邵氏闻见录》,第 199 页。

⑤ 朱熹撰:《四书章句集注》,第 160 页。

⑥ 朱熹撰:《四书章句集注》,第 238～239 页。

⑦ 朱熹撰:《四书章句集注》,第 365 页。

⑧ 邵雍著,郭彧整理:《邵雍集》,第 22 页。

形而异劝者必以功。以功劝民者，民亦以功归之，故尚政”，五霸“同术而异率者必以力。以力率民者，民亦以力归之，故尚争”。[①] 很显然，在“取字尧夫”之后，邵雍给自己的第一个人生定位应该就是“自比孟子”。不仅在具体思想上与孟子一脉相承，而且深得孟子做这种划分的志意情由：孔子以继承周文自居，强调述而不作；孟子以私淑孔子自居，强调善与人同。但思想领域的后来者都希望自己能够在前辈的基础之上迈进一步，堪称豪雄的孟子当然更是如此，正如象山所言：“夫子以仁发明斯道，其言浑无罅缝。孟子十字打开，更无隐遁，盖时不同也。”[②]所谓“十字打开”，笔者理解为：孟子一方面从“仁性”的角度向内发展出一整套成就“内圣”的人性论，另一方面又从“仁道”的角度向外发展出一整套成就“外王”的政治学，并且以“不忍人之心行不忍人之政”贯通内外。按照述而不作、善与人同的精神，孟子要从古代圣人中为这一整套理论找到现实依据或者说立言依托，已经在“家天下”之中的汤、文、武、周公自然都不合理想，因此他不得不度越夏、商、周三代而从“公天下”的尧舜之道找到清水源头或理论制高点。同样堪称豪雄的邵雍在做法上与孟子如出一辙，他要强调自己最为崇尚的“以道化民”之化道、化境，但“贤贤”高于“尊尊”的尧舜禅让之道在他“一分为四”的层级构造中明显有着“以德教民”的后天之迹而未臻化境，因此他不得不从更为远古洪荒的伏羲时代去找依托。可以说，邵雍“皇帝王霸”的建构在思想内容与精神气质上都与孟子一脉相承，皆堪称雄才伟略的“善自开大者”，均力图以“极本穷源”“返本开新”的方式来实现“澈本清源”“正本清流”，通过“十字打开”的理论建构来为儒家最崇尚的“内圣外王之学”正名责实，并使其光显于世，尤其是邵雍《皇极经世书》担当的“时任”与《伊川击壤集》垂范的“清和”无疑是对孟子“清、和、时、任”四种圣人品性之论知行合一的极佳注脚。

（三）邵雍何以终生不仕

邵雍迁居洛阳之后，交游广阔，逐渐受到学界与政界许多名流的崇敬，前后交相推荐，但他始终没有出仕。其中因由，邵雍自己在诗文中有过多次说明，历代邵雍研究者或仰慕者对这个问题也都有论析，大体上可以归结为不能出（学术未成）、不必出（清贤在朝）、不欲出（乐天知命）、不屑出（耻弄精神）四种原因。笔者发现，如果联系邵雍与孟子的一脉相承之处来思考这个

---

① 邵雍著，郭彧整理：《邵雍集》，第 13～15 页。

② 陆九渊著，钟哲点校：《陆九渊集》，中华书局 2010 年版，第 398 页。

问题,从“直道而行—中道而立”“以道自任—抱道自高”两个方面来理解,可以很快作出清晰的逻辑判断。

所谓“直道而行”,用孟子的话来说,就是绝不能为了谋利“枉尺而直寻”[①],即便面对“大则以王,小则以霸”的诱惑,也绝不能“弃其天爵”[②]。枉己从人、枉道从彼以身殉道,“直道而行”的底线坚守只能是“中道而立,能者从之”[③],崇尚“居天下之广居,立天下之正位,行天下之大道。得志与民由之,不得志独行其道”[④]的大丈夫之道,杜绝“以顺为正”[⑤]的妾妇之道。按照孟子理想的逻辑,贤者“中道而立”的自然结果是“得百里之地而君之,皆能以朝诸侯有天下。行一不义、杀一不辜而得天下,皆不为也”[⑥]。邵雍在《答人言》中说:“卿相一岁俸,寒儒一生费。人爵固不同,天爵何尝匮。不有霜与雪,安知松与桂。虽无官自高,岂无道自贵。”[⑦]明显表达了视“仁义忠信”之“天爵”高于“公卿大夫”之“人爵”的人格理想。如果说在这首诗中邵雍可能只是出于对官场现实的不满而抒发批判情绪,那么《自处吟》则显然足以说明邵雍自足自在的理想追求:“尧夫自处道如何,满洛阳城都似家。不德于人焉敢异,至诚从物更无他。眼前只见罗天爵,头上谁知换岁华。何止春归与春在,胸中长有四时花。”[⑧]应当说,“眼前只见罗天爵……胸中长有四时花”的生命境界正是孟子“重天爵”当有而未言之理境[⑨],即便孟子本人读来,也当频频颔首。更何况,在邵雍晚年的诗作里,这种“直道而行—中道而立”的倾诉可谓比比皆是。聊举几例:“生平不作皱眉事,天下应无切齿人”(《诏三下答乡人不起之意》)[⑩];“万事莫于疑处动,一身常向吉中行。人心相去无多远,安有太平人不平”(《旋风吟》其二)[⑪];“善能仁义为心者,肯作人间浅丈

---

① 朱熹撰:《四书章句集注》,第268页。

② 朱熹撰:《四书章句集注》,第342页。

③ 朱熹撰:《四书章句集注》,第369页。

④ 朱熹撰:《四书章句集注》,第270页。

⑤ 朱熹撰:《四书章句集注》,第269页。

⑥ 朱熹撰:《四书章句集注》,第235页。

⑦ 邵雍著,郭彧整理:《邵雍集》,第230页。

⑧ 邵雍著,郭彧整理:《邵雍集》,第506页。

⑨ 《中庸》发明天爵,重成性,《易传》发明天心,重生化,亦皆为《孟子》当有之理境。

⑩ 邵雍著,郭彧整理:《邵雍集》,第270页。

⑪ 邵雍著,郭彧整理:《邵雍集》,第351页。

夫"(《观三王吟》)[①];"人间事有难区处,人间事有难安堵。有一丈夫不知名,静中只见闲挥麈"(《偶得吟》)[②];"大舜与人同好恶,以人从欲得安乎。能知富贵寻常事,富贵能骄非丈夫"(《富贵吟》)[③];"理顺是言皆可放,义安何地不能居。直从宇泰收功后,始信人间有丈夫"(《先天吟示邢和叔》)[④]。邵雍终生不仕,诚然有一直未得到能大用于世的宾师之位的客观原因,但最主要的原因还是他主观上不愿枉道从彼、以身殉道,所以在"不惑""知天命"之年安然选择了"直道而行"的"以道殉身"。

所谓"以道自任",就是指在"直道而行—中道而立"的人生中,不仅能弘道于世、有大担当,而且能以道成己、得大安乐。孟子以尧舜之道("仁性"直道而行成就"仁政")自任,为此系统建构了儒家人性论、仁政论、道统观,将儒家的道统源头追溯到尧舜之道。北宋初期,孙复、石介等人进一步将韩愈在孟子基础之上扩展的道统谱系上溯下延为"伏羲、神农、黄帝、少昊、颛顼、高辛、唐尧、虞舜、禹、汤、文、武、周公、孔、孟、荀卿、扬雄、王通、韩愈"[⑤],将道统的源头从尧舜追溯到伏羲,构成了"三皇五帝"皆为儒家圣人的初始模型。另外,范仲淹也常常强调:"揖让而治天下者,明堂之谓也。惜乎三代以还,智者间间。诸儒靡协议者喋喋,而皆胶其增损,忘礼乐之大本。泥于广狭,废皇王之大业。""孟子曰尧舜性之也,三王身之也,五霸假之也,后之诸侯逆天暴物、杀人盗国,不复爱其名者也。""皇朝龙兴,颂声来复,大雅君子当抗心于三代。"[⑥]青年邵雍很可能深受"孟子—韩愈—孙复、石介、范仲淹"有关道统论的影响,因此"取字尧夫"并"自比孟子",志在以"尧舜之道"致"先王之事"——"使是君为尧舜之君","使是民为尧舜之民"。按理说,邵雍在洛阳交游广阔,确实有许多机会可以出仕,去努力实现"致君尧舜上,再使风俗淳"的美好愿望,但他一直都"不动心",终究没有出仕,晚年还在《首尾吟》中高唱"不动已求如孟子",可见他回顾往事的时候对自己当年不动心的时中智慧是非常满意的。笔者以为,邵雍"不动心"可能就是受孟子的影响,他在

---

① 邵雍著,郭彧整理:《邵雍集》,第 417 页。

② 邵雍著,郭彧整理:《邵雍集》,第 364 页。

③ 邵雍著,郭彧整理:《邵雍集》,第 445 页。

④ 邵雍著,郭彧整理:《邵雍集》,第 447 页。

⑤ 参见韩愈《原道》、孙复《上孔给事书》《信道堂记》、石介《尊韩》等。

⑥ 范仲淹:《明堂赋》《近名论》《唐异诗序》,转引自魏崇周:《邵雍文学思想研究》,首都师范大学 2007 年博士学位论文,第 19～21 页。

《知音吟》中说："仲尼始可言无意，孟子方能不动心。莫向山中寻白玉，但于身上觅黄金。"①《污亭》中说："许由为计未为深，洗耳何如不动心。到此洒然如世外，何尝更有事来侵。"②《燕堂闲坐》中说："天网疏难漏，世网密莫通。我心久不动，一脱二网中。"③《秋怀三十六首》其十二中说："此心固不动，此事极难处。"④足见邵雍对孟子"不动心"的生命境界有着真切的体会。

孟子绝不枉寻直尺、枉道从彼、心存侥幸、利欲熏心地去奢求"大则以王、小则以霸"，而陷入自欺欺人、逢君之恶以至于自取其辱、助纣为虐的悲剧境地，因此中道而立、抱道自高。但孟子这种抱道自高并非只是出于直道而行、洁身自好，深谙通经达权之道、大易时中之理的孟子在"仁者安仁"之外还有"智者利仁"的考虑："天下溺，援之以道；嫂溺，援之以手。子欲手援天下乎？"⑤也就是说，孟子深知就算自己"枉寻"也未必能"直尺"，而是认为身处"今夫天下之人牧，未有不嗜杀人者也"⑥的时代，弘扬尧舜之道最有利的方式就是"抱道自高"。抱道自高、与诸侯分庭抗礼尚且"道不尊"，更何况"枉道从彼"。二程将这个意思说得很清楚："孔子教人常俯就，不俯就则门人不亲。孟子教人常高致，不高致则门人不尊。"⑦"孔子之时，诸侯甚强大，然皆周所封建也。周之典礼虽甚废坏，然未泯绝也。故齐、晋之霸，非挟尊王之义，则不能自立。至孟子时则异矣。天下之大国七，非周所命者四，先王之政绝而泽竭矣。夫王者，天下之义主也。民以为王，则谓之天王天子；民不以为王，则独夫而已矣。二周之君，虽无大恶见绝于天下，然独夫也。故孟子勉齐、梁以王者，与孔子之所以告诸侯不同。君子之救世，时行而已矣。"⑧"学者全要识时。若不识时，不足以言学。颜子陋巷自乐，以有孔子在焉。若孟子之时，世既无人，安可不以道自任？"⑨从邵雍后期诗作中反复陈述的内容来看，他与孟子的想法可谓完全一致，他不出仕，既是出于"仁者安

---

① 邵雍著，郭彧整理：《邵雍集》，第 452 页。

② 邵雍著，郭彧整理：《邵雍集》，第 510 页。

③ 邵雍著，郭彧整理：《邵雍集》，第 216 页。

④ 邵雍著，郭彧整理：《邵雍集》，第 220 页。

⑤ 朱熹撰：《四书章句集注》，第 289 页。

⑥ 朱熹撰：《四书章句集注》，第 207 页。

⑦ 程颢、程颐著，王孝鱼点校：《二程集》，中华书局 1981 年版，第 144 页。

⑧ 程颢、程颐著，王孝鱼点校：《二程集》，第 273 页。

⑨ 程颢、程颐著，王孝鱼点校：《二程集》，第 15 页。

仁”、抱道自高[①]，也是出于“智者利人”、尊道醒世。他认为将自己的一生功业都放在文化事业上，不仅更能弘道，成就自己，而且都是“直道而行”：“为学养心，患在不由直道。去利欲由直道任至诚，则无所不通。天地之道直而已，当以直求之。若用智数，由径以求之，是屈天地而徇人欲也，不亦难乎？事无巨细，皆有天人之理。修身，人也；遇不遇，天也。得失不动心，所以顺天也；行险侥幸，是逆天也。求之者，人也；得之与否，天也。得失不动心，所以顺天也；强取必得，是逆天理也。逆天理者，患祸必至。”[②]因此，思想逐渐成熟的邵雍就从“自比孟子”进一步发展为“学为仲尼”——效仿孔子虽然“有德无位”却“以万世为土”而成就“万世之事业”的做法。一方面，邵雍学孔子修《春秋》、删《诗》、赞《易》的做法，作《皇极经世书》与《伊川击壤集》来化教劝率后世之人，成就万世的功业，有诗为证：“见比当初归鲁事，尧夫才业若为情。”（《别谢彦国相公》其二）[③]“仲尼生鲁在吾先，去圣千余五百年。今日谁能知此道，当时人自比于天。皇王帝伯中原主，父子君臣万世权。河不出图吾已矣，修经意思岂徒然。”（《仲尼吟》）[④]“尧夫非是爱吟诗，诗是尧夫赞仲尼。大事既去止可叹，皇纲已坠如何追。”（《首尾吟》其三十八）[⑤]“当时既有少正卯，今日宁无孔仲尼。时世不同人一也，尧夫非是爱吟诗。”（《首尾吟》其一百十五）[⑥]另一方面，他又在“心代天意，口代天言，手代天功，身代天事”[⑦]的直道而行中自得其乐，修心益学，成性成身。正所谓“荀杨若守吾儒分，免被韩文议小疵”（《和王安之少卿韵》）[⑧]，“耻把精神虚作弄，肯将才力妄施为”（《六十三吟》）[⑨]，邵雍选择了一种最能发挥自身潜能与价值、自为自足的生存方式[⑩]，正所谓“事观今古兴亡后，道在君臣进退间。若蕴奇才必奇

---

① 孟子抱道自高，与诸侯分庭抗礼；邵雍也抱道自高，与富弼、司马光、吕公著等著名宰相分庭抗礼。

② 邵雍著，郭彧整理：《邵雍集》，第173～174页。

③ 邵雍著，郭彧整理：《邵雍集》，第349页。

④ 邵雍著，郭彧整理：《邵雍集》，第378页。

⑤ 邵雍著，郭彧整理：《邵雍集》，第522页。

⑥ 邵雍著，郭彧整理：《邵雍集》，第537页。

⑦ 邵雍著，郭彧整理：《邵雍集》，第7页。

⑧ 邵雍著，郭彧整理：《邵雍集》，第270页。

⑨ 邵雍著，郭彧整理：《邵雍集》，第326页。

⑩ 邵雍尝谓伯温曰：“名利不可兼也。吾本不求名，既为世所知矣，何用利哉？故甘贫乐道，平生无不足之意。”（邵伯温撰，李剑雄、刘德权点校：《邵氏闻见录》，第196页）

用，不然须负一生闲”（《追和王常侍登郡楼望山》）①，“立身须作真男子，临事无为浅丈夫。料得人生皆素定，空多计较竟何如”（《何如吟》）②。

宋锡同教授认为，邵雍不仕的原因在于，“身处当时历史环境的邵雍，洞明进退之几，深知当时王安石变法的政治环境并不适合自己出仕，曾几番慨叹‘遇与不遇，时也’，正是发自心底对自己处境的一种感叹。……他清醒地意识到，在当时王安石推行新法的大历史环境下，周旋于政治漩涡的司马光、富弼等人都因无所施展才华而归隐林下，自己更无以施展抱负的政治环境，若于此时参与政治可能会落个自讨没趣的结局”③。笔者以为，如果仅仅归结于这种功利主义的观点，不唯过于泥执于具体历史事实，既不合于邵雍“取字尧夫”希望致君尧舜、“自比孟子”极欲拨乱反正的“自雄其才”之心，也小看了邵雍“学为仲尼”“以万世为土”的博大胸襟。二程说：“为治而不法三代，苟道也。虞、舜不可及已，三代之治，其可复必也。”④《宋史·张载传》也记载：“熙宁初，御史中丞吕公著言其有古学，神宗方一新百度，思得才哲士谋之，召见问治道，对曰：‘为政不法三代者，终苟道也。’帝悦，以为崇文院校书。他日见王安石，安石问以新政，载曰：‘公与人为善，则人以善归公；如教玉人琢玉，则宜有不受命者矣。’”⑤邵雍与张载、二程过从甚密，以邵雍“取字尧夫”的初心，也必定抱有“为政不法三代者，终苟道也”的观念。另外，邵雍《奉和十月二十四日初见雪·呈相国元老》《无酒吟》等诗中对王安石的新法也委婉表示过批评态度，《宋史·邵雍传》明确记载：“熙宁行新法，吏牵迫不可为，或投劾去。雍门生故友居州县者，皆贻书访雍，雍曰：‘此贤者所当尽力之时，新法固严，能宽一分，则民受一分赐矣。投劾何益耶？’”⑥综合这三段文献，足见邵雍不仕的原因与其说是不满于王安石的执政理念与方式，还不如说是不满于三代以下为政舍本逐末的“苟道”，不愿枉尺直寻、义袭而取，不唯不能配义与道、集义直人，且又为人所制、为人所辱而有害直养，不如以“君子务本”之心成为儒者之“远器”，还“自有名教可乐”，又足以成性润

---

① 邵雍著，郭彧整理：《邵雍集》，第 203 页。

② 邵雍著，郭彧整理：《邵雍集》，第 331 页。

③ 宋锡同：《邵雍易学与新儒学思想研究》，华东师范大学出版社 2011 年版，第 240～241 页。

④ 程颢、程颐著，王孝鱼点校：《二程集》，第 1211 页。

⑤ 脱脱等撰：《宋史》，第 12723 页。

⑥ 脱脱等撰：《宋史》，第 12728 页。

身。因此，邵雍终生不仕，可谓深得孟子极本穷源、正本清源的道德情怀与时中精神。《河南程氏遗书》载："尧夫豪杰之士，根本不帖帖地。伯淳尝戏以乱世之奸雄中，道学之有所得者。"①程颢"以乱世之奸雄中，道学之有所得者"戏称邵雍"直道而行—中道而立""以道自任—抱道自高"确实很传神，由此反观孟子，岂非亦复如是！

二、邵雍对孔子人生志业的继任与发展

邵雍的作品中，除了《皇极经世书》中有十几处记载孔子相关史事之外，仍有不少地方明显赞叹孔子伟大的德业。以关键词略作检索统计：《伊川击壤集》言及"孔子"3处、"仲尼"19处、"尼父"1处、"宣尼"7处，《观物篇》言及"孔子"5处、"仲尼"26处，《观物外篇》言及"孔子"9处。相比之下，邵雍只有11处明确言及"孟子"，而至少有74处明确言及孔子，显然对孔子更加念念不忘。如上节所析，邵雍的性情、精神与孟子都非常神似，本节我们将进而发现，邵雍也和孟子一样，以"私淑"孔子并继任孔子之志为终生事业。

(一)邵雍学为仲尼"当初归鲁事"

传统学术一般认为，孔子的文化事业，除了《论语》中的"发明仁道"之外，主要是晚年的删定六经。然而，两汉以来的儒者大多只是被动地接受、传播孔子删定六经这一观念，只有邵雍从"六经"中拈出《诗》《书》《易》《春秋》四经予以特别彰著，视其为孔子文化事业混成一体的四大支柱②，作为"圣人之四府"与"昊天之四府"春夏秋冬相互匹配，进而以《诗》《书》《易》《春秋》的精神建构他"皇帝王霸""化教劝率"一分为四的思维体系，明确说："仲尼修经周平王之时，《书》终于晋文侯，《诗》列为《王》《国风》，《春秋》始于鲁

---

① 程颢、程颐著，王孝鱼点校：《二程集》，第32页。

② 程颐亦作《易传》《书解》《诗解》《春秋传》，看似也有邵雍的"圣人之四府"观念，但一则他对"四经"的解释都很传统，并非像邵雍这样别开生面地创造性诠释与转化，二则他对"四经"的解释并未融通为一，而邵雍的《皇极经世书》《伊川击壤集》皆可谓对"四经"的融通，显然程颐不如邵雍圆融、通透。《河南程氏遗书》卷二上载："《诗》、《书》载道之文，《春秋》圣人之用。《诗》、《书》如药方，《春秋》如用药治疾，圣人之用全在此书，所谓'不如载之行事深切著明'者也。"(程颢、程颐著，王孝鱼点校：《二程集》，第19页)此处无论是程颢或程颐之言，都谈不上对《诗》《书》《春秋》之教、之用的真正融通，只是凸显《春秋》乃"圣人之用"罢了。

隐公,《易》尽于《未济》卦。予非知仲尼者,学为仲尼者也。”①

四经中,邵雍最为崇尚的是象征着“春生”、匹配“皇道”“化道”的《易》。从邵雍的《皇极经世书》《伊川击壤集》来看,他不仅不是以《易传》十篇来看待“易”,也不是以《易经》的卦爻辞来看待“易”,而是以八卦、六十四卦符号体系的象数学来看待“易”。所以他对“易”的论述,完全跨越了与《易传》相关的孔子、与卦爻辞相关的文王周公,径直与远古时代始画八卦的“伏羲”完成对接。《诗》《书》皆为史记传承,《春秋》自孟子以来,儒者皆以为是孔子所作,邵雍也因袭了这一观点。② 所以,在邵雍一分为四的思维体系中,他最需要处理的是伏羲与孔子的关系,《伊川击壤集》中二者并提的诗句对于理解邵雍的“孔子观”也最为关键。《首尾吟》中有一句:“史籍始终明治乱,经书表里见安危。庖牺可作三才主,孔子当为万世师。”③这里说的“明治乱”“见安危”“万世师”都是以“贤希圣”的方式在说孔子,看似并未将孔子与“三才主”伏羲联系起来,但我们再参考其他诗句,如《瞻礼孔子吟》“陶冶有无天事业,权衡治乱帝工夫。大哉赞《易》修经意,料得生民以后无”④,将“陶冶有无”与“权衡治乱”并称,其所谓“天事业”即“推天道”,“帝工夫”即“明人事”,显然是认为孔子“赞易”属于“天事业”,而包括“序书”“修春秋”在内的“修经”则是“帝工夫”,已然从“陶冶有无天事业”的角度将孔子与“三才主”伏羲联系起来了。又如《别谢彦国相公》其二说:“仲尼天纵自诚明,造化工夫发得成。见比当初归鲁事,尧夫才业若为情。”⑤这首诗对于理解邵雍的思想与精神极为重要,邵雍终生向往的就是修成这种“诚明”的“造化工夫”,最大的理想目标就是效仿孔子的“归鲁事业”,更为关键的是,他这里已经明确将孔子的“归鲁事业”看成“天纵诚明”的“造化工夫”,已然完全将孔子与伏羲的生命境界等同视之了。我们再联系《诚明吟》“孔子生知非假习”⑥、《知音吟》

---

① 邵雍著,郭彧整理:《邵雍集》,第 24 页。

② 邵雍《观物外篇》:“夫圣人六经,浑然无迹如天道焉。《春秋》录实事,而善恶形于其中矣。”(邵雍著,郭彧整理:《邵雍集》,第 154 页)

③ 邵雍著,郭彧整理:《邵雍集》,第 533 页。

④ 邵雍著,郭彧整理:《邵雍集》,第 421 页。

⑤ 邵雍著,郭彧整理:《邵雍集》,第 349 页。

⑥ 邵雍著,郭彧整理:《邵雍集》,第 236 页。

“仲尼始可言无意”[①]、《仲尼吟》“当时人自比于天”[②]、《浩歌吟》“与天为一体，然后识宣尼”[③]等诗句，可见邵雍对孔子“圣人气象”“天地境界”的亲切体认，与周、张、二程并无二致。所以他在《观物内篇》中激情澎湃地放声高歌：“人皆知仲尼之为仲尼，不知仲尼之所以为仲尼。不欲知仲尼之所以为仲尼则已，如其必欲知仲尼之所以为仲尼，则舍天地将奚之焉？”[④]我们综观邵雍的思想精神与生命境界，正是“心代天意，口代天言，手代天功，身代天事……上识天时，下尽地理，中尽物情，通照人事……弥纶天地，出入造化，进退古今，表里人物”[⑤]。在邵雍看来，这是学为孔子，也是学为羲皇。为了便于论述，下面分别从邵雍继承发展孔子修《春秋》、赞《易》、删《诗》三方面的“归鲁事业”展开分析。

（二）邵雍“春秋教”明治世大法

根据《宋史·李之才传》的记载“雍再拜愿受业，于是先示之以陆淳《春秋》，意欲以《春秋》表仪《五经》，既可语《五经》大旨，则授《易》而终焉。其后雍卒以《易》名世”[⑥]，邵雍向李之才学习的“性命之学”，始于《春秋》，中于《五经》，终于《周易》。我们看到，后来邵雍所著《皇极经世书》的理论结构也正是如此：从前六卷来看，显然是一部将《春秋》这部断代史中微言大义、善恶褒贬的精神应用到整个华夏民族的通史，按照儒家善恶明著的垂训之道来明辨皇帝王霸、道德功力的历代史实；从后四卷即《观物内篇》《观物外篇》来看，邵雍所构建的元会运世、春夏秋冬、《易》《书》《诗》《春秋》、化教劝率一分为四的哲学体系，显然是以“易”为体、以“五经”为用的一部易学著作。两相比较，前者记事，旨在“达用”，后者论理，旨在“明体”，虽然略有体用分离之憾，但《伊川击壤集》中所载邵雍晚年所作的大量“咏史诗”承体起用多已臻于体用圆融之境，将其与前六卷“记事”合而观之，可以即用见体。因此，悬搁邵雍“春秋教”与“易教”“诗教”的内在关系不论，我们也应当从这两部分来了解邵雍的“春秋学”。

首先，我们来看《皇极经世书》中有关“春秋”的论述。《观物内篇》“春

---

① 邵雍著，郭彧整理：《邵雍集》，第 452 页。

② 邵雍著，郭彧整理：《邵雍集》，第 378 页。

③ 邵雍著，郭彧整理：《邵雍集》，第 448 页。

④ 邵雍著，郭彧整理：《邵雍集》，第 21 页。

⑤ 邵雍著，郭彧整理：《邵雍集》，第 7～8 页。

⑥ 脱脱等撰：《宋史》，第 12824 页。

秋”一词凡19见，皆为书名，谈及《春秋》之处都是邵雍一分为四话语体系中的一部分，大要不过表明《春秋》为圣人四府中的“藏民之府”，是圣人“以化教劝率为力”的表现，主要是借“秦晋齐楚”四国之事来说明“圣贤才术”在治国中的作用。对《春秋》这部书的内容与精神并无单标特举之处，这一点与邵雍善用《易》而不必引用讲解一样，也是重《春秋》之“神”而不拘泥于《春秋》之“形”，即便《皇极经世书》就是为了效仿《春秋》而作。因此，我们要了解邵雍对《春秋》的总体论断或独特理解，借助《观物外篇》所载邵雍的讲义语录，反而更为切当。《观物外篇》“春秋”一词凡23见，21处为书名。在邵雍看来，《春秋》将天道的善恶显著表现在实事之中，“因事而褒贬”以见“天下之至公”，深切著明秦晋齐楚四国为“功之首，罪之魁”，“功过不相掩，圣人先褒其功，后贬其罪”①，此乃《春秋》善恶是非的大纲纪。因此，《春秋》这一“名分之书”乃是“孔子之刑书”，可谓圣人“酌其轻重”的“王道之权”，“治《春秋》者不辩名实，不定五霸之功过，则未可言治《春秋》”②，“《春秋》循自然之理，而不立私意，故为尽性之书也”③，《春秋》与《周易》一样，都是“‘将以顺性命之理’者，循自然”④的“性命之书”。显然，《观物外篇》对《春秋》的论述全面而精简地表达了邵雍对《春秋》独特价值的总体论断。《史记·太史公自序》中说：“子曰：‘我欲载之空言，不如见之于行事之深切著明也。’夫《春秋》，上明三王之道，下辨人事之纪，别嫌疑，明是非，定犹豫，善善恶恶，贤贤贱不肖，存亡国，继绝世，补敝起废，王道之大者也。”⑤邵雍在此基础上又深进了一层，不仅将《春秋》视为王道之“刑书”“名分之书”，而且视为“循自然之理”的“性命之书”。邵雍显然是以“易学”的眼光和精神在看待、引领《春秋》，《皇极经世书》也确实是一部以“易教”为体、以“春秋教”为用的旷世奇书，不泥于《易》《春秋》之“形”而极得其“神”。

然后，我们来看《伊川击壤集》中的“咏史诗”，如《三皇吟》《五帝》《三王》《五伯》《七国》《战国吟》《商君吟》《始皇吟》《皇极经世一元吟》《观书吟》《观春秋》《三皇吟》《五帝》《观三王吟》《观五伯吟》《观七国吟》《观嬴秦吟》《观两

① 邵雍著，郭彧整理：《邵雍集》，第171页。

② 邵雍著，郭彧整理：《邵雍集》，第172页。

③ 邵雍著，郭彧整理：《邵雍集》，第166页。

④ 邵雍著，郭彧整理：《邵雍集》，第166页。

⑤ 司马迁撰：《史记》，中华书局1963年版，第3297页。

汉吟》《观三国吟》《观西晋吟》《观十六国吟》《观南北朝吟》《观隋朝吟》《观有唐吟》《观五代吟》《观盛化吟》《吴越吟》《文武吟》《治乱吟》《观棋大吟》等。在笔者看来，虽然整部《伊川击壤集》都是以“易教”“春秋教”为“体”、以“诗教”为用，但本节仅据邵雍“咏史诗”豹窥其“春秋教”。朱熹说邵雍一分为四的象数易学是“自《易》以后，无人做得一物如此整齐，包括得尽”①，而从这些“咏史诗”的题目与内容来看，它们按照邵雍“皇帝王霸”的精神与历史秩序排列得非常整齐，显然是邵雍刻意而作。邵雍对过往三千多年治乱废兴的陈迹“皆如身所历”地描述、感慨一番，其良苦用心一言以蔽之，即为“崇王黜霸”。《观春秋》中说：“堂堂王室寄空名，天下无时不战争。灭国伐人唯恐后，寻盟报役未尝宁。”②而《三皇吟》中说：“三皇之世正熙熙，乌鹊之巢俯可窥。当日一般情味切，初春天气早晨时。”③《五帝》中说：“五帝之时似日中，声明文物正融融。古今世盛无如此，过此其来便不同。”④我们通过“叩其两端而竭焉”的方式，可以清楚地看到邵雍厌恶“争战”“杀伐”、欣悦“礼让”“生化”的基本观念。邵雍写这么多“咏史诗”，就是为了借古讽今，警醒上位者“唐虞事业谁能继，汤武工夫世莫传”（《观书吟》）⑤，教劝居下位者“万事莫于疑处动，一身常向吉中行。人心相去无多远，安有太平人不平”（《旋风吟》其二）⑥，上下一心，“明开教劝用常道，永使子孙持善名。……庶几此意流天下，天下何由不太平”（《教劝吟》）⑦。所以，邵雍在《观棋大吟》中因受棋中机巧争胜，感而大论历代史事，最后总结说：“大羹无以和，玄酒莫能漓。上兵不可伐，巧历不可推。善言不可道，逸驾不可追。兄弟专乎爱，父子主于慈。天下亦可授，此著不可私。”⑧认为“仁慈友爱”“穷理尽性”才是真正治世的“大羹”“玄酒”，无论在朝在野，都要唯仁义是求，正所谓“善能仁义为心者，肯作人间浅丈夫”（《观三王吟》）⑨。孟子说：“仁，人之安宅也；义，人之正路

---

① 黎靖德编，王星贤点校：《朱子语类》第七册，第 2546 页。

② 邵雍著，郭彧整理：《邵雍集》，第 417 页。

③ 邵雍著，郭彧整理：《邵雍集》，第 388 页。

④ 邵雍著，郭彧整理：《邵雍集》，第 388 页。

⑤ 邵雍著，郭彧整理：《邵雍集》，第 416 页。

⑥ 邵雍著，郭彧整理：《邵雍集》，第 351 页。

⑦ 邵雍著，郭彧整理：《邵雍集》，第 478 页。

⑧ 邵雍著，郭彧整理：《邵雍集》，第 185 页。

⑨ 邵雍著，郭彧整理：《邵雍集》，第 417 页。

也。旷安宅而弗居，舍正路而不由，哀哉！”“道在尔而求诸远，事在易而求之难。人人亲其亲、长其长而天下平。”①邵雍这种观念与孟子强调由仁义行、居仁由义、自贵自爱而绝不自暴自弃的大丈夫精神一脉相承。虽然孔子也曾浩叹，“谁能出不由户？何莫由斯道也”（《论语·雍也》），“人之生也直，罔之生也幸而免”（《论语·雍也》）②，但我们综观《伊川击壤集》，邵雍在鄙薄世俗权力、批评人间争胜时，也常说：“立身须作真男子，临事无为浅丈夫。”（《何如吟》）③“安乐窝中职分修，分修之外更何求。……苟非先圣开蒙吝，几作人间浅丈夫。”（《安乐窝中吟》）④“能知富贵寻常事，富贵能骄非丈夫。”（《富贵吟》）⑤“风光一片非尘世，景物四时真画图。……人生能向此中老，亦是世间豪丈夫。”（《留题水北杨郎中园亭》其二）⑥显然，与孟子“抱道自高”自尊自贵的高蹈姿态更为神似。

所以，当我们联想到邵雍崇王黜霸的“春秋教”中体现出来的“大丈夫精神”与孟子一脉相承时，再反观《皇极经世书》以历史与历法相配，以元会运世、日月星辰来统摄皇帝王霸，其初衷当为以儒家“道统”统摄“政统”，旨在撰成一部寄托儒家理想的“中华文明治统发展史”。邵雍这种深沉忧患意识和道统担当精神与孟子无异，而其汪洋浩大的学术视野、既安且成的安乐境界则似皆过之。正因如此，孟子激烈的批判精神与焦虑的救世心态，到了邵雍这里，无论是《皇极经世书》还是《伊川击壤集》，都显得温和而安详，似乎又更接近孔子“望之俨然，即之也温，听其言也厉”的生命境界，由此亦可见邵雍“自比孟子”“学为仲尼”云云确非妄自尊大的虚言。从“春秋教”的角度来看，邵雍与孔孟一脉相承之处可谓极为鲜明。

《皇极经世书》明显是仿《春秋》编年史而作，以微言大义明著皇帝王霸之道，《春秋》所记历史大事不到 300 年，而《皇极经世书》所记历史大事则超过 3000 年，史料虽远不及司马光的《资治通鉴》翔实，而警策则过之。正如门人张岷《述邵雍行略》所言：“先生治《易》、《书》、《诗》、《春秋》之学，穷意言象数之蕴，明皇帝王霸之道，著书十余万言，研精极思三十年。观天地之消

① 朱熹撰：《四书章句集注》，第 287 页。

② 朱熹撰：《四书章句集注》，第 88、89 页。

③ 邵雍著，郭彧整理：《邵雍集》，第 331 页。

④ 邵雍著，郭彧整理：《邵雍集》，第 338～339 页。

⑤ 邵雍著，郭彧整理：《邵雍集》，第 445 页。

⑥ 邵雍著，郭彧整理：《邵雍集》，第 461 页。

长，推日月之盈缩，考阴阳之度数，察刚柔之形体，故经之以元，纪之以会，始之以运，终之以世。又断自唐、虞，讫于五代，本诸天道，质以人事，兴废治乱，靡所不载。其辞约，其义广；其书著，其旨隐。呜呼，美矣，至矣，天下之能事毕矣！"[①]蔡元定也盛赞道："康节之学，虽作用不同，而其实则伏羲所画之卦也，故其书以日月星辰、水火土石尽天地之体用；以暑寒昼夜、雨风露雷尽天地之变化；以性情形体、走飞草木尽万物之感应；以元会运世、岁月日辰尽天地之终始；以皇帝王霸、《易》《书》《诗》《春秋》尽圣贤之事业。自秦汉以来，一人而已耳！"[②]秦汉以来，能如此完整、严密地构思出一个天道人事相贯通的哲学体系者，邵雍当属第一人，无怪乎对邵雍总体评价不高的朱熹也发自内心地盛赞道："自《易》以后，无人做得一物如此整齐，包括得尽。"[③]邵雍作《皇极经世书》显然有追求"高""大""全"的理论冲动，但是他的创作初衷，与传统学术观点中孔子作《春秋》"载之行事深切著明"的朴素心态是完全一致的。这一点在他的诗中可以看得很清楚。《安乐窝中一部书》中说："安乐窝中一部书，号云《皇极》意何如。《春秋》《礼乐》能遗则，父子君臣可废乎。"[④]《皇极经世一元吟》中说："治乱与废兴，著见于方策。吾能一贯之，皆如身所历。"[⑤]

（三）邵雍"易教"顺性命之理

在易学史上，邵雍独具一格的"先天易学"常为后人津津乐道，但也毁誉参半，因为从程颐、朱熹开始就对它产生了片面的误解。比如程颐说："邵尧夫犹空中楼阁。"[⑥]大概是指邵雍博大精深的象数之学华而不实，善推数以言天下之理，所以又说："尧夫《易》数甚精。"[⑦]朱熹秉承程颐的观点，将其所谓"空中楼阁"理解为"四通八达"[⑧]，并说："《易》是卜筮之书，《皇极经世》是推步之书。《经世》以十二辟卦管十二会，绷定时节，却就中推吉凶消长。尧时

① 黄宗羲原著，全祖望补修，陈金生、梁运华点校：《宋元学案》，中华书局 2009 年版，第 467 页。

② 转引自宋锡同：《邵雍易学与新儒学思想研究》，第 163 页。

③ 黎靖德编，王星贤点校：《朱子语类》第七册，第 2546 页。

④ 邵雍著，郭彧整理：《邵雍集》，第 318 页。

⑤ 邵雍著，郭彧整理：《邵雍集》，第 392 页。

⑥ 程颢、程颐著，王孝鱼点校：《二程集》，第 97 页。

⑦ 程颢、程颐著，王孝鱼点校：《二程集》，第 428 页。

⑧ 黎靖德编，王星贤点校：《朱子语类》第七册，第 2543 页。

正是《乾卦》九五，其书与《易》自不相干。只是加一倍推将去。”[①]在笔者看来，抛开邵雍“易教”与“诗教”“春秋教”三者有机一体的内在关联不论，单论其“先天易学”，也应分为“先天心法”与“先天象数”两部分，“心法”为体、为本，“象数”为用、为末，程颐、朱熹的片面误解即在于本末倒置，为其“象数”所掩，而不见“心法”。

事实上，北宋以降，历代儒学家、易学家，如杨时、尹焞、魏了翁、黄畿、王植、全祖望等赞美者皆于邵雍妙契天地、旨在经纶的“心法”有所体证，而黄震、王夫之、黄宗羲等批评者则多谓邵雍整齐划一、层层比附的“象数”出于道家，非《易》书本有。然而，被邵雍引为知音的程颢，并未对康节之学产生片面的误解，因为他对邵雍“心法”之正大理解通透，所以才在《邵尧夫先生墓志铭》中说：“淳一不杂，汪洋浩大……可谓安且成矣。”[②]叹曰：“尧夫，内圣外王之学也。”[③]同时，他对邵雍“象数”之精妙也感触极深，《河南程氏外书·传闻杂记》载：“尧夫《易》数甚精。自来推长历者，至久必差，惟尧夫不然，指一二近事，当面可验。明道云：‘待要传与某兄弟，某兄弟那得工夫？要学，须是二十年工夫。’明道闻说甚熟，一日因监试无事，以其说推算之，皆合，出谓尧夫曰：‘尧夫之数，只是加一倍法，以此知《太玄》都不济事。’尧夫惊抚其背，曰：‘大哥你恁聪明！’”[④]后世粗浅之徒常引程颢“某兄弟那得工夫”鄙薄邵雍的象数学，显然亦是舍本逐末、唐突西子。那么，邵雍的“先天易学”为什么这么容易引人误解，以至王夫之这样的粹然儒者、易学大家也概莫能外？笔者认为，关键就在于邵雍“先天心法”的具体内容本来就很难理解到位，而其“先天象数”又来源成谜，因此首先即须辨明此二者。

了解邵雍“先天心法”的关键在于理解其所谓“先天”二字的具体内涵，如果我们暂时将此与他的“象数学”独立分开来看，其实并不困难。《观物外篇》记有三处邵雍直接论及“先天学”：“先天之学，心也；后天之学，迹也。出入有无死生者，道也。”[⑤]“先天学，心法也，故图皆自中起，万化万事生乎心

① 黎靖德编，王星贤点校：《朱子语类》第七册，第2547页。

② 邵雍著，郭彧整理：《邵雍集》，第580页。

③ 脱脱等撰：《宋史》，第12728页。

④ 程颢、程颐著，王孝鱼点校：《二程集》，第428页。

⑤ 邵雍著，郭彧整理：《邵雍集》，第152页。

也。"[①]"先天学主乎诚,至诚可以通神明,不诚则不可以得道。"[②]显然,在邵雍看来,"先天学"即是可以生化万物、至诚通神的"心法",这是以"心"为宇宙生成的源头和宇宙万物的本体,因此他的"先天之学"就是"先天心法",就是"宇宙心法",这种思维可谓深得《大易》乾元创生的精义。黄震批评邵雍,"若康节所谓先天之说,则《易》之书本无有也,虽据其援《易》为证者凡二章,亦未见其确然有合者也"[③],实为皮相之论,何其肤浅!这一点我们从邵雍另外两处著名的言论可以得到证明。

其一,即是《观物外篇》记载于"先天学,心法也"下面的:"知《易》者,不必引用讲解,始为知《易》。孟子著书未尝及《易》,其间《易》道存焉,但人见之者鲜耳。人能用《易》,是为知《易》,如孟子可谓善用《易》者也。"[④]邵雍一贯玩心高明,且又自比孟子,学"易"自然也是得意忘言、重神轻形。

其二,即是《观物篇》中以人(至物)为万物之灵、以圣人(至人)为天地之心的基本观念:"以一至物而当一至人,则非圣人而何?人谓之不圣,则吾不信也。何哉?谓其能以一心观万心,一身观万身,一物观万物,一世观万世者焉。又谓其能以心代天意,口代天言,手代天功,身代天事者焉。又谓其能以上识天时,下尽地理,中尽物情,通照人事者焉。又谓其能以弥纶天地,出入造化,进退古今,表里人物者焉。噫!圣人者,非世世而效圣焉。吾不得而目见之也。虽然吾不得而目见之,察其心,观其迹,探其体,潜其用,虽亿千万年亦可以理知之也。"[⑤]笔者认为,这一段话即是对于邵雍"先天心法"或"先天易学"具体内涵与基本精神最为精简的概括,邵雍表现观物生化的两部著作,都是"一心观万心"。比较而言,纵向思维的《皇极经世书》侧重于表现"一世观万世",所以说"一部书严惊鬼神";横向思维的《伊川击壤集》侧重于表现"一身观万身",所以说"一篇诗逸收花月"。严格来讲,邵雍"心法"之"心",是指出入造化的"圣人之心"与弥纶宇宙的"天地之心",即天人合一的本然心体,邵雍明确说:"如其必欲知仲尼之所以为仲尼,则舍天地将奚之焉?"[⑥]与历代儒者通常以"圣人"来了解"天地"的思维方式大不相同,邵雍反

① 邵雍著,郭彧整理:《邵雍集》,第 159 页。
② 邵雍著,郭彧整理:《邵雍集》,第 171 页。
③ 黄震:《黄氏日抄》,《景印文渊阁四库全书》第 707 册,第 76 页。
④ 邵雍著,郭彧整理:《邵雍集》,第 159 页。
⑤ 邵雍著,郭彧整理:《邵雍集》,第 7～8 页。
⑥ 邵雍著,郭彧整理:《邵雍集》,第 21 页。

而认为要通过“天地”来了解“圣人”，这种观念可以说比程颢“天人本无二，不必言合”对“天人合一”本然状态的描述与理解还要更进一步。[①] 换言之，既然要通过“天心”来了解“圣心”[②]，那么说“万化万事生乎心”，逻辑就很顺畅了。

我们再进一步通过《伊川击壤集》中有关“先天”的吟诵来了解与证实上述“先天心法”的内涵不误。全书“先天”一词凡 14 处，分别见于《观棋大吟》、《观三皇吟》、《先天吟示邢和叔》、《先天吟》(三首同名诗)、《推诚吟》、《首尾吟》，其中最为关键的用词有“通妙用”、“同道”、“穷理以尽性”、“乾坤自我宣”[③]、“初分大道”、“一片先天号太虚，当其无事见真腴”[④]、“理顺”、“义安”、“人心先天天弗违，人身后天奉天时”、“天地与身皆易地，已身殊不异庖牺”[⑤]。“一片先天号太虚”对“心体”的描述与张载的“大心”“天地之心”并无异质，“天地与身皆易地”与程颢的“识仁”“定性”亦无二致。《伊川击壤集》中有关“先天”的吟诵与《观物外篇》中有关“先天心法”的论述可以很好地相互印证，邵雍的“先天心法”即其“先天易学”，即以天人合一之“心”一心观万心、以天人合一之“身”一身观万身来“弥纶天地，出入造化，进退古今，表里人物”[⑥]，这一点在《观易吟》中表达得最清楚：“一物其来有一身，一身还有一乾坤。能知万物备于我，肯把三才别立根。天向一中分体用，人于心上起经纶。天人焉有两般义，道不虚行只在人。”[⑦]

邵雍研精极思数十年之功的《皇极经世书》终于在他 61 岁时完成，构建了一个自视“安稳”的哲学体系。在 60 岁前后，邵雍自觉已经逐渐从“知命”迈入“耳顺”以至“从心所欲不逾矩”的生命境界，整个精神状态从“安稳”趋于“安乐”，“后天之学”转为“先天之学”，因此常常“自比羲皇”[⑧]。在《皇极经世书》“皇帝王霸”的哲学体系中，邵雍最为崇尚的是“以道德功力为化”的

---

① 邵雍“心体与性体”与程颢无异，比陆、王圆融，而牟宗三先生《心体与性体》未及邵雍，实为一大失误。

② 黄畿《经义考》所说“邵子之学，其仲尼之学乎？仲尼之道，其庖羲之道乎”，并非强扭、拔高之论。

③ 邵雍著，郭彧整理：《邵雍集》，第 417 页。

④ 邵雍著，郭彧整理：《邵雍集》，第 447 页。

⑤ 邵雍著，郭彧整理：《邵雍集》，第 507 页。

⑥ 邵雍著，郭彧整理：《邵雍集》，第 8 页。

⑦ 邵雍著，郭彧整理：《邵雍集》，第 416 页。

⑧ 从整部《伊川击壤集》来看，明确提到“伏羲”的有 20 处之多。

"皇道"、"以化教劝率为道"的《易》道、一年四季中最能体现宇宙大化的春生，这三者合而言之即其所谓先天易学。所谓"先天"，即混沌圆融之心法，所谓"易"，即宇宙大化之生意，邵雍的"先天易学"实即以"混沌圆融之心法"参赞"宇宙大化之生意"。通俗地说，就是邵雍晚年自觉已经能够按照羲皇之道活得更加纯粹、更加圆融，能够用自己的身心(而非著作)更加原生态地表现更加整全的先王之道。与巍巍焕赫的尧舜之道相比，洪荒草昧的羲皇之道是一种天文与人文更加原始、更加亲切、更加和谐地融为一体，完全没有人力后天造作迹象的先天混沌状态，在这种状态中，万事万物都道法自然地生生不息、自得其所、自遂其性。在耳顺之后的邵雍看来，先前"自比孟子""学为仲尼"都是泥滞于"后天之迹"，只有像羲皇一样与天道、自然浑然一体地混沦、和乐地活着才是在光显"先天之本"与"王化之真"，所以说"不乐乎我，更乐乎谁。吾于是日，再见伏牺"(《盆池吟》)①。

显然，邵雍这种"先天心法"或"先天易学"与以《论》《孟》《易》《庸》为代表的先秦儒学知天知命、成性成身的基本精神和思维方式毫无二致，与周敦颐、张载、二程以《易》《庸》解《论》《孟》的理论创辟也毫无二致。按照牟宗三先生《心体与性体》中"宋明儒学三系"说的评判标准，邵雍学术成就与生命境界之圆融通透，实与濂溪、明道、横渠无有大异而当为大宗。②

邵雍在历代儒家大多数学者的心目中没有进入儒家道统的主流、大宗，黄宗羲曾一语道破原因："康节反为数学所掩。"③笔者分析"为数学所掩"大概表现在四个方面。

其一，内容上，邵雍《皇极经世书》中以动静阴阳、日月星辰、水火土石、暑寒昼夜、性情形体、走飞草木、色声气味、耳目口鼻、春夏秋冬、《易》《书》《诗》《春秋》、生长收藏、意言象数、皇帝王霸、道德功力、化教劝率、元会运世等等一分为四的思维方式构建的先天易学象数体系，《易》书本无或与《易》无关。对于这一点，林忠军先生说："邵氏不是在诠释《周易》，而是借助于《周易》的符号来阐发自己的思想，故他的思想多与《周易》本义及传统观点

---

① 邵雍著，郭彧整理：《邵雍集》，第 414 页。

② 本文为笔者"邵雍道统地位刍议"下篇，由于上篇纵向分析邵雍对孔、孟、《易》、《庸》的继承与发展，已经大量引用了邵雍原著，因此本文在横向比较邵雍与北宋三子的学术异同之时，重在引用分析北宋三子的著作材料进行比较，对邵雍的原文引用分析较少。

③ 黄宗羲原著，全祖望补修，陈金生、梁运华点校：《宋元学案》，第 471 页。

不符，甚至相违背。”①综观北宋五子的著作、言论，很明显，邵雍“述”的痕迹最少、“作”的精神最强，所以邵雍既不像张载、程颐那样都有解经的专著，也不像周敦颐、程颢那样常以只言片语引经发论，而是创造这样一个包罗万象、推天道以明人事的哲学体系，与《大易》弥纶天地、出入造化、本天道以立人道、穷理尽性以至于命的基本精神，难道不是极为“妙契”而深得精髓？

其二，形式上，邵雍在元会运世、皇帝王霸的宏大天人合一视野之中，将历史、历法与物象、数学结合起来，观阴阳消长而推演灾异，一则多有牵强附会，二则似乎也具有占卜性质，虽与汉代象数易学极为相似，但与重视性命、义理、经济的宋代易学（比如《伊川易传》《横渠易传》）相距甚远，因此往往或被视为迂远，或被视为小道。何以邵雍非要在长时段的人类大历史中考察人事治乱兴衰之由呢？对于这一点，王新春先生认为邵雍此举乃是“基于一全然收摄整个宇宙的全方位敞亮、开放的大宇宙心灵和一清晰完整的总体天人宇宙视野，立足于大宇宙及其流变这一终极视域，对包括社会人生在内的宇宙万象，作出了终极性观照与定位”②。确实，邵雍在“大宇宙及其流变”中所作的“终极性观照与定位”，在最大范围内、最大限度上彰显大易生生不息的内涵与精神，宋明诸儒所构建的天人观都无出其右，甚至远远不及。借用张载的话说，邵雍这种宏大的理论建构最能“为天地立志，为生民立道，为去圣继绝学，为万世开太平”③；用《观物外篇》邵雍自己的话来说，其目的在于“万世治乱之迹，无以逃此矣”④。

其三，来源上，邵雍师从李之才，李之才师从穆修，穆修师从种放，种放师从陈抟，因此许多人误解邵雍的“象数学”源于“道教易”，非儒家正统。对于这一点，张克宾教授说：“唐末五代，道教易学已然融会汉易象数学，创造出了象数学的新形态，即图书之学。经由道士陈抟的传授，最终产生了刘牧、邵雍、周敦颐等图书象数学的宗师。……与周敦颐不同，虽然邵雍的思想也由‘物理之学’深造于‘性命之学’，但其在‘性命之学’上的造诣显然被其‘图数之学’的外衣给掩盖了。”⑤明确认为周敦颐、邵雍发展的都是儒家汉

---

① 林忠军：《象数易学发展史》，齐鲁书社 1998 年版，第 246 页。

② 王新春：《邵雍天人之学视野下的孔子》，《文史哲》2005 年第 2 期。

③ 张载著，章锡琛点校：《张载集》，中华书局 1978 年版，第 320 页。

④ 邵雍著，郭彧整理：《邵雍集》，第 161 页。

⑤ 张克宾：《论邵雍先天易学之天根月窟说及其影响》，《哲学研究》2018 年第 5 期。

代象数易学的已有思想与思维，只是这个过程中经过了道教的保存与发展而已。

其四，发展上，本来邵雍象数易学的来源、内容、形式都容易让人产生片面的误解，不幸的是，邵雍的后人与门人不仅没能正本清源，反而使其鱼龙混杂，更加面目不清。对于这一点，宋锡同教授说："邵雍先天易学主旨在于以《易》明道，以观阴阳消长之理而尽人事兴衰治乱之用。但经邵伯温、张行成、祝泌等人配卦后的《皇极经世》却被引向偏离邵雍原旨的方向，其间邵雍推阐天道以明人事的用心也渐渐隐没不显。可见，配卦之说对邵雍先天易学思想之流传负面影响极大。"①

综上可见，邵雍的"先天象数"是表层形式，其"先天心法"才是内在精神，由表及里，不难发现邵雍的"先天易学"与宋明诸儒"义理易学"重尽性正命、经时济世的特质是完全相同的，《观物外篇》记载邵雍所说"《易》之为书，'将以顺性命之理'者，循自然也"②，亦足可为证。诚如宋锡同教授所言："邵雍借助新的象数模式(即易图学)来推阐儒门义理，借由这种易学诠释来建构理学的理论体系。……主张把握天地变化之理，以穷人事兴衰治乱之变，进而得理以应变无穷，成就内圣外王的圣贤事业。这正是邵雍《皇极经世》之主旨。"③

(四)邵雍"诗教"乃风雅正传

朱熹说："康节之学，其骨髓在《皇极经世》，其花草便是诗。"④这种观点似乎在邵雍原著中直接就能找到依据，比如《安乐窝中四长吟》中说："安乐窝中快活人，闲来四物幸相亲。一篇诗逸收花月，一部书严惊鬼神。一炷香清冲宇泰，一樽酒美湛天真。太平自庆何多也，唯愿君王寿万春。"⑤照一般人的看法，"一部书严惊鬼神"，说的当然是"正事"；"一篇诗逸收花月"，讲的多半是"闲事"了。但笔者认为，邵雍大量的"咏史诗"显然也是其"春秋教"的一部分，不仅"诗""易"合一，而且"诗""史"合一、"易""史"合一，从这个角度说，邵雍的击壤诗歌与观物哲学也是他的"春秋教"。康节之学的根本是

① 宋锡同：《邵雍先天易学流传考论》，《东岳论丛》2011年第3期。

② 邵雍著，郭彧整理：《邵雍集》，第166页。

③ 宋锡同：《传统易学诠释中的象数模式与义理指向》，《现代哲学》2013年第6期。

④ 黎靖德编，王星贤点校：《朱子语类》第七册，第2553页。

⑤ 邵雍著，郭彧整理：《邵雍集》，第317页。

“致先王之事”，由此审观《皇极经世书》《伊川击壤集》的内在关联，前者可谓以“诗之劝诫”为体，以“易之象数”为用，后者可谓以“易之王化”为体，以“诗之歌颂”为用。很明显，前者其迹著，后者其迹微，《伊川击壤集》比《皇极经世书》在“体”“用”两方面都要“更上一层楼”，其观物之心、尽物之心直契天地之心，也就是程颢在《邵尧夫先生墓志铭》中所说的“玩心高明，观于天地之运化，阴阳之消长，以达乎万物之变，然后颓然其顺，浩然其归”①。到了这个境界以后，“直与天地万物上下同流，虽无时不乐，而宽舒和平”②，举手投足都能从心所欲不逾矩，都是鸢飞鱼跃活泼泼的天道自然呈现，触处皆春、人到成境，故无有不安、无处不乐，正所谓“体无定用，惟变是用。用无定体，惟化是体”③。不管是“一篇诗逸收花月”还是“一部书严惊鬼神”，不管是“一炷香清冲宇泰”还是“一樽酒美湛天真”，都是圣人之心与天地之心妙契同流的“写真”，一篇诗、一部书、一炷香、一樽酒四者完全是平等的。换言之，诗、书、香、酒等都是天理流行发用的体现，要说是骨髓（本体，道心惟微），都是骨髓（本体），因为天地之精蕴无处不在、无有不公；要说是花草（化用，宣情寄意），都是花草（化用）④，因为天地之真美精满自溢、体物不遗。所以，朱熹影响深远的“骨髓”“花草”之断，实属皮相之论。虽然邵雍在《观物内篇》中明确以春夏秋冬、皇帝王霸来对应《易》《书》《诗》《春秋》四经，常常四经并称，表现出一种一分为四的思维方式，但综观康节之学，仔细察识玩味，不难发现，邵雍实际上构建的乃是以“易教”为体、以“春秋教”与“诗教”为用的一个独特的哲学体系。正因如此，在儒学史上，与汉、唐、宋、明诸儒相比，邵雍对孔子人生志业的继承与发展可谓独具一格而又中正平实，这一点在邵雍的“诗教”中体现得尤为显著。

《伊川击壤集》与《皇极经世书》一样，都是在崇尚、开显“化”道，二者不同之处在于，《皇极经世书》作为“易教”（致广大而尽精微），用心用意洁静精微，而《伊川击壤集》则作为“诗教”（极高明而道中庸），用词用韵温柔敦厚，并且其“诗教”“易教”还能“互文见义”，即《皇极经世书》可谓温柔敦厚，《伊

---

① 邵雍著，郭彧整理：《邵雍集》，第 579 页。

② 黄宗羲原著，全祖望补修，陈金生、梁运华点校：《宋元学案》，第 470 页。

③ 邵雍著，郭彧整理：《邵雍集》，第 6 页。

④ 天道流行，宇宙生生不息，“虽尧、舜之事，亦只是如太虚中一点浮云过目”（程颢、程颐著，王孝鱼点校：《二程集》，第 61 页）。

川击壤集》亦可谓洁静精微。从这个角度来评价邵雍诗歌的生命境界，不仅陶渊明、白居易、李白、杜甫等不能望其项背，即便是作为诗骚传统的《诗经》与《离骚》也没能达到这种境界[①]，用邵雍自己的话来说，“闲将岁月观消长，静把乾坤照有无。辞比《离骚》更温润，《离骚》其奈少宽舒”（《谢富相公见示新诗一轴》）[②]。《离骚》作者由于心态上不能做到“用之则行，舍之则藏”，“达则兼济，穷则独善”，“在本朝则美政，在下位则美俗”，因此为人处事、造词遣句都不可能做到“温润、宽舒”。邵雍比怨望君主的屈原更超脱，想得更开、看得更透，“物理人情自可明，何尝戚戚向平生。卷舒在我有成算，用舍随时无定名。满目云山俱是乐，一毫荣辱不须惊。侯门见说深如海，三十年来掉臂行”（《龙门道中作》）[③]。而与美刺王化的《诗经》相比，不管是诗三百，还是诗三千，都来源于群众的创作。当然，风雅颂中任何一位作者“体道”之博大精深、“行道”之平实中正、“设教”之温柔敦厚，都不可能单独与邵雍的生命境界相提并论。

《伊川击壤集》中，邵雍晚年“自比羲皇”，旨在以自己“进入化境”的方式来“以道化民”。然而，在有德而无位的局限下，就算他能做到“心代天意，口代天言，手代天功，身代天事”[④]，也不能表现为整个国家的制礼作乐、风化天下，最多只能通过“志士在畎亩，则以畎亩言”[⑤]的伊川击壤来持危垂训、美刺王化，通过“因闲观时，因静照物，因时起志，因物寓言，因志发咏，因言成诗，因咏成声，因诗成音”[⑥]的吟咏性情来激活古圣先王的风雅之道，引起上至朝廷下至百姓的重视与效仿，最终达到“致君尧舜上，再使风俗淳”[⑦]的理想结果。正唯如此，邵雍晚年才自信满满地说，他将“诗教、易教、春秋教”融入春生化境的羲皇之道，“可以辩庶政，可以齐黎民。可以述祖考，可以训子孙。可以尊万乘，可以严三军。可以进讽谏，可以扬功勋。可以移风俗，可以厚

---

① 《诗经》三百篇中多有“不平则鸣”，《离骚》《天问》《九歌》《九章》尽皆“不平则鸣”，而邵雍《伊川击壤集》中大多是“太平则吟”，论其用心用意之洁静精微与用词用韵之温柔敦厚，都要稍胜一筹。《诗经》充满戾气，《离骚》满腹怨气，屈原更是投江自尽，论及君子成性美性、成身润身之学，皆有未善。

② 邵雍著，郭彧整理：《邵雍集》，第320页。

③ 邵雍著，郭彧整理：《邵雍集》，第210～211页。

④ 邵雍著，郭彧整理：《邵雍集》，第7页。

⑤ 邵雍著，郭彧整理：《邵雍集》，第180页。

⑥ 邵雍著，郭彧整理：《邵雍集》，第180页。

⑦ 杜甫：《奉赠韦左丞丈二十二韵》，《全唐诗》第七册，中华书局1960年版，第2252页。

人伦。可以美教化，可以和疏亲。可以正夫妇，可以明君臣。可以赞天地，可以感鬼神。……三千有余首，布为天下春”（《诗史吟》）[①]，“得吾之绪余，自可致升平”（《诗画吟》）[②]。从《伊川击壤集》所收的后期诗作来看，邵雍晚年自比羲皇，以道化民的安乐生活确实过得酣畅淋漓而又宽舒清明、充盈丰润。邵雍“此窗当日比羲皇”[③]与孟子“言必称尧舜”的雄心壮志、用心良苦而又自足其心、自得其乐皆何其神似，皆可谓极高明而道中庸！

明末理学家陆世仪极为推崇邵雍的诗教，他说：“邵尧夫《击壤吟》，前无古，后无今。其意思直接《三百篇》，特辞句间有率意者耳，然其独造处直是不可及。尧夫诗胸次极妙，直与天地万物上下同流，使读之者如游羲皇以上。作尧夫诗固未易，读尧夫诗亦未易也。……康节起直任天机，纵横无碍，不但韵不得而拘，即从来诗体亦不得而拘，谓之‘风流人豪’，岂不信然！……他直把诗作际天际地一事，岂止篇章辞句而已乎？观此，则康节作诗本领可知。唐人诗康节做得，康节诗唐人做不得。”[④]笔者非常认同这些论断，以为比陈献章“子美诗之圣，尧夫更别传”[⑤]之说深刻得多。明儒唐顺之曾盛赞道：“三代以下之诗……诗思精妙、语奇格高诚未有如康节者，知康节诗者莫如白沙翁，其言曰：‘子美诗之圣，尧夫更别传。’”[⑥]但观其“诗思精妙、语奇格高”八字，可知其对邵雍的诗教并无亲切体认，不过因循为说的皮相之论罢了，还不如贺钦说得好：“看杜诗曰‘无深意味’，不如还看《击壤集》也’。”[⑦]顺着这一逻辑，笔者大胆地说，按照传统诗教的观念，邵雍“康节体诗”的润身美刺之道确实堪称三皇五帝教化之“正传”，而以杜甫“三吏”“三别”、白居易《新乐府》《秦中吟》等为代表的写实讽喻诗实乃“别传”。在宋诗重意、宋词言情这个大创新的文学背景中，邵雍重视传统的诗教、诗道远过于唐人的诗体、诗法，不仅能合于北宋文人士大夫注重气骨、理趣、情意的文化风气，也合于宋仁宗（1010～1063）天圣至嘉祐 40 年间反对“西崑体”与

① 邵雍著，郭彧整理：《邵雍集》，第 483～484 页。

② 邵雍著，郭彧整理：《邵雍集》，第 483 页。

③ 邵雍著，郭彧整理：《邵雍集》，第 240 页。

④ 陆世仪、张伯行：《思辨录辑要》，《景印文渊阁四库全书》第 724 册，第 338～339 页。

⑤ 陈献章撰：《陈白沙集》，《景印文渊阁四库全书》第 1246 册，第 156 页。

⑥ 唐顺之：《与王遵岩参政》，黄宗羲：《明文海》，《景印文渊阁四库全书》第 1454 册，第 665 页。

⑦ 贺钦：《医闾集》，《景印文渊阁四库全书》第 1254 册，第 629 页。

“晚唐体”，向《诗》《骚》传统复古的思想潮流。邵雍独创“康节体”，多于平易中见深意，活泼充盈、风情柔美而无六朝绮丽之习，丰沛朗润、意境高远更兼汉魏雄浑之气，亦堪称“易直而质确”“简淡而和平”“忠厚而虑深”“婉娩而悠长”“哀而不伤，乐而不淫”，可谓深得《诗》《骚》质朴写实的风雅正传，比杜甫、白居易等文学写实作品具有更强的现实主义精神，同时又处处闪烁着理想主义光芒。① 程颢说：“夫子言‘兴于《诗》’，观其言，是兴起人善意，汪洋浩大，皆是此意。”②“学之兴起，莫先于《诗》。《诗》有美刺，歌诵之以知善恶治乱废兴。礼者所以立也，‘不学礼无以立’。乐者所以成德，乐则生矣，生则恶可已也？恶可已，则不知手之舞之，足之蹈之也。”③用这两句话来评价邵雍的“诗教”，真是再合适不过了。④

因此，《四库全书总目提要·击壤集》说：“邵子之诗，其源亦出白居易，而晚年绝意世事，不复以文字为长，意所欲言，直抒胸臆，原脱然于诗法之外。毁之者务以声律绳之，固所谓谬伤海鸟，横斤山木。誉之者以为风雅正传。庄昶诸人转相摹仿，如所谓‘送我一壶陶靖节，还他两首邵尧夫’者，亦为刻画无盐、唐突西子，失邵子之所以为诗矣！况邵子之诗，不过不苦吟以求工，亦非以工为厉禁。如邵伯温《闻见前录》所载《安乐窝》诗曰：‘半记不记梦觉后，似愁无愁情倦时。拥衾侧卧未欲起，帘外落花撩乱飞。’此虽置之江西派中，有何不可？而明人乃惟以鄙俚相高，又乌知邵子哉？”⑤这一见识虽然远超明人唯以鄙俚相高者，但对于邵雍“诗教”的风雅正传仍然远未澈本清源，竟然说“邵子之诗，其源亦出白居易”，显然尚未洞察到邵雍“诗教”实乃融“易教”生化之道与“春秋教”美刺之道于一体的正大光明、显道神德行之教。

---

① 宋锡同认为：“邵雍的观物之乐，更多的是关注个体自我安顿，对于个体之外的群体价值则相对关注较少。因此，相比于程朱对儒家伦理规范的强调，邵雍在乐中流露出来的道德涵养味道比较淡。”（《邵雍易学与新儒学思想研究》，第 232 页）笔者以为这种评判是对邵雍美刺王化、持危垂训的“诗教”理解不足所致。事实上，《伊川击壤集》中大部分诗歌流露出来的“道德涵养味道”都很浓，可谓扑面而来。

② 程颢、程颐著，王孝鱼点校：《二程集》，第 41 页。

③ 程颢、程颐著，王孝鱼点校：《二程集》，第 128 页。

④ 由此可见，邵雍平正大雅的诗教观在当时并非孤掌自鸣，或者说，邵雍与二程过从甚密，持有与二程相同、深具《论》《孟》《易》《庸》精神的诗教观原本极有可能。

⑤ 纪昀等：《四库全书总目》，《景印文渊阁四库全书》第 4 册，第 128 页。

三、由邵雍之独具一格而反思儒家道统观

邵雍对孔、孟的继承与发展，在两千多年以来的儒学史上都独具一格。不幸的是，这种“独具一格”在邵雍身后并未获得儒家主流人物的平实理解与应有重视，因此在朱熹以来的儒家道统谱系之中邵雍都没有一席之地。“现代新儒家牟宗三，在阐发宋明新儒学之巨著《心体与性体》及其续篇《从陆象山到刘蕺山》中，对宋明以来诸儒新儒学思想开掘不可谓不深，但对邵雍及其先天学却忽而不论，不能不说是一大遗憾。其实，牟氏之师熊十力在早年的著作《读经示要》中已经指出，在宋代儒学肇创时期，‘周子、二程、尧夫，皆宋学开山’，视邵雍为新儒学开山人之一，惜乎牟氏于此未加深究。”①笔者以为，牟先生于此未加深究，固然是受个人学术特质所限，但也为牟氏后学返本开新、推陈出新的学术发展留下了很好的深造进境，与其说是“一大遗憾”，不如说是“一大机会”。借此，我们还可以进一步反思整个儒学发展史上的道统观。在笔者看来，牟先生没有充分意识到邵雍的儒家地位与儒学价值，根本原因正在于身处儒家道统观不断狭隘化的流变之中而未能截断众流、返璞归真。

孔子作为儒家学派的开创者，从《论语》一书中孔子盛赞的先圣尧、舜、禹、汤、文、武、周公来看，已然初具道统雏形。身当周文疲敝、礼崩乐坏之际，孔子以效仿周公制礼作乐、拯弊救乱为志，门人弟子也都以“修己以安百姓”为终极理想。尽管孔子已经清晰地意识到三代以下“德”“位”已然剥离，尽管孔子及其门人终其一生都没有实现这个理想，但显然孔子及其门人的道统观乃是典型的“内圣外王”之道，亦即“修德”与“为政”两部分有机结合的成己成人之道。

《孟子》全书最后一章构建了一个“尧、舜、禹、皋陶、汤、伊尹、莱朱、文王、太公望、散宜生、孔子、孟子”②的道统谱系，在这个道统谱系之中，只有孟子终身未仕而抱道自高。因此，虽然孟子强烈追求“王道”、主张施行“仁政”，但从思想史的客观角度来说，儒家的道统观在初始便已经悄然发生了重大改变。正如《宋史·道学传序》所言：“‘道学’之名，古无是也。三代盛时，天子以是道为政教，大臣百官有司以是道为职业，党、庠、术、序师弟子以

① 宋锡同：《邵雍易学与新儒学思想研究》，第275页。

② 参见朱熹撰：《四书章句集注》，第385页。

是道为讲习，四方百姓日用是道而不知。是故盈覆载之间，无一民一物不被是道之泽，以遂其性。于斯时也，道学之名，何自而立哉。文王、周公既没，孔子有德无位，既不能使是道之用渐被斯世，退而与其徒定礼乐，明宪章，删《诗》，修《春秋》，赞《易象》，讨论《坟》、《典》，期使五三圣人之道昭明于无穷。故曰：'夫子贤于尧、舜远矣。'孔子没，曾子独得其传，传之子思，以及孟子，孟子没而无传。两汉而下，儒者之论大道，察焉而弗精，语焉而弗详，异端邪说起而乘之，几至大坏。千有余载，至宋中叶，周敦颐出于舂陵，乃得圣贤不传之学。"[①]事实上，到孟子这里，儒家所尊奉的道统，已经由原本"有德有位"的尧、舜、禹、汤、文王之道，悄然转换成了"德位剥离"的孔孟之道。

我们看到，后世成型的道统谱系，无论是汉代扬雄列出的"伏羲、尧、舜、禹、汤、文、武、周公、孔子、孟子、扬雄"[②]，还是中唐韩愈列出的"孔、孟、扬雄、韩愈"[③]、唐末皮日休列出的"尧、禹、孔子、孟子、荀卿、扬雄、王通、韩愈"[④]，抑或宋初孙复所列的"吾之所为道者，尧、舜、禹、汤、文、武、周公、孔子之道也，孟轲、荀卿、扬雄、王通、韩愈之道也"[⑤]，抑或《宋史·道学传序》所言，儒家的道统观都成了维护学派传承与纯正的一种"思想意识"，淡化了行为实践，强调内圣而轻忽外王。虽然道统谱系中基本都列入了尧、舜、禹、汤、文、武、周公，但真正的重心都落在了孔、孟身上，所以孟子借孔门弟子之口说："宰我曰：'以予观于夫子，贤于尧舜远矣。'子贡曰：'见其礼而知其政，闻其乐而知其德。由百世之后，等百世之王，莫之能违也。自生民以来，未有夫子也。'有若曰：'岂惟民哉？麒麟之于走兽，凤凰之于飞鸟，太山之于丘垤，河海之于行潦，类也。圣人之于民，亦类也。出于其类，拔乎其萃，自生民以来，未有盛于孔子也。'"[⑥]自己总结说："孔子之谓集大成。"[⑦]《宋史·道学传

---

① 脱脱等撰：《宋史》，第12709～12710页。

② 蔡方鹿：《扬雄的道统思想及其在道统史上的地位》，《四川师范大学学报》（社会科学版）2017年第4期。

③ 韩愈《读荀子》中说："以为孔子之徒没，尊圣人者，孟氏而已。晚得杨雄书，益尊信孟氏。因雄书而孟氏益尊，则雄者亦圣人之徒欤。……黄老于汉，其存而醇者，孟轲氏而止耳，杨雄氏而止耳。"《重答张籍书》中说："己之道乃夫子、孟轲、杨雄所传之道也。"（韩愈著，刘真伦、岳珍校注：《韩愈文集汇校笺注》，中华书局2010年版，第111、562页）

④ 叶平：《唐末五代十国时期儒学道统谱系的衍变》，《中州学刊》2017年第5期。

⑤ 孙复：《孙明复小集》，《景印文渊阁四库全书》第1090册，第175页。

⑥ 朱熹撰：《四书章句集注》，第236页。

⑦ 朱熹撰：《四书章句集注》，第320页。

序》也大高唱“夫子贤于尧、舜远矣”。从小便极为仰慕孟子的王安石在35岁时即特撰《夫子贤于尧舜》，虽然初衷可能是为变法思想张目，但也体现了未得相位之前的王安石对圣人“大成万世之法”的极力推崇。《河南程氏遗书》载：“用休问：‘夫子贤于尧、舜，如何？’子曰：‘此是说功。尧、舜治天下，孔子又推尧、舜之道而垂教万世。门人推尊，不得不然。’伯温又问：‘尧、舜，非孔子，其道能传后世否？’曰：‘无孔子，有甚凭据处？’”[①]程颐还进一步明确认为孔子推尊尧舜乃是为了让门人尊道而“不得不然”，并称如果没有孔子，尧舜之道也不可能流传后世。显然，从孟子、王安石、程颐、《宋史·道学传序》可以清晰地看到孔孟之道极力彰显，尧舜之道则逐渐暗淡而成为一种背景乃至摆设。[②] 事实上，《论语》一书中孔子对尧舜禹汤的歌颂，主要是就其“德位相配”的巍巍事功而言，而《孟子》中论及“尧舜”之处，则显然皆为“托物言志”，以尧舜来寄托自己的政治理想罢了。因此，儒家道统观从“周孔之道”到“孔孟之道”的转变，孟子确实难逃“始作俑者”之讥，而自比孟子的韩愈作为其后最为关键的人物，将儒家对道统的传承与担当进一步局限为辟杨墨、抗佛老的“思想卫道士”，不幸的是，后世儒者的道统观竟然都顺着这一转变而渐趋狭隘。

韩愈之前的汉唐，重外王事功的荀子地位高于孟子，而韩愈之后，唐宋以来“孟子升格运动”使孟子地位逐渐高于荀子，直至成为“亚圣”。孟子虽然极重内圣，但终其一生都在不断游说诸侯施行仁政，外王追求也极为迫切。孔孟之道仍然不失“内圣外王”的基本格局，可惜北宋二程等又进一步“褒颜贬孟”，认为堪称“圣人之具体而微”“去圣人只毫发之间”的颜子才是“亚圣”[③]，这样便将“孔孟之道”又悄然转换成了“孔颜之道”。周敦颐教二程

① 程颢、程颐著，王孝鱼点校：《二程集》，第279页。

② 同样，北宋以降，儒者心灵所系，《五经》传统逐渐悄然让位于《四书》传统，偏枯的内圣之道愈演愈烈。

③ 程颢、程颐《河南程氏粹言·圣贤篇》：“颜子具体，顾微耳，在充之而已。孟子生而大全，顾未粹耳，在养之而已。”（程颢、程颐著，王孝鱼点校：《二程集》，第1234页）《河南程氏遗书》卷一二：“颜子曰：‘仰之弥高，钻之弥坚’，则是深知道之无穷也；‘瞻之在前，忽焉在后’，他人见孔子甚远，颜子瞻之，只在前后，但只未在中间尔。若孔子，乃在其中焉，此未达一间者也。”（程颢、程颐著，王孝鱼点校：《二程集》，第136～137页）《河南程氏遗书》卷二上：“孟子之于道，若温淳渊懿，未有如颜子者，于圣人几矣，后世谓之亚圣，容有取焉。”（程颢、程颐著，王孝鱼点校：《二程集》，第21页）《河南程氏遗书》卷一八：“颜子去圣人，只毫发之间。孟子大贤，亚圣之次也。”（程颢、程颐著，王孝鱼点校：《二程集》，第197页）

“每令寻颜子、仲尼乐处，所乐何事”①，《通书》合《易》《庸》而论心性之精微，范仲淹警张载曰：“儒者自有名教可乐，何事于兵。”②因劝读《中庸》而终立横渠四句、民胞物与，显然都是在极力彰显儒家的“内圣之道”。这固然有应对魏晋南北朝隋唐以来佛、老堪称广大而精微的本体论、心性论的理论挑战方面的现实原因，但恐怕最根本的还是儒家道统观的演变，从“尧舜禹汤文武周孔之道”一转而为“孔孟之道”，再转而为“孔颜之道”，北宋以降，最终落实为“周张二程之道”、程朱理学、陆王心学等，由“内圣外王”之全而狭隘化成了偏守“内圣”一隅，儒家理想中“外王政道”半壁江山彻底旁落，以至于在晚明竟然出现了“满街都是圣人”“无事袖手谈心性，临危一死报君王”的极端流弊。其间虽有陈亮、叶适、颜元、李塨等人极力主张发展儒家“外王事功”一面，也势难力挽狂澜，不得已而只能大发愤恨之论：“但以唐、虞、三代之盛，亦数百年而后出一大圣……而出必为天地建平成之业，处亦一年成聚，二年成邑，三年成都，或身教三千以成天下之材，断无有圣人而空生之者。……何独以偏缺微弱，兄于契丹，臣于金、元之宋，前之居汴也，生三四尧、孔，六七禹、颜；后之南渡也，又生三四尧、孔，六七禹、颜？而乃前有数圣贤，上不见一扶危济难之功，下不见一可相可将之材，两手以二帝畀金，以汴京与豫矣！后有数十圣贤，上不见一扶危济难之功，下不见一可相可将之材，两手以少帝付海，以玉玺与元矣！多圣多贤之世，而乃如此乎？噫！”③颜元的痛心疾首固然源于两宋文弱而终受大辱，但也确实足以令当时以及后世天下知识分子警醒。陈亮在与朱熹的王霸义利之辨中大赞汉高唐宗开创霸业、本领宏大的道义仁政，叶适试图以“三代体统”力压孔、孟、《易》、《庸》的“性理之学”，颜元极言宋人居敬穷理之学误人才败天下之事，李塨痛陈空谈性理“学仕不合”“文武不合”，“以致天下鱼烂河决，生民涂毒”，这些说法虽然值得商榷，甚至颇多肤浅、乖妄，这种“事功之学”的流弊之害可能更甚于他们所极力批评的“心性之学”，但我们并不能因此否认陈亮、叶适、颜元、李塨所极力发展的儒家“外王事功”这一维度确实是对程朱陆王之道的纠偏。牟宗三《心体与性体》等著作都严厉批评陈亮、叶适、颜元、李塨之浅妄，然而其所谓“宋明儒学三系说”更由程朱理学、陆王心学的“内圣之学”（知行

① 程颢、程颐著，王孝鱼点校：《二程集》，第 16 页。

② 《宋史・张载传》，转引自张载著，章锡琛点校：《张载集》，第 385 页。

③ 颜元著，王星贤、张芥尘、郭征点校：《颜元集》，中华书局 1987 年版，第 67～68 页。

合一的工夫论)转而为“知性之学”(概念逻辑的知识论),从这个角度来说,他的判教比朱熹还要狭隘得多。虽然牟先生终其一生都在殚精竭思如何由儒家“道统”开出“学统”与“政统”,开出近现代的民主与科学,于是特作《历史哲学》《道德的理想主义》《政道与治道》“新外王三书”来专门探讨如何由“新内圣”开“新外王”,但无论是“良知坎陷说”还是“三统并建说”,抑或“圆善论”“智的直觉”诸论,显然都是“纯知性的学说”,距离孔、孟直接参与政治来实行王道的“内圣外王之道”愈发遥远,“政治实践问题”完全变成了“学理逻辑问题”。

简而言之,周、程以及绝大多数宋明理学家都将主要的精力放到学理上,比如程朱之道与陆王之道在探讨到底应该是“性即理”还是“心即理”。殊不知,这对于孔、颜、孟的“内圣之学”来说根本就不是问题①,他们的“内圣之学”(修己)重视的是如何才能“成外王”(以安人);而周程、程朱、陆王的“内圣之学”重视的却是如何才能“成内圣”(存天理、致良知)。换言之,尧舜之道、周孔之道、孔孟之道是致力于在“现实世界”建构“外王”,而周程之道、程朱之道、陆王之道却致力于在“理论世界”建构“外王”,内圣外王的光明大道越走越狭窄、越走越封闭、越走越灰暗。虽然几乎所有的宋明理学家都有关涉“外王”的论述,其中也不乏像王阳明这样的英雄豪杰事功卓著,但其内圣外王之道终究没能走出这种大格局,扭转这种大颓势。② 正因如此,在近代中国经历了千年未有之大变局时,许多批判儒家的思想者将矛头直接指向了宋明理学,而涌现出来的一批当代新儒家也都必须正面回应如何从“新内圣”开出“新外王”的学理问题,可惜仍然没有脱离宋明理学的窠臼,大多将内圣外王之道当成“理论问题”而非“实践问题”去探讨。张载曾一针见血地说过:“朝廷以道学政术为二事,此正自古之可忧者。”③事实上,这正是整个儒家道统发展过程中最大的忧患,至今主张“三统并建”的牟宗三亦是如此。诚如学者所论:“总之,宋明诸儒虽大肆倡导道统之说,但孔子知其不可而为之、汲汲于救世的精神,已然被演绎成脱离事功、空谈性理的密室修行,

---

① 孟子以心言性、心性才情不作严格的概念区分就是一个典型的表现。

② 诚如熊十力所言:“试以《论》、《孟》与宋儒语录对照,则《论语》句句是存养心性工夫,而确不曾把心性当作一物事来持守。《孟子》便不似圣人神化,渐为宋儒开端。然其文字间,处处见刚明爽快,未至若宋儒死煞。直到宋儒,别有一种意味难说。”(熊十力:《读经示要》,岳麓书社 2013 年版,第 194 页)

③ 张载著,章锡琛点校:《张载集》,第 349 页。

失落了原始儒学的人文精神。……道统与治统的脱钩,继而在道学家们的文字世界或心灵秘悟中焕发容光,正说明原始儒家所具有的对政治的批判和建构及其现实关切和社会担当的特质,已经逐渐消失,其功用也逐渐退化或内缩。”[1]对于宋明诸儒道统观的这种“退化或内缩”的原因,朱汉民先生分析得非常清楚:“考察历史我们会发现,在确立理学正统地位的六百多年间,一直到帝制废除之前,士大夫的道统从没有能力去争取政统的地位,而帝王的政统却一直在统领、吞并道统。到了清代,历朝帝王普遍自诩为道统继承者,完成了政统掌控道统的君师合一。”[2]

在这个反思整个儒家道统观发展历史的大背景之下,我们再来审视邵雍的儒家道统地位,很快便可发现以朱熹、牟宗三的道统标准而导致轻忽邵雍的结果,当然不足成为儒学士子仰慕先贤的“矜式”;也可以清晰看到,邵雍通过“取字尧夫—自比孟子—学为仲尼—再见羲皇”的学术生命不断提纯,进而将自己推入儒家道统的深处,这种度越汉唐、三代、尧舜的儒家道统担当意识与理论自觉[3],与孟子在孔子的基础上将“周孔之道”进一步向上追溯为“尧舜之道”,并由此在“公天下”而非“家天下”的观念中去弘扬一个更加整全的内圣外王之道在精神上可谓一脉相承,当然,与孟子以及宋明诸儒一样,其仍然是“重内圣而轻外王”的精神特质。只是与周、张、二程相比,邵雍熔“易教”“诗教”“春秋教”于一炉的生命境界,高度自信其知行合一、春生化境的羲皇之道“可以辩庶政,可以齐黎民。可以述祖考,可以训子孙。可以尊万乘,可以严三军。可以进讽谏,可以扬功勋。可以移风俗,可以厚人伦。可以美教化,可以和疏亲。可以正夫妇,可以明君臣。可以赞天地,可以感鬼神。……三千有余首,布为天下春”(《诗史吟》)[4],“得吾之绪余,自可致升平”(《诗画吟》)[5]。与周、张、二程极力推崇的“孔颜之道”相比,显然“内

① 甘祥满:《何种“道”?谁之“统”?——儒家道统说的建构与变迁》,《云南大学学报》(社会科学版)2019年第4期。

② 朱汉民:《〈四书〉学整合中的道统与政统》,《社会科学》2019年第9期。

③ 虽然早在邵雍之前,西汉扬雄、唐末林慎思、宋初石介等人都已经将儒家道统从尧上溯到了伏羲、黄帝,但只有邵雍才以“自比羲皇”出入造化的方式,真正将儒家这一道统源头最为清晰而具体地呈现出来。

④ 邵雍著,郭彧整理:《邵雍集》,第483~484页。

⑤ 邵雍著,郭彧整理:《邵雍集》,第483页。

圣”“外王”两方面更为整全，具有更强的政教合一的实践性，并且以洪荒时代的“羲皇之道”为内圣外王之道的源头，其外王精神明显比孟子等人以及事功学派所力倡的“周孔之道”“尧舜之道”更加原生态。换言之，在孟子以来历代儒者以及同时代周、张、二程等其他儒者的道统观都越来越狭隘而偏安内圣一隅，犹如滚滚长江顺流而下、往而不返之时，邵雍却以汪洋浩大而又纯一不杂的内圣外王之道逆流而上、返本开新，不仅度越同时代的周、张、二程，而且度越了儒家的实际创始人孔子与孟子。殊为可惜的是，他以整个学术生涯与圆熟生命境界力图呈现出来的这个更加整全、更加圆融的内圣外王之道，在当时与后世的道统论中都没能引起足够的重视，自然也未能阻止儒家的格局与气象变得越来越小的坠落之势。

从编排体例看卫湜《大学集说》的主要内容

张兴

摘要：《大学集说》内容丰富，对于研究《大学》文本在汉宋时期的思想发展演变，尤其是两宋时期的思想发展演变具有无可替代的文献价值。《大学集说》的内容主要包括两个方面：一是对篇名的解题，二是对经文的解义。其编排体例比较独特，可以从四个方面来看其具体内容：一是采用汉唐学者对《大学》文本段落的划分；二是先列经文，后列解义；三是首列汉唐之《郑注》《孔疏》；四是以时代的先后顺序排列两宋诸家解义，这样的排列顺序有利于读者考察历代儒者解义的前后因革。

关键词：卫湜　《大学集说》　体例　内容

一、卫湜与《礼记集说》

卫湜，字正叔，自号栎斋，吴郡人，亦称平江府昆山（今江苏昆山）人，生活于宋宁宗、理宗时代。其父为卫季敏，其兄为状元卫泾（1159～1226）。卫湜好古博学，屡次辞去官职。其家藏书甚富，叶适曾经作《栎斋藏书记》一文，

本文系山东省社会科学规划人文社会科学基础理论研究专项“《大学集说》整理与研究”（23CRWJ13）阶段性成果。

张兴，山东社会科学院国际儒学研究院副研究员，主要从事中国哲学、儒家思想史研究。

称卫湜“酷嗜书，山聚林列，起栎斋以藏之”[1]，后世学者因之称其为栎斋先生。

《礼记集说》开始撰写于开禧、嘉定年间，前后经历二十余年方才告成。1225 年，魏了翁曾为其作《礼记集说序》。1226 年，卫湜亲自撰写《礼记集说序》及《礼记集说后序》，详细叙述了编撰此书的始末，并在十月将其进呈给朝廷，此后又花费九年时间对其进行相应的修改。

顾名思义，《礼记集说》是卫湜所编辑整理的关于历代主要《礼记》解说的合集。此书所采集的解说，从汉代郑玄的注、唐代孔颖达的疏开始，一直到南宋当时学者的注解，总计一百四十四家。还有部分书籍是涉及《礼记》而并非专门解《礼记》的。也就是说，卫湜《礼记集说》的来源广泛，至少包含四方面。《礼记集说》载：“以上解义，唯严陵方氏、庐陵胡氏始末全备，自余多不过二十篇，或三数篇，或一二篇，或因讲说仅十数章，其他如语录，如文集，凡有及于《礼》经、可以开晓后学者，裒辑编次，粗已详尽。”[2]首先，涉及《礼记》全篇者。如方悫的《礼记解义》、胡铨的《礼记传》。其次，涉及《礼记》部分篇章者。这些解说都会部分涉及《礼记》的篇章，多的可能会涉及二十篇，少的可能会涉及几篇或者一两篇，甚至还有一些是某些篇中相关章节的解说。再次，涉及《礼记》相关解说的语录、文集、杂说、群经讲论等。这部分内容中，只要是能开导学者，使之明白事理的解说，卫湜都按照一定的顺序将其汇集编辑在一起。最后，还有部分涉及礼制的著作。《礼记》一书包含着大量的礼仪制度，其中最重要的便是丧礼，故此卫湜将唐代杜佑《通典》中探讨丧制的内容一并汇编在《礼记集说》之中。

应该说，卫湜在编纂《礼记集说》时相当谨慎，并不是所有与《礼记》相关的解说都会被选用，那些承袭旧说、勉强比附的就会被舍之不用，典型如夏休的《破礼记》。

卫湜搜罗整理编辑《礼记集说》的功绩颇钜，如《四库全书总目》称：“今自郑《注》、孔《疏》而外，原书无一存者。朱彝尊《经义考》采摭最为繁富，而不知其书与不知其人者，凡四十九家，皆赖此书以传。亦可云礼家之渊海

① 叶适著，刘公纯等点校：《叶适集》，中华书局 2010 年版，第 199 页。

② 卫湜：《集说名氏》，《礼记集说》，《景印文渊阁四库全书》第 117 册，（台北）台湾商务印书馆 1986 年版，第 16 页。

矣。"[1]四库馆臣对其评价极高,将其看作"礼家之渊海",其最大的功绩便是保存了两宋以来主要儒者对于《礼记》的注解。对于许多早已亡佚的儒者解说,《礼记集说》具有唯一传承的重要作用。

《礼记集说》在宋代成书之后,曾经刊刻过一次,但此书已亡佚。卫湜曾花费九年对其进行删补,并于宋嘉熙四年(1240)在新定郡斋予以重刻,此本至今尚存,现藏于中国国家图书馆,《中华再造善本》据此加以影印。根据王锷先生《三礼研究论著提要》一书的考证,除宋嘉熙刊刻本之外,《礼记集说》还有影写宋刊本、明抄本四种、《通志堂经解》本、文渊阁《四库全书》本及旧抄本、高丽本、摛藻堂《四库荟要》本等。其中较有名者属宋嘉熙四年新定郡斋刻本、《通志堂经解》本、文渊阁《四库全书》本以及摛藻堂《四库荟要》本。

《礼记集说》正文一百六十卷,卷一四九至卷一五三为《大学集说》部分,这是至今为止学者所能见到的保存汉唐至两宋儒者阐释《大学》篇最集中的篇目。卫湜撰《大学集说》征引了汉唐、两宋诸儒共三十九家解义,这些解义主要包括两方面的内容:一是对《大学》篇名的解题,二是对《大学》经文的解义。下面笔者就来仔细考察一下《大学集说》的具体内容、编排体例及特点。

二、《大学集说》的篇名解题

东汉末年的郑玄对《礼记》四十九篇分别作了解题,在对《大学》篇名进行解题时,郑玄云:

> 名曰《大学》者,以其记博学可以为政也。此于《别录》属《通论》。[2]

郑玄认为,《大学》一书,主要是记载通过博学可以为政,这在西汉刘向《别录》一书之中属于通论部分。可以看出,郑玄对于《大学》篇题的理解重点在于"为政"。这对于后人正确理解《大学》篇的主旨具有十分重要的参考价值。唐代孔颖达所撰写的《礼记正义》沿用了郑玄的解题,并作了进一步的深化。《礼记正义》曰:

> 此《大学》之篇,论学成之事,能治其国,章明其德于天下,却本明德

① 卫湜撰:《礼记集说·提要》,《景印文渊阁四库全书》第117册,第1～2页。

② 郑玄注,孔颖达疏:《礼记正义》,上海古籍出版社2008年版,第2236页。

所由先从诚意为始。[①]

孔颖达在郑玄"博学"的基础上进一步推论，认为《大学》这篇文章是在论述学成之事，学成之后能够治理其国家，事实上即是将郑玄所理解的"可以为政"理解为能治理其国家，彰明其明德于天下。在这种推论的基础上强调"明德"的重要性，并认为"明德"首先是从"诚意"开始的，凸显了治国、明德所需要的"诚意"的重要性。

宋代学者对《礼记》各篇篇名及主旨也多有发明，其中对郑玄、孔颖达的解题有继承的成分，也有修正之处。卫湜征引了汉唐和宋代各家对《大学》篇题所进行的注解，从而使人们能从各种不同的视角对《大学》篇题主旨有较为全面的把握。

在对《大学》篇题进行解说时，卫湜征引了孔颖达、二程、吕大临、杨时、司马光、朱熹、陆九渊七家的观点，现将卫湜所征引诸家之说罗列于下：

> 孔氏曰：案郑《目录》云，名曰《大学》者，以其记博学可以为政也。此于《别录》属通论。[②]

孔氏即唐代学者孔颖达。孔颖达说，按照郑玄《三礼目录》的相关记载，《大学》这篇文章就是记载博学可以为政的，这在刘向的《别录》之中属于通论部分。卫湜此段引文与笔者在上文所列举的《礼记正义》的内容是一致的。需要指出的是，目前学者所能看到的郑玄《大学注》主要保存在孔颖达的《大学正义》之中。故此，也可以认为，卫湜所征引的郑玄与孔颖达的解说主要来自孔颖达的《礼记正义》。

> 河南程氏曰：《大学》乃孔子遗书。须从此学，则不差。(《或问》)伊川先生曰：初学如何？曰：初学入德之门无如《大学》者。今之学者，赖有此篇书存，其他莫如《论》《孟》。[③]

卫湜所说的"河南程氏"即程颢、程颐两兄弟。根据历史的记载，程颢、程颐在中国思想史上首次明确提出《大学》是孔子的遗书，在此之前是没有学者明确提出来的。正是因为《大学》是孔子的遗书，所以学者从这本书开始学

---

① 郑玄注，孔颖达疏：《礼记正义》，第2236页。

② 卫湜：《礼记集说》卷一四九，《景印文渊阁四库全书》第120册，第567页。

③ 卫湜：《礼记集说》卷一四九，《景印文渊阁四库全书》第120册，第567页。

习就不会出现差错了。“伊川先生”指程颐。程颐(1033～1107),字正叔,世居中山,后徙河南府洛阳(今河南洛阳),世称伊川先生,北宋理学家、教育家,程颢之胞弟。

程颐问:“对于初学的学者而言,究竟应该如何学习呢?”回答说:“对于初学的学者来说,进入圣德之门的话,没有哪篇文章是能够超过《大学》的。对于当今的学者而言,正是有赖于《大学》这篇文章(才能顺利进入圣德之门),而其他进入圣德之门的书籍也没有能够超越《论语》《孟子》的。”由此可见,程颐对于《大学》主旨的理解主要包含两个方面:一个是认为《大学》是孔子的遗书,确定了《大学》的作者归属问题;另一个是认为《大学》是进入圣德之门的最佳途径,对学者修德进德有着重要的指导意义。

蓝田吕氏则说:

> 《大学》之书,圣人所以教人之大者,其序如此。……诬罔圣人,欺惑愚众,皆大学不传之故也。①

蓝田吕氏对于《大学》篇题的解说内容较多。吕氏认为,《大学》是圣人教化人最重要的工具,有着必然的顺序,不能随意越过。古代之学分为小学与大学,小学教育人艺与行,大学教育人德与道。古代之教化,必须由小学进而到大学,按照顺序而来,若不如此,就不能成德,不能成道,会出现“不及乎大学”与“过乎大学”的情况。此外,吕氏还指出了《大学》不传的原因所在,即对秦汉之弊与杨、墨、庄、老之道的批评。需要指出的是,吕氏认为“过乎大学者”正是“道之所以不明且不行”的原因,而此正引用了《中庸》“子曰:‘道之不行也,我知之矣,知者过之,愚者不及也;道之不明也,我知之矣,贤者过之,不肖者不及也。人莫不饮食也,鲜能知味也。’子曰:‘道其不行矣夫’”②来解说《大学》。由此也可以看出,吕氏是有明显引用《中庸》文本诠解《大学》之处的。

杨时则说:

> 延平杨氏曰:《大学》一篇,圣学之门户。……又曰:“《大学》之书,其圣学之门乎?不由其门而欲望其堂奥,非余之所知也。”③

---

① 卫湜:《礼记集说》卷一四九,《景印文渊阁四库全书》第120册,第567～568页。

② 朱熹撰:《四书章句集注》,中华书局1983年版,第19页。

③ 卫湜:《礼记集说》卷一四九,《景印文渊阁四库全书》第120册,第568页。

“延平杨氏”即延平杨时，朱子曾经求学于杨时。杨时承袭了二程先生的观点，亦认为《大学》是圣学之门户，这同样是引用《中庸》的观点来注解《大学》，此外还引用孔子、子思、孟子等人的话语来注解《大学》。

司马光则说：

> 涑水司马氏曰：“夫离章、断句、解疑、释结，此学之小者也。正心、修身、齐家、治国以至盛德著明于天下，此学之大者也，故曰《大学》。”①

“涑水司马氏”即北宋著名的政治家司马光。司马光与蓝田吕氏的分类方法有着相似之处，都将《大学》理解为“学之大者”，而“学之大者”的内容则包含正心、修身、齐家、治国、盛德著明于天下等。但是，二者对于“小学”的理解则存在明显的不同。

在司马光之后，卫湜大量引用朱子的解说来诠释《大学》的篇题，如：

> 新安朱氏曰：《大学》之书，古之大学所以教人之法也。……极知僭逾，无所逃罪，然国家化民成俗之意、学者修己治人之方，则未必无小补云。②

卫湜此处引用了朱子《〈大学章句〉序》的全部内容，限于篇幅，此处只保留了开始与最后一段的引文。朱子认为，《大学》的主要内容就是古代的大学教育人的方法，其思想主旨就是“学者修己治人之方”。笔者曾在《经学视野下的〈大学〉学史研究》一书中指出：“朱熹《大学》是学者的‘修己治人’之学。”③详情请参考此书第四章节。

除此之外，卫湜还引用了朱子的以下两句观点来解说《大学》主旨。

> 又曰：圣人作《大学》，便要使人皆入于圣贤之域。又曰：学者须是为己，圣人教人只在大学第一句“明明德”上。④

这两句话表明，朱子认为《大学》亦是圣人所作，其目的都是要使学者进入圣贤境界。显然，朱子这两句话承袭的是二程与杨时的观点。

与朱子同时代的陆九渊则说：

---

① 卫湜：《礼记集说》卷一四九，《景印文渊阁四库全书》第120册，第568页。

② 卫湜：《礼记集说》卷一四九，《景印文渊阁四库全书》第120册，第568～569页。

③ 张兴：《经学视野下的〈大学〉学史研究》，中国社会科学出版社2019年版，第250页。

④ 卫湜：《礼记集说》卷一四九，《景印文渊阁四库全书》第120册，第569～570页。

> 象山陆氏曰：此言《大学》指归。欲明明德于天下是入大学标的，格物致知是下手处，《中庸》言博学、审问、慎思、明辨，是格物之方。①

“象山陆氏”即陆九渊。陆九渊认为，明明德于天下是进入大学学习的目的，而其真正的下手之处就是格物致知。而格物致知的具体方法就是《中庸》中所说的“博学、审问、慎思、明辨”。由此来看，陆九渊亦曾引《中庸》来注解《大学》。

综上所述，卫湜对诸家观点的罗列，使汉宋诸儒对《大学》篇的解题非常清晰地呈现在读者面前。由于各家是从不同的角度对篇名、篇旨予以解释，通过阅读卫湜所征引的诸家解题，读者就可以全面掌握前人的研究状况，并在此基础之上提出自己的观点。可以看出，历代儒者对于《大学》主旨的理解基本可以分为四类：一是汉唐儒者多从“为政”的角度注解《大学》，二是以二程、杨时、朱子为主的宋代理学家侧重于从孔子作《大学》、《大学》为初学者入圣德之门的角度来理解《大学》，三是以蓝田吕氏、司马光为主的学者主张从“学之大者”的角度来理解《大学》，四是以陆九渊为主的心学学者侧重于从“明明德”与“格物致知”的角度来理解《大学》。这些学者还有一个较为显著的特点，那就是普遍引用《中庸》的相关文本来注解《大学》篇题。

三、《大学集说》的编排体例

《大学集说》的编排体例不同于以往的注疏以及诠释，较为独特，可以从以下四个方面来具体分析。

（一）采用汉唐学者对《大学》文本段落的划分方式

众所周知，历代学者对于《大学》文本段落的划分是不太一致的，对于个别段落的排列亦有不同，比较著名的有《礼记·大学》篇的顺序、朱子《大学章句》篇的顺序。朱子对于《大学》文本的划分就是其经典的经文一章，传文十章，同时在传文五章补格物致知传。从选用的章节来看，卫湜的《大学集说》选择了《礼记·大学》篇作为自己的原始文本，这当然与其将《大学》放在《礼记》一书之中进行集合解说有着密切的关系。同时，卫湜将《大学》划分为十八段不同的文本，而这也从侧面展现出他对于《大学》文本的理解。其具体的章节划分如下：

---

① 卫湜：《礼记集说》卷一四九，《景印文渊阁四库全书》第120册，第570页。

第一章：从“大学之道，在明明德”到“知所先后，则近道矣”。

第二章：从“古之欲明明德于天下者，先治其国”到“其本乱而末治者否矣，其所厚者薄，而其所薄者厚，未之有也！此谓知本，此谓知之至也”。在朱子的理解中，“此谓知本，此谓知之至也”属于传文之五章，不应当出现在这里。朱子说：“此谓知本，程子曰：‘衍文也。’此谓知之至也。此句之上别有阙文，此特其结语耳。”[①]即朱子承袭了程子的观点，认为“此谓知本”就是“旧本颇有错简”[②]中的“衍文”。而“此谓知之至也”即朱子所理解的“格物致知传”的结语，是《大学》文本所存在的阙文。

第一章与第二章合在一起即朱子所理解的经文一章，是“孔子之言，而曾子述之”[③]。

第三章：从“所谓诚其意者”到“富润屋，德润身，心广体胖，故君子必诚其意”。这在朱子的理解之中属于传文之六章，是用来阐释“诚意”的。

第四章：从“《诗》云：瞻彼淇澳，菉竹猗猗”到“君子贤其贤而亲其亲，小人乐其乐而利其利，此以没世不忘也”。

第五章：从“《康诰》曰：克明德”到“是故君子无所不用其极”。这是卫湜所理解的《大学》文本中的第五章，而朱子则将这一章分为两章，即从“《康诰》曰：克明德”到“皆自明也”为传文之首章，认为这是用来诠释“明明德”思想的，而从“汤之盘铭曰：苟日新”到“是故君子无所不用其极”为传文之二章，认为这是用来诠释“新民”的。

第六章：从“《诗》云：邦畿千里，惟民所止”到“与国人交，止于信”。这是卫湜所理解的《大学》文本中的第六章，而朱子则将这一章放在卫湜所理解的第四章的前面，两者共同构成了传文之三章，并认为这是用来诠释“止于至善”的。

从卫湜的划分而言，这是他自己所理解的《大学》文本之前六章，而从朱子的划分而言，卫湜所理解的这六章《大学》内容则包括了经文一章、传文前三章，即对明明德、新民、止于至善的诠释，传文五章、六章，即对格物致知、诚意的诠释。而孔颖达《大学正义》只是将《大学》文本划分为上下两部分，卫湜所理解的这六章即孔颖达所认为的第一部分内容，而卫湜所理解的剩

---

① 朱熹撰：《四书章句集注》，第 6 页。

② 朱熹撰：《四书章句集注》，第 4 页。

③ 朱熹撰：《四书章句集注》，第 4 页。

下的十二章即孔颖达所认为的第二部分内容。

根据孔颖达对于其第一部分内容的注解，其主要认为《大学》首先提出了“大学之道”即“在明明德，在亲民，在止于至善”。而第一部分的主要内容是用来诠释“明明德”的，而“明明德”的关键又在于“诚意”。孔颖达认为《大学》文本的第一部分花费了大量篇幅来诠释“诚意”，也可以将其理解为第一部分主要是用来诠释“诚意”的。

根据孔颖达对于第二部分内容的注解，其对于《大学》文本的诠释主要集中在“修身、齐家、治国、平天下”方面，即“亲民”的方面。笔者在《经学视野下的〈大学〉学史研究》一书中曾提出：

> 孔颖达所疏解的“大学之道”其核心集中在两个方面，一方面是个人的“德”，即我们现在所说的“道德”之“德”；另一方面是为政者的“仁德之政”。个人彰显自己之光明之德、为政者之亲爱于民之“仁政之德”都处于至极美善之境界，这就是“大学之道”。而孔颖达对于“道德”之“德”的诠释集中在“诚意之道”上，认为这是“大学之道”根本中的根本。而对于“仁政之德”的诠释集中在了为政者“为政”上，认为这是“大学之道”中“亲民”的关键所在。①

第七章：“子曰：‘听讼，吾犹人也。必也使无讼乎！’无情者不得尽其辞。大畏民志，此谓知本。”这是卫湜所理解的《大学》文本中的第七章，而朱子认为这一段文本属于传文之四章，是用来诠释“本末”的。朱子说“此章旧本误在‘止于信’下”②，按照《礼记·大学》篇的顺序，第七章文字的确原来在“与国人交，止于信”之下。

第八章：从“所谓修身在正其心者”到“此谓修身在正其心”。这是卫湜所理解的《大学》文本中的第八章，而朱子认为这一段文本属于传文之七章，是用来诠释“正心诚意”的。朱子说：“此亦承上章以起下章。盖意诚则真无恶而实有善矣，所以能存是心以检其身。然或但知诚意，而不能密察此心之存否，则又无以直内而修身也。自此以下，并以旧文为正。”③朱子此处所说的“承上章”实际上是其所划分的传文之六章，是用来诠释“诚意”的。其意

① 张兴：《经学视野下的〈大学〉学史研究》，第249页。

② 朱熹撰：《四书章句集注》，第6页。

③ 朱熹撰：《四书章句集注》，第8页。

思是此章承上章诚意而来，以此来正心修身。朱子在对其作出解释之后，又说了从这一章之后，即从正心诚意章之后，剩余的三章——修身齐家章、齐家治国章、治国平天下章都跟《礼记·大学》篇的原文与顺序是一样的。

第九章：从“所谓齐其家在修其身者”到“此谓身不修不可以齐其家”。这是卫湜所理解的《大学》文本中的第九章，而朱子认为这一段文本属于传文之八章，是用来诠释“修身齐家”的。

第十章：从“所谓治国必先齐其家者”到“此谓治国在齐其家”。这是卫湜所理解的《大学》文本中的第十章，而朱子认为这一段文本属于传文之九章，是用来诠释“齐家治国”的。

第十一章：从“所谓平天下在治其国者”到“道得众则得国，失众则失国”。

第十二章：从“是故君子先慎乎德”到“货悖而入者，亦悖而出”。

第十三章：从“《康诰》曰：惟命不于常”到“亡人无以为宝，仁亲以为宝”。

第十四章：从“《秦誓》曰：若有一个臣”到“此谓唯仁人为能爱人，能恶人”。

第十五章：从“见贤而不能举，举而不能先”到“忠信以得之，骄泰以失之”。

第十六章：从“生财有大道，生之者众”到“未有府库财非其财者也”。

第十七章：从“孟献子曰”到“此谓国不以利为利，以义为利也”。

第十八章：从“长国家而务财用者”到“此谓国不以利为利，以义为利也”。

这是卫湜所理解的《大学》文本中的第十一章至第十八章，而朱子认为这一段文本属于传文之十章，是用来诠释“治国平天下”的。朱子说：“此章之义，务在与民同好恶而不专其利，皆推广絜矩之意也。能如是，则亲贤乐利各得其所，而天下平矣。”①朱子的这段注解，是在前面《大学》章节为学者修己治人的基础上所推导的国家化民成俗之观点，应该说这是《大学》文本本身就具有的为政者治民思想，这几乎占据《大学》全文三分之一篇幅的内容，并不好处理，原因就在于这部分内容几乎都是在讲为政者如何亲爱于民，如何维护国家的良好统治，与朱子所理解的“学者修己治人之方”有着较大的差别，朱子索性就在《〈大学章句〉序》中加入“于国家化民成俗之意、学者修己治人之方，则未必无小补云”②。如果仔细推演的话，学者能修己，但修己之后未必就能有其位，若无其位也就只能做到修己，即使是能得居其位，根据郑玄、孔颖达的理解，为政者所指的主要是国君与大臣，跟朱子所理

① 朱熹撰：《四书章句集注》，第 13 页。

② 朱熹撰：《四书章句集注》，第 2 页。

解的学者有着较大的差别。因此，朱子对于传文的八、九、十章，即修身齐家、齐家治国、治国平天下章只能是按照旧本的顺序来处理，“自此以下，并以旧文为正”①。

以上就是卫湜所理解的《大学》文本顺序，即以《礼记·大学》本之顺序作为正宗。虽然在宋代已经有了蓝田吕氏、二程、朱子的《大学》改本，但难能可贵的是，卫湜并没有采用宋代学者的修改版本，而是保持了《礼记·大学》篇的原貌，就像其在《礼记集说·后序》中所说的那样：“他人著书，惟恐不出于己。予之此编，惟恐不出于人。后有达者，毋袭此编所已言，没前人之善也。”②

（二）先列经文，后列解义

卫湜《大学集说》在征引诸家解题内容后，另起一行，顶格先附一段《大学》经文，之后再另起一行，低一格罗列诸家对经文的解义，并以“某氏曰”字样引出解义的内容。引用第二家解义时，又另起一行，仿照第一家的格式予以征引。这样的格式，使读者对《集说》所征引各家的内容一目了然。

下面，笔者以《大学集说》中的一段征引解说来具体看下《大学集说》的编排体例。如在解说《大学》文本“子曰：听讼，吾犹人也。必也使无讼乎？无情者不得尽其辞，大畏民志。此谓知本”一章时，卫湜首先将要解说的这一段《大学》文本附在最前面，之后再逐次罗列各家对这段文本的解说，即以“某氏曰”的开头引出所征引的解说内容。先列经文，后列解义的体例特征贯穿于整个《大学集说》文本，这样做的好处就是，读者能够一眼看出各家对同一段文本不同的理解和阐释。

（三）首列汉唐之《郑注》《孔疏》

汉代郑玄的《礼记注》和唐代孔颖达的《礼记正义》为《礼记》汉学的最高成就。卫湜对这两家注解十分重视，在罗列了一段《礼记》经文之后，先列出郑玄的《大学注》，再列出孔颖达的《大学正义》，对郑玄《大学注》和孔颖达《大学正义》的重视体现在整本《大学集说》中。

虽然卫湜生活于南宋，但是其并没有刻意忽略汉唐学者对于《大学》文本的阐释。通观《大学集说》，卫湜在罗列《大学》文本之后，首先征引的就是郑玄的《大学注》与孔颖达的《大学正义》。如：

---

① 朱熹撰：《四书章句集注》，第 8 页。

② 转引自卫湜撰，杨少涵校理：《中庸集说》，漓江出版社 2011 年版，第 356 页。

郑氏曰：情，犹实也。无实者多虚诞之辞。圣人之听讼与人同耳，必使民无实者不敢尽其辞。大畏其心志，使诚其意不敢讼。本，谓诚其意也。

孔氏曰：无情者以下，记者释夫子之意也。①

郑玄认为，“无情者”中的“情”字就如同“实”字一样。没有实情的人说话时往往会说许多荒诞无稽的话语。圣人在听理诉讼的时候与别人是一样的，必定要使那些没有实情的民众害怕说出其荒诞无稽的话语。非常敬畏自己的意志，使之精诚其意志而不敢于付诸诉讼。“知本”之“本”就是指要诚其意。郑玄的这段注文，是要突出圣人知民志，圣人要使民知其心志，圣人要使民诚其意，让民众自己知道荒诞无稽的话语并非自己的意志，从而不敢主动付诸诉讼。这就是从诉讼发生的根源去处理诉讼，而不是具体地处理诉讼中的一件事情，尤其是将听讼提高到了“诚其意”的思想高度。圣人要使民诚其意，尤为难能可贵。

孔颖达认为，“无情者不得尽其辞”以下的内容，是《大学》的记录者用来诠释孔子之意的。卫湜只征引了孔颖达《大学正义》的这一句话，明显没有将孔颖达疏解《大学》文本精华的部分征引出来，这不能不说是一件憾事。孔颖达在《大学正义》中说：

“子曰‘听讼，吾犹人也’。”此一经广明诚意之事，言圣人不惟自诚己意，亦服民使诚意也。孔子称断狱犹如常人，无以异也。言吾与常人同也。②

孔颖达认为，孔子听讼这一段经文依然是在广泛地阐明诚意之事，在说圣人不仅要做到自诚己意，也要顺服民众，使民众也能自诚己意。孔子说自己在审理判决案件的时候跟普通人是一样的，没有什么特别之处。这是说孔子和普通人都是相同的。孔颖达阐释这段经文的重点在于孔子不仅能自诚己意，而且能使民自诚己意。要知道能自诚己意已经不容易，还要顺服民众，使民众也能自诚己意，这就非常不容易了。即使孔子说自己跟普通人是一样的，但做到了使民诚其意，正说明了孔子不同于常人之处，亦是孔子之所以为圣人之处。卫湜所征引的“无情者以下，记者释夫子之意也”，只是孔颖

① 卫湜：《礼记集说》卷一五一，《景印文渊阁四库全书》第 120 册，第 623 页。

② 郑玄注，孔颖达疏：《礼记正义》，第 2255 页。

达《大学正义》中对“无情者不得尽其辞，大畏民志”一句的诠释，且不完整。孔颖达在《大学正义》中说：

“大畏民志”者，大能畏胁民人之志。……但用意精诚，求其情伪，所以使无讼也。①

卫湜所征引的“无情者以下，记者释夫子之意也”并非孔颖达《大学正义》的原文，其原文是“记者释夫子无讼之事”。“夫子之意”不可谓之错，当是卫湜对孔颖达《大学正义》的总结，但是不如“夫子无讼之事”更为具体，且跟前文中的“圣人不惟自诚己意，亦服民使诚意也”相呼应。由此亦可以看出，虽然标榜自己尽可能地体现出经文本来之面貌，但限于篇幅，卫湜之征引依然会出现引文不全面以及阙漏之处。故此，在阅读卫湜《大学集说》时，若能参考相关引文的作者原文，效果会更好、更全面一些。

(四)以时代的先后顺序排列两宋诸家解义

卫湜以时代的先后顺序排列两宋诸家解义，有利于读者考察历代儒者解义的前后因革。首先便是二程两位先生：

河南程氏曰：或问：“此谓‘知本’，止说‘听讼吾犹人也，必也使无讼乎？无情者不得尽其辞，大畏民志，何也？’”先生曰：“且举此一事，其它皆要知本，听讼则必使无讼是本也。”②

有人问伊川先生：“《大学》文本中说‘此谓知本’，却只是说听讼吾犹人也，这究竟是为什么呢？”伊川先生回答说：“且列举听讼这一件事情，其他的事情也要像听讼一样，都要知本。听讼之时，则必要使其无讼，是知本也。”根据《二程集》的记载，“或问”原文为“又问”，“此谓‘知本’”原文为“《大学》知本”③，语出自《河南程氏遗书》卷二二上《伊川先生语八上》。虽有个别文字与原文不一致，但其整体意思保持一致。

此外，引张载说：

横渠张氏曰：大畏民志，大畏服其民志，使民诚服，犹神武而不杀也。……此则三不欺，圣人皆有之，爱则不忍，明则不能，威则不敢。④

① 郑玄注，孔颖达疏：《礼记正义》，第2255页。

② 卫湜：《礼记集说》卷一五一，《景印文渊阁四库全书》第120册，第623页。

③ 程颢、程颐著，王孝鱼点校：《二程集》，中华书局1981年版，第280页。

④ 卫湜：《礼记集说》卷一五一，《景印文渊阁四库全书》第120册，第623页。

“横渠张氏”即张载。张载说：“大畏民志，非常惧怕而服从其民意，使民众诚其意而服从，就像是英明威武的帝王而不去杀人。声威与德行一直显著，那么民众自己就会畏服。无情者不敢尽其辞，是说知道过错必定要改正，这是不可能避免的，没有任何商量的余地，因此才会产生无讼。这就是所谓的‘三不欺’，圣人都具有这三不欺，爱则不忍欺，明则不能欺，威则不敢欺。”应该说，张载的这种诠释是比较特殊的，其诠释的重点并不在于圣人的诚意，而在于圣人所具有的“三不欺”原则，突出了圣人之爱、明、威的功效。

此外，引清江刘氏说：

> 清江刘氏曰：听讼能判曲直，岂不为美？然而圣人之意，以无讼为先者，贵息争于未形也。①

清江刘氏则认为，听理诉讼能够判断是非曲直，难道不是一件美好的事情吗？但圣人之意是，使民众不再将诉讼作为首要追求目标，而是在未显现之际就停止争论。清江刘氏诠释的重点在于圣人能“息争于未形”，这是其所理解的“必也使无讼”的关键所在。

> 延平周氏曰：圣人听讼与人同，使无实之人不得尽其辞则异。②

延平周氏则认为，在听讼方面，圣人与常人无异，而在使无实之人不能尽竭其虚诞之辞方面则与常人不同。而据孔颖达《大学正义》的说法，孔子异于常人之处在于“能使无讼”。相较于延平周氏的“无实之人不得尽其辞”，孔颖达所说的“能使无讼”的诠释会更加合理一些。

> 严陵方氏曰：子路之折狱，不及孔子之无讼。……《易》于《讼》言：有孚窒，盖谓是矣。③

严陵方氏认为，子路判决诉讼案件，远远不及孔子的无讼。《诗·国风·召南》所说的“听讼”，远远不及《诗·国风·周南》所说的“无犯”，而这正是圣人与贤人之间的区别。诉讼，正是因为诉讼双方言辞的实伪尚未分辨，对于那些没有实情的人，如果不让他们尽竭虚诞之辞，那又怎么会出现诉讼呢？若不是非常畏惧民人之志，自然不能达到这种境界。《易·讼卦》讲：诚信被

---

① 卫湜：《礼记集说》卷一五一，《景印文渊阁四库全书》第120册，第623页。

② 卫湜：《礼记集说》卷一五一，《景印文渊阁四库全书》第120册，第623页。

③ 卫湜：《礼记集说》卷一五一，《景印文渊阁四库全书》第120册，第623页。

窒息，大概说的就是这个。严陵方氏对于这段《大学》文本的注释有着独特的见解，其分别引用了《论语》《诗·国风·召南》《诗·国风·周南》《易·讼卦》来诠释孔子贵“无讼”，并将其看作圣人与贤人之间的区别。

> 马氏曰：诚其意则使民心服，不可得而欺矣。大畏民志者，心服之谓也。①

马氏认为，孔子自诚其意就能使民众心悦诚服，如果做不到诚其意就有可能被欺骗。“非常畏惧民人之志者”，心悦诚服指的就是这个。马氏强调，孔子要诚其意以使民心服，主要还是强调孔子作为圣人能够精诚其意。

> 蓝田吕氏曰：孔子上好信，则民莫敢不用情。故诚其意则使民服，民不得而欺矣。大畏民志者，心服之谓也。中心悦而诚服，如七十子之服仲尼。虽巧言如簧，苟无其实，为天下所不容，此无情者所以不得尽其辞而可使无讼，是谓诚意之效，故曰知本。②

蓝田吕氏认为，孔子说上位者喜好信，则民众就没有不用其情的。此语来自《论语·子路》“上好礼，则民莫敢不敬；上好义，则民莫敢不服；上好信，则民莫敢不用情”③。紧接着，蓝田吕氏使用了跟前文中马氏一样的语言来阐释孔子诚其意而使民心悦诚服。民众内心喜悦而诚心顺服，就像七十子之顺服孔子。即使有人巧言如簧，但若无实情，便不会被天下所容。这些没有实情的人，因此不能极尽虚诞无实之辞，即可使民众无讼，这些都是在强调诚意之效果，因此说是知本。蓝田吕氏跟前文的马氏一样，都认为这段文本是在强调孔子能诚其意而使民心服无讼，只不过蓝田吕氏进一步强调了知本主要是指诚意。

卫湜征引了朱子《大学章句》《大学或问》的内容。如：

> 新安朱氏曰：此传之四章。释本末。犹人，不异于人也。情，实也。引夫子之言，而言圣人能使无实之人不敢尽其虚诞之辞。盖我之明德既明，自然有以畏服民之心志，故讼不待听而自无也。观于此言，可以知本末之先后矣。④

---

① 卫湜：《礼记集说》卷一五一，《景印文渊阁四库全书》第120册，第623页。

② 卫湜：《礼记集说》卷一五一，《景印文渊阁四库全书》第120册，第623页。

③ 朱熹撰：《四书章句集注》，第142页。

④ 卫湜：《礼记集说》卷一五一，《景印文渊阁四库全书》第120册，第623～624页。

卫湜此处对于朱子解说的征引即来自朱子的《大学章句》。朱子认为，犹人，是指孔子不异于常人。情，当理解为“实”，这跟郑玄对“情”字的注解一致，是对郑玄注解的承袭。引用孔子的言语来讲，圣人能使无实情之人不敢极尽其虚诞之辞。郑玄说“情，犹实也。无实者多虚诞之辞”[①]，可以说，朱子此处的“虚诞之辞”亦承袭了郑玄的观点。到此为止，朱子的注解还与汉唐学者的注解保持着较高的一致性。但接下来，朱子对于此段文字的注解不仅与汉唐学者存在较大差异，而且与两宋时期的学者亦存在着极为明显的差距。

朱子认为，我的明德已经明了之后，自然而然就有了畏惧顺服民人之心志，故此诉讼不用听理自然就没有了。细察孔子之言，就可以知道本末的顺序了。很明显，朱子所理解的“无讼”顺序应当为学者明明德—畏服民志—讼不待听—无讼；而郑玄与孔颖达所理解的“无讼”顺序则为圣人自诚己意—服民使诚意—畏胁民志—民不敢讼—无讼。

这里面的区别主要有两点。其一，所谓的“知本”，按照朱子的理解，应该是以“明明德”为本为先，“无讼”为末为后；而按照孔颖达等人的理解，应该是以“诚其意”为本为先，“无讼”为末为后，此“诚其意”既指圣人诚其意，亦指使民诚其意，两者都是本。其二，关于“听讼”，朱子认为只要能明明德，有了畏服民人之心志，不用听理诉讼，诉讼就自己消失了，这明显是朱子的一厢情愿；而孔颖达等人则认为听理诉讼还是有必要的，即使是孔子在听理诉讼的时候也是跟常人一样的，“听讼之时备两造，吾听与人无殊”，[②]通过圣人的“用意精诚，求其情伪”，最终达到“使无理之人不敢争讼”而无讼的境界。

之所以会出现这样的差别，笔者认为最重要的原因在于孔颖达与朱子对《大学》文本章节划分的不同。笔者在前文中提到，卫湜所划分的前六章，在孔颖达看来，都是用来解释“明明德”之“诚意”的。而第七章即“孔子听讼”章居于中间位置，承上启下，既是用来解释“诚意”的，也是用来解释“亲民”的，从孔颖达所疏解的具体文字而言，他明显认为解释“诚意”多一些。这也就较为合理地解释了为什么孔颖达在疏解孔子听讼之时要着重强调圣人既要自诚己意，又要使民诚其意了。

---

① 郑玄注，孔颖达疏：《礼记正义》，第 2249 页。

② 郑玄注，孔颖达疏：《礼记正义》，第 2255 页。

而在朱子《大学章句》中,"孔子听讼"章是用来"释本末"的,是传文之四章,而前面的三章分别是释明明德、释新民、释止于至善,后三章分别是释格物致知、释诚意、释正心修身。朱子经常说到"明德为本,新民为末",使民无讼亦是新民的具体所在,而"明明德"才是"新民"之本,故此朱子认为"明明德"然后才能使民无讼的注解,才最符合其对《大学》章节的划分。由于下文有专门的章节来释诚意,如果朱子此处采用郑孔的说法,那么其所划分的诚意章就没有存在的价值。

跟朱子一系的二程、张载、延平周氏、严陵方氏等学者在疏解孔子听讼之时分别从知本、三不欺原则、圣人与常人之同异、圣人与贤人之区别等角度进行诠释,既没有从诚意的角度进行诠释,也没有从朱子所理解的"明明德"的角度进行诠释。由此可见,即使在宋明理学内部,朱子的观点也是非常独特的。而宋代的学者马氏、蓝田吕氏则重点从"诚其意"的角度进行诠释,虽不如孔颖达的诠释合理与精妙,但毫无疑问都将其跟"诚意"放在一起进行注解。

除了征引朱子的《大学章句》,卫湜还征引了朱子的《大学或问》,如:

> 曰:然则听讼无讼,于明德新民之义,何所当也?曰:圣人德盛仁熟,所自明者,皆极天下之至善,故能大有以畏服其民之心志,而使之不敢尽其无实之辞,是以虽其听讼无以异于众人,而自无讼之可听,盖己德既明,而民德自新,则得其本之明效也。或不能然,而欲区区于分争辨讼之间,以求新民之效,其亦末矣。此传者释经之意也。[①]

在《大学或问》中,有学生问朱子:听讼与无讼,跟您所说的明德、新民之义,有什么必然的联系吗?朱子的学生也觉得听讼跟"明明德""新民"之间的联系不大,故此会有这么一问。朱子回答说:由于圣人本身就具有盛极成熟的仁德,是自明明德者,已经达到了天下的至善,故此才能拥有使民众畏惧顺服的心志,从而使民众不敢极尽他们的无实情之虚诞言辞。因此,圣人虽然在听理诉讼之时没有什么是异于常人的,但是可以自然而然地做到没有诉讼而听理。大概就是圣人自己已经明其明德,而使民众之德自新,就是得到了其本的明效。而有的人不能做到这些,只是想在纷争辩论之中进行区别比较,以此追求新民之效果,这就是追求末了。这正是作传的人诠释经文的

① 卫湜:《礼记集说》卷一五一,《景印文渊阁四库全书》第120册,第624页。

意思所在。《大学或问》中的这段对话，跟笔者在前文提到的朱子以“明德为本，新民为末”的观点可以说是一致的，可以当作对《大学章句》解说的补充。

事实上，卫湜此处所征引的《大学或问》并不完整，少征引了前后两段文字，这两段文字是朱子在解释变更《礼记·大学》原文之顺序以及“不论终始”的原因，如：

> 或问：听讼一章，郑本元在“止于信”之后，“正心修身”之前，程子又进而置之经文之下，“此谓知之至也”之上，子不之从，而置之于此，何也？曰：以传之结语考之，则其为释本末之义可知矣。以经之本文参之，则其当属于此可见矣。二家之说，有未安者，故不得而从也。[①]

有人问朱子，孔子听讼这一章，按照郑玄的注本应该在“与国人交，止于信”[②]的后面，“所谓修身在正其心者”[③]的前面，程子又将孔子听讼这一章放置在了经文的后面，“此谓知之至也”的上面，这两种顺序您都不认可，而是将其放在了这里，究竟是为什么呢？朱子回答说：根据传文的结语来考察的话，这段文字应当为解释本末的意思，这个应该是可以推断出来的。根据经文之本文来参考的话，这段文字应当属于此处，也是可以推断出来的。郑玄与程子的说法，有不合适的地方，故此不能够依照他们的顺序来。朱子给出了不按照郑玄、程子顺序安排此段文字的原因，但是仍旧稍显牵强。

此外，朱子在《大学或问》中说：

> 曰：然则其不论夫终始者，何也？曰：古人释经，取其大略，未必如是之屑屑也。且此章之下，有阙文焉，又安知其非本有而并失之也耶？[④]

有人问朱子：“孔子听讼这一章，您说是释本末的，但是它却没有论述终始这个问题，究竟是什么原因呢？”朱子回答说：“古人在诠释经文之时，一般都是论述经文大概之意，不可能做到面面俱到。而且这传文之四章下面是存在阙文的，你又怎么会知道这并不是其本来之面貌而是后来一起丢失的呢？”朱子所说的“有阙文焉”就是“此谓知本，程子曰：‘衍文也。’此谓知之至也。

---

① 朱熹著，朱杰人、严佐之、刘永翔主编：《朱子全书》第 6 册，上海古籍出版社、安徽教育出版社 2002 年，第 521 页。

② 郑玄注，孔颖达疏：《礼记正义》，第 2239 页。

③ 郑玄注，孔颖达疏：《礼记正义》，第 2249 页。

④ 朱熹著，朱杰人、严佐之、刘永翔主编：《朱子全书》第 6 册，第 521～522 页。

此句之上别有阙文，此特其结语耳”[①]。正是因为朱子认为此处有“阙文”，故此补充了格物致知传。朱子说：“右传之五章，盖释格物、致知之义，而今亡矣。此章旧本通下章，误在经文之下。间尝窃取程子之意以补之。”[②]

> 新定邵氏曰：民生有欲，群居则竞，民之不能无讼也，久矣。……傥得邦家，则绥来动和，使民无讼，尚奚难哉？[③]

新定邵氏认为，民众自从出生就有欲望，群居就会有竞争，彼此之间不可能没有诉讼，长久以来都是如此。新定邵氏指明了民众之间产生诉讼的必然性。打官司的事情，会让人产生怀疑，会使人迷惑，诉讼也不是容易听理和考察的。新定邵氏指明了诉讼是难以听察的，即诉讼是很难得到有效处理的。如果有能力裁决明审这些诉讼，使那些狡猾之徒无所遁形，使善良的民众一吐心中的恶气，那么就足以为政治国。然而由于人们的实情与虚伪是无穷无尽的，自己的精力又非常有限，与其分别牵引其中的争斗，花费时间听理判决，不如和顺团结，相安无事。虞芮两国有人曾因争地兴讼，到周求西伯姬昌评断，但等他们看到了礼让的风俗，羞愧踌躇而不忍心去争了，如此就显现出文王道化的美好。

《大学》文本所说的“大畏民志”，难道一定是要通过严刑峻法让民众畏惧害怕，从而不敢去争讼吗？大概是因为民众所潜在的羞愧之心在起作用，一旦稍微犯点过错，就感觉无处安放自己的身体，《中庸》文本中所说的“不用发怒，老百姓就会像看到刀斧刑具一样畏惧”即是如此。《中庸》文本事实上是在说，为什么君子不用发怒，老百姓就很敬畏他呢？其实是君子用自身的道德感化了老百姓，对老百姓产生了潜移默化的作用。孔子要在鲁国做司寇（司寇的职责是追捕盗贼，依法诛戮有罪的大臣等），而沈犹氏一类的民众在孔子到来之前就熄灭了欺诈之心而改变了自己的行为，这正是因为孔子的德行声望一直以来都非常高，能够有效畏服民众之心志。如果可以管理邦国和家族，那么安抚远来之人使其变得和谐，使民众之间没有诉讼，又有什么难的呢？

综合新定邵氏的这段注解，他首先指明了诉讼产生的必然性以及听理

---

① 朱熹撰：《四书章句集注》，第 6 页。

② 朱熹撰：《四书章句集注》，第 6～7 页。

③ 卫湜：《礼记集说》卷一五一，《景印文渊阁四库全书》第 120 册，第 624 页。

诉讼的困难性，然后指出若能处理好听讼问题，也就能做好为政之事，紧接着列举了虞芮质成之事来展现文王道化以及民众的羞愧之心所起之作用，以此展现君子自身道德感化百姓的原理，最后以孔子出仕鲁国，欺诈之人息心变行结束，以上都在强调圣人或者君子自身道德感化胜于严刑峻法。可以说，新定邵氏的注解善于陈述事实，举例子，强调圣人或君子自身道德的感化作用，而没有像汉唐学者或者宋明学者那样将诠释的重点放在“诚意”与“明明德”上，跳出了《大学》文本与历代注疏的藩篱，自成一家。

从此段《大学集说》的征引可以看出，卫湜首先列一段《大学》经文，然后罗列诸家关于此段经文的解义。而对诸家解义的罗列，则是先列出郑玄《大学注》，再列出孔颖达《大学正义》，最后以时间顺序排列两宋诸家解义，这样有利于读者考察历代儒者解义之发展流变。在此段《大学集说》的征引中，卫湜总计征引了十一家儒者的解说，其中汉代、唐代各一例，剩下的主要是两宋时期解《大学》的儒者，包括二程、张载、吕大临、朱子等，基本囊括了两宋时期主要的儒学大家。

综上所述，《大学集说》的内容主要包括两个方面：一是对篇名的解题，二是对经文的解义。其编排体例比较独特，可以从四个方面来看其具体内容：一是采用汉唐学者对《大学》文本段落的划分方式；二是先列经文，后列解义；三是首列汉唐之《郑注》《孔疏》；四是以时代的先后顺序排列两宋诸家解义，这样的排列顺序有利于读者考察历代儒者解义的前后因革。

恽皋闻与颜李学派

——以《大学正业》为中心

黄湛

摘要：恽皋闻是颜李学派的主要成员，《大学正业》是恽氏唯一一部传世著述。此书以古本《大学》为依据，强调“三纲八目”逐节工夫。于格物、致知从颜李实学和阳明心学，解释诚意、正心、修身等问题，则在程朱理学、阳明心学的基础上做出修正。在接受颜李学礼乐习行思想和阳明“致良知”学说的同时，恽皋闻在心性践履上亦重视朱熹学说，讲未发之时的涵养主静工夫。其治学一方面是传统理学与颜李学融合的结果，另一方面也代表了清初以降，颜李学与其他学术形态交互作用下的一种发展趋势。

关键词：恽皋闻　《大学正业》　颜李学派　主静

颜李学派是明清儒学转型时期批判理学、倡导实学的代表①，相关研究一般集中在颜元(号习斋，1635～1704)、李塨(号恕谷，1659～1733)二人。被颜氏后学视为学派第三号人物、引导颜李学南传的恽皋闻，几乎消失于研究视野。②

黄湛，江苏大学文学院讲师，主要从事学术思想史、经学研究。

① 明清实学，区别于宋明理学家所讲“实学”。依据葛荣晋的界定，明清实学的基本特征是“崇实黜虚”，鄙弃空谈心性，在社会和文化领域提倡“崇实”，如“实体”“实践”“实行”“实事”“实风”等。按照内容分类，主要可分为实体实学、经世实学、质测实学、考据实学、启蒙实学等等，其中经世实学乃是主流。参见葛荣晋：《中国实学导论》，陈鼓应、辛冠杰、葛荣晋主编：《明清实学思潮史》，齐鲁书社1989年版，第3～24页。

② 冯辰、刘调赞：《李恕谷先生年谱》，陈山榜、邓子平主编：《颜李学派文库》第四册，河北教育出版社2009年版，第1354～1355页。

恽鹤生(1662～1741),字皋闻,号诚翁,江苏武进(今常州)人,康熙四十七年(1708)举人。据李塨《年谱》所载皋闻书信的自述,其一生治学几经变化:早年治举业,30 岁后略染佛氏之说,治学宗阳明心学,喜观阳明、王艮、罗汝芳诸家书。后又转向程朱理学,尤其服膺朱熹关于"主静"的论述。[①] 皋闻长居武进乡里,从游访至此地的毛乾乾(号心易)、谢廷逸(字野臣)口中,听闻北方有颜李学,虽心向往之,却因家境贫困无力北上,事遂作罢。逮至康熙五十三年(1714),皋闻 52 岁时,友人浦文焯拣选蠡县县令,聘其为塾师,才有机会前往蠡县拜谒李恕谷。皋闻于恕谷处得观颜习斋《存学编》《存性编》等书,"知孔孟之真,自有在也",遂自称私淑弟子,改从颜氏学。晚年南归,任金坛教谕,以实学为倡,从游问学者甚众。[②] 逗留北方期间,皋闻与恕谷多有往来,论经谈道,演习礼乐,是传承颜学道路上的同志挚友。皋闻南还之日,恕谷欣然言"颜习斋先生之道有传矣"[③],即以南传其道寄予厚望。同时又不免怅然若失,有"皋闻去,学益孤矣"[④]之叹。雍正七年(1729)四月,恕谷弟子共立"道传祠"于"习斋学舍",皋闻位列仅次于颜、李。《道传祠记》辞曰:"习斋之学,一传而得先生(笔者按:指李恕谷),再传而得恽皋闻。"[⑤]从中亦足见恕谷对皋闻作为颜氏学继承者的认可和重视。

恽氏著述大都于咸丰年间散佚,据笔者所见,其书传于今者有《恽氏家乘》卷二〇中收录的 26 篇文章,及诗歌声律方面的《续辑艮庭公全唐试律类笺声调谱》。[⑥] 此外,国家图书馆(古籍馆)藏有民国元年(1912)武进恽氏宗

---

① 皋闻叙述自己从阳明学转入朱子学的经过说:"见世俗专尊程朱,因取而观之,见其言近于笃实,而亦自悔从前妄诞之非,尤服膺'主静'二字,以为圣贤的旨,而深愧未能也。"(冯辰、刘调赞:《李恕谷先生年谱》,陈山榜、邓子平主编:《颜李学派文库》第四册,第 1329 页)

② 恽氏生平记述,参见戴望:《颜氏学记》,陈山榜、邓子平主编:《颜李学派文库》第五册,第 1577～1578 页。

③ 李塨:《送恽皋闻序》,《恕谷后集》,陈山榜、邓子平主编:《颜李学派文库》第三册,第 721 页。

④ 冯辰、刘调赞:《李恕谷先生年谱》,陈山榜、邓子平主编:《颜李学派文库》第四册,第 1334 页。

⑤ 刘调赞:《道传祠记》,李塨:《恕谷后集》,陈山榜、邓子平主编:《颜李学派文库》第三册,第 842 页。

⑥ 恽祖祁等纂:《恽氏家乘》,国家图书馆藏民国六年(1917)光裕堂刻本,第 8～57 页。

祠藏板《大学正业》[1]，乃是疏解《大学》之作。

《大学》一书为颜习斋、李恕谷格外重视，是颜李学派学术理论建构的重要根据。如颜元称："《大学》首四句，吾奉为古圣真传。"[2]《存性编》中有专论"明明德"篇，《存学编》中有专论"明亲"篇。李恕谷《大学辨业》则是专门针对《大学》文本的重新阐释。针对恽皋闻《大学正业》的研究，一方面应将《正业》置于颜李学体系内，与颜、李《大学》诠释或颜、李其他论说进行比较，见其异同；另一方面还应留意明清之际注解《大学》的风气，以及理学、注经交融的学术环境，对恽皋闻学术思想的影响。有鉴于此，本文以恽皋闻《大学正业》一书为中心，重点分析他对"三纲领""八条目"的解释。此外，还将联系其理学渊源和践履体认工夫，及其与李恕谷论学时的分歧，进一步考察皋闻与颜李学的复杂关系。

一、《大学正业》的成书、体例及原则

《大学正业》初稿作成于乾隆二年(1737)，后略有增订，终稿大致完成于乾隆四年(1739)。[3] 关于皋闻从接触到尊信古本《大学》的始末，《大学正业自序》所述甚详。据《自序》记载，皋闻自幼接受举业教育，而世俗讲章均以朱熹《大学章句》为范本。直到8岁时，关中大儒李颙(二曲)讲学于常州延陵书院，皋闻的父亲匪庵公参与会讲，有人与其父谈及阳明用古本《大学》公案，皋闻由此首次听闻古本《大学》的存在，方知朱子《大学章句》是更定本，而《大学》实是"《礼记》中一篇，自有古本在"。当时皋闻正在学习《礼记》第五《王制》篇，便迫不及待地往后翻寻《大学》篇，希望比较古本《大学》与朱熹改本有何不同，却发现自己所用的俗刻本竟将《大学》原文删去，篇目之下只标注"朱子《章句》"。由于四书已收录《大学》《中庸》，五经之中的《礼记》便不再收录。直到19岁时，皋闻始从家藏汲古阁《十三经注疏》本《礼记》中看到古本《大学》。当时皋闻虽然质疑朱熹改本所补《格致传》和改动"此谓知

① 此书尚未得到学界重视，相关研究只有高青莲、王竹波《恽鹤生与颜李学派考略》一文。该文据恽氏门人于虞龙所作《大学正业跋》，仅就《大学正业》作概括性的介绍。详见高青莲、王竹波：《恽鹤生与颜李学派考略》，《华南师范大学学报》(社会科学版)2008年第6期。

② 颜元：《存学编》，陈山榜、邓子平主编：《颜李学派文库》第一册，第43页。

③ 《大学正业》"引证"部分皋闻所按语，最迟一条作于"乾隆己未元旦"，即乾隆四年(1739)。详见恽鹤生：《大学正业》，国家图书馆藏民国元年(1912)武进恽氏宗祠刻本，第6页。

本"等做法，但此种"离经畔道"的言论旋即遭到同学的严厉斥责，皋闻亦"自悔失言"，不复过问。他真正留意并开始研习古本《大学》全文，是在40岁结交同郡学人顾秉信后。读顾氏所著《古本大学义》有所启悟，"因退取少时所钞《大学古本》读之，愈有神味"，自著《论说》数条（又名"古本大学说"），即今传《大学正业》中"古本大学条说"部分的前身。

康熙五十三年（1714），皋闻前往蠡县拜谒李塨。两人相见后畅谈三日夜，恕谷赠予《大学辨业》等书，皋闻亦以《古本大学说》相示，两人尊信古本《大学》、不取朱熹改本的态度若合符节。当时恕谷正在纂辑《大学传注》，随即采纳恽氏说相合者录入此书。[①] 皋闻日后撰写《大学正业》，亦多引及李说。皋闻晚年南归任金坛教谕，获阅当地名士王澍《大学还经商语》。王氏因同样尊信古本，被皋闻引为同道。《大学正业》的成书，即"取前所著《论说》，参以王、李两先生之言重订之，并采先正之言有合者辑成"[②]。"正业"之名取自《礼记·学记》"大学之教也。时教必有正业"。皋闻指出，初学者应把《大学》作为治学门径，真正的大学之道就保存在古本《大学》原本的文字中。他在版本上反对各种形式的改本。至于阳明首倡以来，以尊古本相号召的《大学》注本，尤为皋闻所推重。

《大学正业》全书首列《自序》，次为凡例、古本《大学》正文、正业节解，后附皋闻门人于虞龙跋文，再次附条说、引证，书末有民国时期皋闻六世族孙恽彦彬所作跋文（见图1）。该书所列古本正文，乃是依据明末学人吴麟瑞（号思王）所作标注本，其中于重要文字有○、□、△等符号标识（见图2）。正业节解是对《大学》文本各章节的疏解，除恽氏个人观点外，还广引汉唐注疏、朱子、阳明及明清之际学人经解。

---

① 今传本《大学传注》引用恽皋闻语仅有两条。其一在篇首讲《大学》宗旨，论"格物"之"物"为"乡三物"，引恽氏说曰："篇内所谓格物，即此三物也。"其二释"汤之盘铭"节，引恽氏说曰："自新新民，而至于新命。天人上下焕然一新，所谓'明明德于天下也'。"（李塨：《大学传注》，国家图书馆古籍馆藏1923年四存学会本，第1、6页）

② 恽鹤生：《〈大学正业〉自序》，《大学正业》，第1～2页。

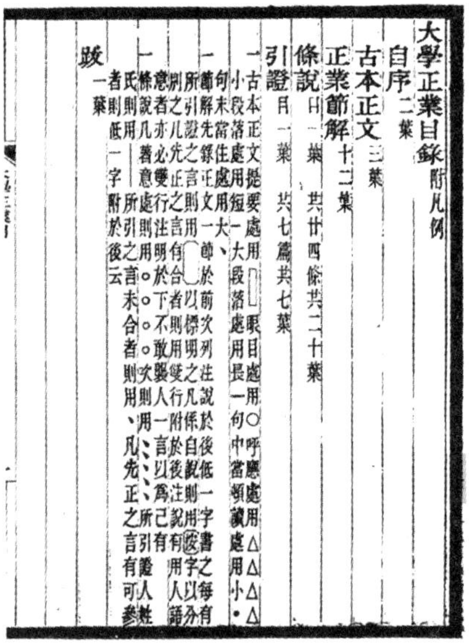

大學正業目錄 附凡例
自序 二葉
古本正文 三葉
正業節解 十二葉
條說 目一葉 共廿四條共二十葉
引證 目一葉 共七篇共七葉
一 古本正文提要處用〔〕眼目處用○呼應處用△△△△
小段落處用短一大段落處用長一句中當頓讀處用小•
句末當住處用、
一 節解先錄正文一大節於前次列注說於後低一字書之每有
所引證之言則用〔〕以標明之凡係自叙則用(案)字以分
別之凡先正之言有合者則用雙行附於後注說有用人語
意者亦必雙行注明於下不敢襲人一言以為己有
一 條說凡著意處則用。。。。次則用、、、、、所引遺人姓
氏則用丨所引之言未合者則用、凡先正之言有可參
者則低一字附於後云
跋 一葉

图 1 《大学正业》目录

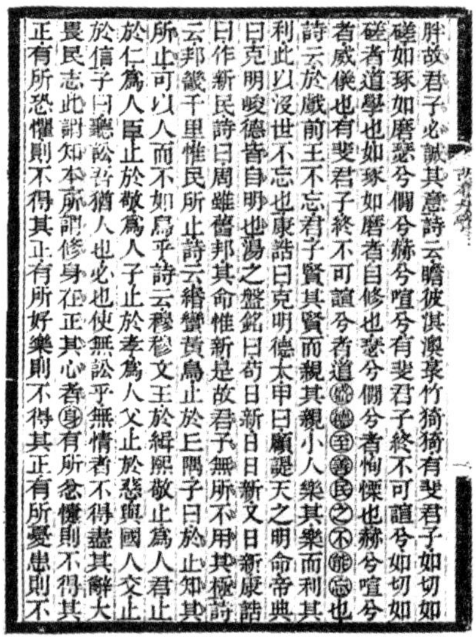

胖故君子必誠其意詩云瞻彼淇澳菉竹猗猗有斐君子如切如
磋如琢如磨瑟兮僩兮赫兮喧兮有斐君子終不可諠兮如切如
磋者道學也如琢如磨者自修也瑟兮僩兮者恂慄也赫兮喧兮
者威儀也有斐君子終不可諠兮者道盛德至善民之不能忘也
詩云於戲前王不忘君子賢其賢而親其親小人樂其樂而利其
利此以沒世不忘也康誥曰克明德太甲曰顧諟天之明命帝典
曰克明峻德皆自明也湯之盤銘曰苟日新日日新又日新康誥
曰作新民詩曰周雖舊邦其命惟新是故君子無所不用其極詩
云邦畿千里惟民所止詩云緡蠻黃鳥止於丘隅子曰於止知其
所止可以人而不如鳥乎詩云穆穆文王於緝熙敬止為人君止
於仁為人臣止於敬為人子止於孝為人父止於慈與國人交止
於信子曰聽訟吾猶人也必也使無訟乎無情者不得盡其辭大
畏民志此謂知本所謂修身在正其心者身有所忿懥則不得其
正有所恐懼則不得其正有所好樂則不得其正有所憂患則不

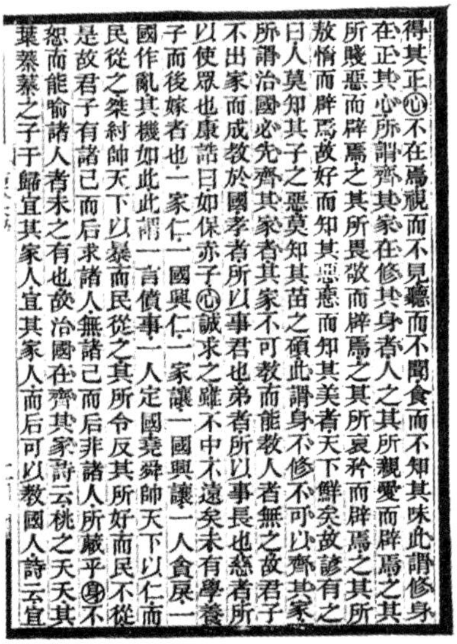

得其正心不在焉視而不見聽而不聞食而不知其味此謂修身
在正其心所謂齊其家在修其身者人之其所親愛而辟焉之其
所賤惡而辟焉之其所畏敬而辟焉之其所哀矜而辟焉之其所
敖惰而辟焉故好而知其惡惡而知其美者天下鮮矣故諺有之
曰人莫知其子之惡莫知其苗之碩此謂身不修不可以齊其家
所謂治國必先齊其家者其家不可教而能教人者無之故君子
不出家而成教於國孝者所以事君也弟者所以事長也慈者所
以使眾也康誥曰如保赤子心誠求之雖不中不遠矣未有學養
子而後嫁者也一家仁一國興仁一家讓一國興讓一人貪戾一
國作亂其機如此此謂一言僨事一人定國堯舜帥天下以仁而
民從之桀紂帥天下以暴而民從之其所令反其所好而民不從
是故君子有諸己而后求諸人無諸己而后非諸人所藏乎身不
恕而能喻諸人者未之有也故治國在齊其家詩云桃之夭夭其
葉蓁蓁之子于歸宜其家人宜其家人而后可以教國人詩云宜

图 2 《大学正业》古本《大学》正文之圈点

“条说”共 24 条，是就《大学》字词文义所作的进一步疏解。各条目如下：

1	大学(二条附一条)	2	在亲民(附一条)
3	知止(一条)	4	物有本末(三条附一条)
5	明明德于天下	6	格物(附四条)
7	自天子以至于庶人(附一条)	8	此谓知本此谓知之至也(附一条)
9	诚意	10	如恶恶臭如好好色(附一条)
11	自谦	12	慎独
13	辟	14	平天下(附一条)
15	絜矩	16	有人此有土
17	命也	18	忠信骄泰(附一条)
19	彼为善之小人	20	财用用人
21	大学中庸之旨(二条)	22	大学中庸不当别出(二条)
23	治经不宜改字	24	文

“引证”部分(见图 3)包括王阳明，及明末钱一本、吴麟瑞，清初顾秉信、李光地、王澍诸家著作的自序，另外还有胡渭为李塨《大学辨业》所作题辞。所引诸家中，尊主古本《大学》者无不以阳明为前导，皋闻自不例外。钱一本籍贯武进，吴麟瑞曾做常州推官，通过此层关系，恽氏作为当地望族，家中藏有钱、吴二书自不难理解。顾秉信、李塨、王澍三人为皋闻相与交游者，皋闻因此得阅三家著述。李光地是康熙朝理学名臣，其《大学古本说》一书则是皋闻从同郡友人蒋汾功处所得家藏刻本。

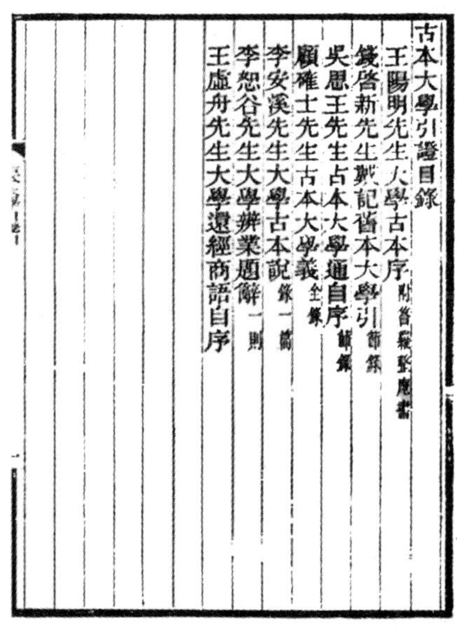
古本大學引證目錄
王陽明先生大學古本序 附答羅整庵書
錢啓新先生黽記舊本大學引 節錄
吳思王先生古本大學通自序 節錄
顧確士先生古本大學義 全錄
李安溪先生大學古本說 錄一篇
李恕谷先生大學辨業題辭 一則
王虛舟先生大學遺經商語自序

图 3 《大学正业》古本大学引证目录

各篇“引证”文字后，又附有皋闻对各序文作者及主旨的按语。“引证”文字及按语，主要表达皋闻尊古本的观点，亦即《大学正业》一书的著述原则和旨趣。如“引证”部分于引王阳明《大学古本序》全文及节录《答罗整庵书》后，谓“阳明先生讲《古本大学》，俗士无识以为创，而不知乃因孔门相传之旧也。又以为奇而不知，乃复乎本经原文之正也。阳明格物之说颇创颇奇，而此《序》特以‘诚意’为言者，以朱子移易章句，从‘所谓诚其意者’起也。善哉！俾万世学者知学问之大端，开读书之正眼，先生之功亦巨矣哉！”[①]尤其明显者在于，为李恕谷《大学辨业》作题辞者甚多，“颜习斋、万季野、阎百诗诸先生序而题之者，凡十余篇”[②]。而皋闻唯独选用胡渭的题辞，原因在于作序者“俱重‘格物’解”，只有胡渭强调以古本《大学》为底本，因此为皋闻所重视。

其中，所引钱一本《戴记旧本大学引》属于例外。钱氏鉴于当时《大学》改本甚多，嘱意翻刻古本。他仍像其他改本一样分列经传，在经文之后，又将传文分为“诚意”“正修”“修齐”“弃治”“治平”五部分。因此恽皋闻批评钱氏改本“未能净脱窠臼”[③]，即针对他未能忠实古本而言。尽管如此，钱氏之书仍被纳入《大学正业》，原因在于，此书“所采时贤之说颇备”，即收录不少晚明学人的观点，具有重要的文献价值。钱书今不传于世，据皋闻记录，钱氏征引者至少有瞿汝稷、管志道、许孚远、吴晋明、邹元标、孙慎行、万以中、章潢、高攀龙、耿橘、钱大复、顾宪成、顾允成、王时槐、曾凤仪、李开泰、冯从吾、张舜典、吴仲清[④]，其中多为钱氏的东林同志，或与其有交集者。以上诸家注释《大学》的文字大都散佚，正是由于《大学正业》的引用，今人方可略见一二。不仅如此，《正业》一书重点征引的钱一本、吴麟瑞、顾秉信、王澍四家，也是同样的情况。这正是《大学正业》一书文献价值之所在。

皋闻以尊古本为治《大学》的基本原则，并形容北宋以来人人据自家改本为说，充斥着“攘窃纵横，斗辩纷纷”[⑤]的乱象，这种情况直至清初仍未停息。他还批评俗本《礼记》因应科举考试删去《大学》正文，破坏经书原貌，主

① 恽鹤生:《大学正业·引证》，第 2 页。
② 恽鹤生:《大学正业·引证》，第 6 页。
③ 恽鹤生:《大学正业·引证》，第 2～3 页。
④ 恽鹤生:《大学正业·条说》，第 2 页。
⑤ 恽鹤生:《大学正业·条说》，第 1～2 页。

张把《大学》放回《礼记》中讨论。① 明清之际，经学考证风气兴盛，不乏让《大学》《中庸》回归《礼记》的呼声②，皋闻此种观点正符合当时的潮流。在文本内容上，皋闻针对朱熹的改易和注解提出批评，认为古本《大学》既不须另补《格致传》，亦无错简或衍文，同时强调治经不宜改字，如程朱改“亲民”为“新民”，郑玄以“自谦”之“谦”为“慊”字等，均为不妥，于《正业》中依本字作解。③ 皋闻自觉将自己尊古本的渊源上溯至王阳明，在义理上却对阳明“知行合一”“致良知”学说多有批评，更多地采纳了朱熹和颜李学说的观点。④

《大学》一篇有“三纲八目”之分，“三纲”即明明德、亲民、止至善，“八目”即格物、致知、诚意、正心、修身、齐家、治国、平天下。中晚明士人流行透过改订和诠释《大学》，围绕“三纲八目”建立自己的学说宗旨。⑤ 皋闻《大学正业》一书也应该放入这一学术潮流加以审视。其论《大学》宗旨，以“修身”为枢纽，作为联系内圣外王的中心。他说：“举一修身，而外之家、国、天下，愈推而愈广焉；内之心、意、知，愈进而愈密焉，明德、亲民、止至善之事皆统焉。”又指出，“壹是皆以修身为本”是《大学》整篇的“提要之言”，“一言‘修身’，无所不举”⑥，但这只是从文本结构和叙述策略来谈。实际上，皋闻反对从“三纲八目”的一二概念中，提取凝练出某种概括性的学术宗旨。他说：“物格、知至之后，为诚、为正、为修、为齐、为治、为平，节节有事实，有工夫。”⑦在疏解各纲目时，他反复强调逐节自有逐节的工夫，讲学者须重视治学进路的先后次序，不可轻视或跳过任何一节，求取简便或颠倒本末。清初程朱学者陆陇其批评《大学》立宗旨的乱象时，曾总结朱熹不立宗旨的主张：

---

① 恽鹤生：《大学正业·条说》，第 17～18 页。

② 明清之际古学复兴，礼学、经学备受重视，如陈确、王夫之等不少学人提倡《大学》《中庸》应从“四书体系”回归《礼记》所属的“五经体系”。详见石立善：《〈大学〉〈中庸〉重返〈礼记〉的历程及其经典地位的下降》，《国学学刊》2012 年第 3 期；黄湛：《调和与分歧：清中叶考证学风下的〈大学〉诠释》，邓秉元主编：《新经学》第七辑，上海人民出版社 2021 年版，第 232～253 页。

③ 恽鹤生：《大学正业·条说》，第 18～19 页。

④ 据黄进兴考察，清初学人尊古本《大学》的立场渐趋一致，但义理上仍是各尊所闻。详见黄进兴：《优入圣域：权力、信仰与正当性》，陕西师范大学出版社 1998 年版，第 420 页。可知皋闻对《大学》的研究也符合这一特点。

⑤ 参见刘勇：《中晚明士人的讲学活动与学派建构——以李材（1529～1607）为中心的研究》，商务印书馆 2015 年版，第 8 页。

⑥ 恽鹤生：《大学正业·条说》，第 9～10 页。

⑦ 恽鹤生：《大学正业》，第 3 页。

“朱子欲分为三、为八，诸家则欲合为一。以分为支离，以合为易简，而圣人立言之旨，汩没久矣。故今讲此书者，只要晓得序不可乱，功不可缺，便知一切牵合宗旨都是乱道。”①由此可见，皋闻尊奉古本《大学》源自阳明，重视各节工夫则更近朱熹。

下面就《大学正业》疏解中最能体现皋闻学术思想特点的格物、致知、诚意、正心、修身五者，分别予以讨论。

二、格物：乡三物与絜矩之道

“格物”是历来研究《大学》的争议所在。皋闻对朱熹训“格”为“至”没有异议，但反对将“物”说成是“天下之物”，以及以格物为“穷至事物之理”。②皋闻认为如此则格物的对象过于广泛，不免让虚理取代实事实物，会生出蹈虚黜实的流弊。在这个问题上，皋闻完全认同颜、李以“乡三物”释“物”的观点。他说：“凡学必有物，所谓明明德、亲民、止于至善，非徒理也，固有其物矣。《周礼·大司徒》‘以乡三物教万民，而宾兴之’是也。”③所谓“乡三物”，即六德、六行、六艺。皋闻将三者分别对应“三纲领”：六德是“致知、诚意、正心、修身之物”，是实现“明明德”的条件；六行是“齐家、治国、平天下之物”，是实现“亲民”的条件；六艺即礼、乐、射、御、书、数，是让六德、六行得以“止于至善”的条件。

在此基础上，皋闻用本末论解释六德、六行、六艺间的关系：“凡六德、六行，亦必陶淑于礼乐而后善也。六德、六行，本也。六艺，末也。六德为心之德，六行为身之行，是六德又为六行之本也。”④六德的陶养、六行的践履，须借助六艺为“具”，这仍是沿袭颜、李的说法。传统观点往往轻视“艺”为末学小道，皋闻则认为六艺是治教根基、德行之学的前提。何以将六艺而非传统上更受重视的德性作为“止至善”的实质？皋闻解释说：“六德者，养其性情。六行者，施于人伦。而在学中所教之物，惟六艺是习。而习于艺，正所以善

① 陆陇其著，周军等校注：《松阳讲义》，华夏出版社 2013 年版，第 3～4 页。

② 朱熹撰：《四书章句集注》，朱杰人、严佐之、刘永翔主编：《朱子全书》第 6 册，上海古籍出版社、安徽教育出版社 2002 年版，第 17 页。

③ 恽鹤生：《大学正业·条说》，第 4 页。

④ 恽鹤生：《大学正业·条说》，第 4 页。

其德性也。故格物者，非徒穷理之谓，乃服习其物也。”①此处将矛头直指朱熹的“即物穷理”，把“物”字着实于六德、六行、六艺，意在避免朱熹“天下之物莫不穷之”的支离之病。② 三者之间，六德、六行要在人伦日用中实践和体会，唯有六艺是学校传授的具体内容。

皋闻以“博文约礼”总结学校内传授的“格物”之学，“格物”在经世致用上还有“明于庶物，察于人伦，虞帝之格物也”③这一层含义。他将“格物”与《大学》在“治国平天下”节讲到的“絜矩之道”相联系，所谓“絜矩”：“言矩则有一定之法度，言絜则有经营量度、分寸不差之义，格物之事直贯于此。人情顺则不觉，逆则易明。”④絜矩就是在人伦庶物中体察人情，推己反躬。这里不妨联系与皋闻处于同一时代的惠士奇（1671～1741）《大学说》来讨论。惠士奇作为汉学领袖惠栋的父亲，往往被视为乾嘉汉学先导。其《大学说》一书与《大学正业》有诸多相同的见解，如强调下学上达，重视“知本”，重新定义“本末”关系等。⑤ 仅就“格物”“絜矩”而言，惠氏将“格”训为“度”，认为“古之圣人，近取诸身，远取诸物，以通神明之德，以类万物之情。通德类情，谓之格物。格之言度也”，“以人度人，以情度情，以类度类，古今一度也”。⑥又言：“强恕者，求仁之道。取譬者，行恕之方。格物者格诸此，絜矩者絜诸此。”⑦此与皋闻以“絜矩”说“格物”、以通情度类讲“絜矩”相通。根据现有资料，难见二人相识或者在论学上有交集的证据。他们对于下学上达和情理需求的重视，更多反映出清初救正王学荡越、反思宋明儒形上本体论说的潮流之下，诠释《大学》所体现的时代特征。⑧

此外，《大学正业・古本大学条说》第六“格物”条下引用了一条皋闻曾叔祖恽日初的观点，其《答友人书》认为“格物”即“推究其极”以见天则，又以

---

① 恽鹤生：《大学正业・条说》，第 5 页。

② 恽鹤生：《大学正业》，第 1～2 页。

③ 恽鹤生：《大学正业》，第 2 页。

④ 恽鹤生：《大学正业》，第 11 页。

⑤ 关于惠士奇《大学说》的论述，详见黄湛：《调和与分歧：清中叶考证学风下的〈大学〉诠释》，邓秉元主编：《新经学》第七辑，第 232～253 页。

⑥ 惠士奇：《大学说》，《续修四库全书》第 159 册，上海古籍出版社 1995 年版，第 183 页。

⑦ 惠士奇：《大学说》，第 193 页。

⑧ 对晚明到清中叶儒学从“道德形上学”到“达情遂欲”哲学转型的相关讨论，详见郑宗义：《明清儒学转型探析——从刘蕺山到戴东原》，(香港)中文大学出版社 2000 年版。

“博文约礼”释“格物”。① 皋闻以“博文约礼”释“格物”，除了是接受颜李学的观点外，当亦有家学的影响。② 恽日初是刘宗周高第弟子，于鼎革之际参与抗清，事败后避居灵隐寺，晚年归常州讲学。高攀龙从子高世泰于无锡重葺东林书院，恽日初曾参与习礼其间。③《大学正业》引其讲解“格物”首重在礼，这与他的晚年经历正相印合。作为阳明后学，恽日初特重“博文约礼”，显得独树一帜，故黄宗羲为其文集所作序文专门拈出“格物”解，谓“多先儒所未发”④。皋闻在《大学正业・条说》解释“格物”时特意引用其语，称许说“实先恕谷而发，故知真儒所见略同也”⑤，表达自己的家学与颜李学重视礼乐的态度一致，同时为自己的学术思想找回家学渊源。

三、致知：明德本体，知行合一

《大学》开篇便讲：“大学之道，在明明德，在亲民，在止于至善。”皋闻将“明明德”解释为“明其明德”：“德者，心之德，身之主也。曰‘明德’者，人心之灵，动于意而本于知。惟诚其意，致其知，所以明其明德也。”⑥“明其明德”就是由致知、诚意、正心、修身自我完善，进而“明明德于天下”，也就是齐家、治国、平天下，以实现经世致用的社会改造。这是大学之道的明确进路，其先后次序不得紊乱颠倒。“致知”是明明德的第一要务，其工夫则在“格物”：“自修身逆推，由心、由意，至于致知，已到明德之本体，无可复先。特揭以指，曰‘在格物’。‘格物’二字，乃明明德、修身之实也。”⑦可知皋闻理解的“知”，绝非泛言知识或者知觉能力，所谓“明德”“明德本体”实际就是阳明所讲的“良知”。

良知观念源出《孟子・尽心上》“人之所不学而能者，其良能也。所不虑

① 恽鹤生：《大学正业・条说》，第 8 页。

② 据皋闻回忆，自己童年时曾随父亲拜谒恽日初，与其有一面之缘。恽鹤生：《见则堂语录序》，恽祖祁等纂：《恽氏家乘》，第 28 页。据现有史料，皋闻只是在童稚之时见过恽日初，后来当未曾受其教诲。只是后来阅读其书，在《大学》理解上受其思想之启发。

③ 恽敬：《逊庵先生家传》，《恽氏家乘》卷九，第 9 页。

④ 黄宗羲：《恽仲升文集序》，陈乃乾编：《黄梨洲文集》，中华书局 2009 年版，第 335 页。

⑤ 恽鹤生：《大学正业・条说》，第 8 页。

⑥ 恽鹤生：《大学正业》，第 1～2 页。

⑦ 恽鹤生：《大学正业・条说》，第 9 页。

而知者，其良知也。孩提之童无不知爱其亲者，及其长也，无不知敬其兄也”。良知就是指人不依赖后天培养，与生俱来的道德意识与道德情感。阳明讲的“良知”强调是非之心，即一种内在的道德判断与道德评价的体系。[①]皋闻同样以良知来理解“致知”的“知”，但他强调良知本体必须通过礼乐习行上的“格物”来培养和实现。前文论及，皋闻的“格物”是指博文约礼的学习和人伦庶物的践履，这不同于阳明以“为善去恶”讲“格物”。但皋闻讲求于礼乐习行、人伦日用之间致其良知，却与阳明讲的“致吾心良知之天理于事事物物，则事事物物皆得其理”[②]，存在相通之处。这种对比不应仅局限在文字释义的表面差异，而应结合阳明“知行合一”的精神来理解。皋闻说：“德曰‘明德’，惟其知也。故知必宜致，而致知之实，则在格物焉。”[③]这很容易让人联想起阳明“知是行的主意，行是知的工夫”[④]的说法。“知”要通过“致”来发挥作用，“格物之实”就是强调礼乐习行与知不可分开两截。

在“致知”、知行关系的问题上，李恕谷与皋闻有所区别。恕谷谓：“格物、致知，学也、知也；诚意、正心、修身、齐家、治国、平天下，行也。”[⑤]将格物、致知理解成由学习到认知的过程，属于知的范畴。其后从诚意到平天下，属于行的范畴，诚、正、修、齐、治、平也是学习和认知的对象。恕谷强调“圣贤之道，行先以知，而知在于学”[⑥]，学以致知、知而后行的进路，重点落在致知必须通过外在经验性的学习。侯外庐早已指出，恕谷主张“先知后行”，这是颜习斋未发之旨。但由此认为恕谷“先知后行”的观点有违颜习斋的“习行”和“真理的标准在实践”的宗旨，则值得商榷。[⑦] 因为恕谷曾专门区分礼乐习行的“行”与知行范畴的“行”为二：“学与行，虽一事而实两事也。盖学于平日为学，行于临事为行。如今赞礼，先事演礼谓之学，至供祭、会宾、相礼乃谓之行。”[⑧]联系恕谷强调的学—知—行的进路，可知礼乐习行的“行”当属

---

① 参见陈来：《有无之境——王阳明哲学的精神》，北京大学出版社 2019 年版，第 154～155 页。

② 王守仁著，王晓昕、赵平略点校：《传习录》，《王文成公全书》，中华书局 2015 年版，第 56 页。

③ 恽鹤生：《大学正业》，第 2 页。

④ 王守仁著，王晓昕、赵平略点校：《传习录》，《王文成公全书》，第 5 页。

⑤ 李塨：《大学辨业》，陈山榜、邓子平主编：《颜李学派文库》第三册，第 999 页。

⑥ 李塨：《大学辨业》，陈山榜、邓子平主编：《颜李学派文库》第三册，第 993 页。

⑦ 参见侯外庐：《中国思想通史》第五卷，人民出版社 1963 年版，第 386 页。

⑧ 李塨：《大学辨业》，陈山榜、邓子平主编：《颜李学派文库》第三册，第 998 页。

“学”，是致知以前的格物的范畴，这与他讲致知以后行事意义上的“先知后行”并不矛盾。

“良知”只是皋闻对“致知”之“知”的一种理解，他还结合《大学》上下文，将“知”说成是某种特定的认知：“惟其灵觉有知，故知贵致。曰‘知止’、曰‘知所先后’、曰‘知本’，皆知之致也，皆德之明也。何以致知？聿惟格物。”①这是专门就“知止”“知所先后”“知本”三者而言，一方面应区别于“明德本体”，另一方面也应纳入“致知”的范畴来理解。“知所先后”“知止”“知本”作为具体的认知，分别对应“格物”须有本末先后次序、止于至善、以修身为本三者。知晓这三方面内容，也就是对为学次第及其原理有所掌握。

既然“格物”是“致知”的工夫，传统上被看成并列关系的“八条目”之一的“格物”，也就与“致知”以下七个条目成为不同类项。正如“诚意”节中“慎独”作为工夫从属于“诚意”，“格物”作为“致知”的工夫亦从属于“致知”，是“致知”的具体方法。这也就解释了，为何《大学》首章行文格式都是“欲×××，先×××”（如“古之欲明明德于天下者，先治其国；欲治其国者，先齐其家……”），结尾却打破此例，不讲“欲致其知，先格其物”，而是作“致知在格物”。皋闻指出，《大学》此种“特笔”已然昭示出“致知”与“格物”之间的特殊关系。

此外，朱熹所讲的古本《大学》缺少“格物”“致知”的相关传文，也被皋闻驳斥。他指出《大学》首章“物有本末，事有终始，知所先后，则近道矣”，便是解释“格物致知”的传文：“‘物有本末’四句，格物之义也。物何以格，循其本末，尽其事之终始，而先后治之，如是而已。故言本末而事之终始、序之先后皆该焉，故曰：‘此谓知本，此谓知之至也。’此四句在前，故格物致知不须申说也。”②古本《大学》经传已经完备，“格物补传”自不必做。

四、诚意：慎独与人心同然的善良意志

《大学》“诚意”节言：“所谓诚其意者：毋自欺也，如恶恶臭，如好好色，此之谓自谦，故君子必慎其独也！”皋闻解释说：“心是天君，无为自正。惟动于

① 恽鹤生：《大学正业·条说》，第9页。

② 恽鹤生：《大学正业》，第2页。

意，则善恶分焉，好恶形焉。专言诚意，正见意之有权，几之不可不慎也。"[①]又谓"心静而意动，当其静，无不正也。心之所以不正，全是意引之"[②]。所谓"心静"，不是讲无思无虑的静默状态，而是强调心（心体）的无滞碍性、无执着性。"心正"对应《大学》"正心"篇，其不言"心善""至善"而用"正"字，既然不予以道德价值上的善恶评判，也就不能将此处的"心"等同于道德主体，如阳明说"至善者，心之本体"[③]。"意"作为发用层面的知觉意念，具有道德价值区分的善恶由此产生。

"心之所以不正，全是意引之"，并非讲心正而意恶，而是说在伦理价值判断上，"心"（心之本体）无善无恶，"意"有善有恶。换言之，皋闻对心、意的理解，承袭了阳明四句教的前两句："无善无恶心之体，有善有恶意之动。"心体真实无伪，意有是非善恶，因此要做诚意慎独的工夫。不过，皋闻明确批判阳明以"致良知"和"为善去恶"分别解释"致知"和"格物"，也就是不同意四句教的后两句："知善知恶是良知，为善去恶是格物。"[④]他说："惟诚意为明德、亲民最初着力处。知止有择善工夫，则致知、格物先之。而所以止之，则从诚意起也。"[⑤]诚意是实现明、亲之道的起始，在此之前，"知止"作为"择善工夫"，也就是先要知晓"止于至善"的道理。

关于"诚意"节"好色恶臭"之义，颜习斋解释说："心之动曰意，意不过好恶两念，好恶不过好善、恶恶两路。其诚意实下手处，要好恶真挚。"[⑥]皋闻的观点与其一致，渊源还可上溯至阳明的"着实用意便是诚意"[⑦]。皋闻认为："如恶恶臭、如好好色，两'如'字形容无可自欺之意，只是天真自然，当下触

---

① 恽鹤生：《大学正业·条说》，第 10 页。

② 恽鹤生：《大学正业》，第 2 页。

③ 王守仁著，王晓昕、赵平略点校：《传习录》，《王文成公全书》，第 145 页。

④ 王守仁著，王晓昕、赵平略点校：《传习录》，《王文成公全书》，第 145 页。

⑤ 恽鹤生：《大学正业·条说》，第 10 页。在致知、诚意的关系上，皋闻主要受到友人王澍的启发。如王氏所言"格物为明善之要，慎独为诚身之本"，即是针对阳明"格物是诚意的工夫，明善是诚身的工夫"做出的修正。王澍说，见恽鹤生：《大学正业》，第 4 页；阳明说，见王守仁著，王晓昕、赵平略点校：《传习录》，《王文成公全书》，第 13 页。

⑥ 颜元：《四书正误》，陈山榜、邓子平主编：《颜李学派文库》第一册，第 150 页。

⑦ 王守仁著，王晓昕、赵平略点校：《传习录》，《王文成公全书》，第 43 页。按：阳明在诚意问题上除了以"着实用意"解释外，还有"戒惧慎独"的另一层表述。详细讨论，见陈来：《有无之境——王阳明哲学的精神》，第 119 页。

发，不容欺昧。就此乍动之几立定主意，毫无虚假。”[①]诚意就是要人遵照本心，如同厌恶臭味、喜爱美色一样真诚无伪。“意”既然是有善有恶的“乍动之机”，如何检验“意”是否诚实无伪，便成为值得关注的问题。皋闻认为，检验的标准在于“独”与“不独”，他说：“自欺者，隐然自异于人也，骄泰之萌也。自谦者，抑然自同于人也，忠信之本也。若恶臭触鼻而恶之，美人在前而好之，人心同然，不待矫强。”[②]这区别于朱熹将“独”理解为“人所不知而己所独知之地”[③]的观点。实际上，皋闻以“乍动之机”说“意”，就是承认“意”是未显现于外、为己独知这一心理预设。但他不满足于仅将“慎独”理解为谨慎、戒惧的工夫，而是进一步将众人普遍的情感意志作为检验自我诚伪善恶的标准——这并不是让个人迎合或模仿他人的乡愿式的行为——而是基于“同于人”“人心同然”这一人所普遍具有的、出于本心自然的善良意志。用皋闻解释“诚意”节的话说，即相对于“私意”“私好恶”的“公好恶”。至于“慎独”工夫，则是通过检验提撕此心，防范人性的异化。皋闻没有沿用传统的天理、私欲对立的概念来界定伦理上的善与恶，而是将是非善恶的判断标准依托于人心同然、共情共欲。想要对“人心同然”的是非善恶予以道德价值上的判断和界定，最终必须落到体察人伦物理的格物致知上，显示出皋闻重视形下经验世界，而少谈超越本体义的学说特点。

皋闻与恕谷对“诚意”的理解存在较大分歧。恕谷曰：“意，心之所之也，欲为修、齐、治、平之事也。诚者，欲为修、齐、治、平也，则如好好色；欲不为不修、齐、治、平也，则如恶恶臭。不苟且，或中止，或外饰而自欺也。如是则意定于一，而后放心可求也。”[④]与皋闻不同的是，恕谷给“意”限定了指涉对象：欲要正心、修身、齐家、治国、平天下之事的意志。这是在致知之后形成的具体的“善”的意志。“诚意”则是坚定此种意志，不为外在的诱惑或杂念所动摇。[⑤] 相较而言，皋闻强调“意”是有善有恶的“乍动之几”，并非外在刺

---

① 恽鹤生：《大学正业·条说》，第 11 页。

② 恽鹤生：《大学正业》，第 4 页。关于“谦”字，朱子解释为“慊”，是在不自欺之后达到“自快足于己”的充实安宁的心理状态。皋闻以尊主古本、不改经文为前提，用阳明及孙慎行说，以“谦”如本字，作谦逊忠信之意，“平己之心，同人好恶”，与作为骄泰义的“自欺”是相对的概念。

③ 朱熹撰：《四书章句集注》，朱杰人、严佐之、刘永翔主编：《朱子全书》第 6 册，第 21 页。

④ 李塨：《大学传注》，第 3 页。

⑤ 李塨：《传注问·大学传注问》，第 28 页。

激下的反应，因此诚意的工夫也应落在思虑将萌之时。他批评恕谷把“意”说成“有事焉，而欲为之”，将“意”黏着在外在事为上讲，不能从根源上解决恶的产生。也就无法解释：既然致知之后已经确立善的意志，行事具备了正确的方向，何以还要回过头来再讲“正心”的问题。①

五、正心、修身：心体无为和主静工夫

皋闻以格物致知、慎独诚意为“最初深切工夫”②，对致知、诚意以上的正心、修身，皋闻同样十分重视。他说：“致、诚、正、修，逐节有工夫。身心上不着力，并从前所有志意、知识，俱蒙昏失之。非谓一致知、诚意，遂毕乃事也。”③在格致、诚意之后，若不能注重正心、修身的工夫，就会丧失以往积累的认知、树立的意志。皋闻解释“正心”之义说：“心之本然，无为自正。”④“心静而意动，当其静，无不正也。”⑤“心之本然”在朱熹、阳明处一般用作“心之本体”。皋闻所说的“心”指本体意义上的心体，正心就是要求心体回归“静”的状态。“心静”“无为”并非禅宗的静寂或者道家的“无为”，教人摒去一切外在事为和闻见思虑，而是不受蒙蔽、无所滞碍的虚明静定。

这与“诚意”节提到的“心是天君，无为自正”一致。“无为自正”指意念未发之前心体的虚明状态。与阳明的良知本体比较而言，阳明认为无须在至善的心体本身上面做工夫，而将工夫落实于正念头，即诚意。⑥ 皋闻则着重说明未发时有心体一层工夫，这一说法实是承袭自朱熹(见下文)。⑦ 注《大学》“定而后能静，静而后能安”时，皋闻亦遵从朱熹的说法，指出“定则意之诚者，主一而无适也。静则心之正者，不妄动也”⑧，“主一无适”即朱熹所

---

① 恽鹤生：《大学正业 · 条说》，第 11 页。

② 恽鹤生：《大学正业 · 条说》，第 12 页。

③ 恽鹤生：《大学正业 · 条说》，第 13 页。

④ 恽鹤生：《大学正业》，第 6 页。

⑤ 恽鹤生：《大学正业》，第 2 页。

⑥ 阳明谓：“如今要正心，本体上何处用得功？必就心之发动处才可着力也。”(王守仁著，王晓昕、赵平略点校：《传习录》，《王文成公全书》，第 147 页)

⑦ 有关朱熹心性论及未发已发说的讨论，参见陈来：《朱熹哲学研究》，中国社会科学出版社 1987 年版，第 91～130 页。

⑧ 恽鹤生：《大学正业》，第 1 页。

讲的专一无杂念[1],“不妄动”沿袭朱熹《大学章句》“静,谓心不妄动”[2]的说法。

皋闻论“正心”工夫,还引用友人王澍的话,说:“敬以直之,诚能察于所发,则心之用无不正;能敬于所存,则心之体无不正矣。”[3]其中以省察于已发、涵养于未发,分别讲“正心”有已发、未发两个层面的工夫。[4] 这一观点仍源自朱熹《大学章句》。朱熹论“正心”兼动静,已发上用省察工夫:“一有之而不能察,则欲动情胜,而其用之所行,或不能不失其正矣。”未发上用涵养主静工夫:“心有不存,则无以检其身,是以君子必察乎此而敬以直之,然后此心常存而身无不修也。”[5]

回到《大学》“正心”节的具体注解,又可发现皋闻对朱熹说法的修正。“正心”节讲“心不得其正”时,说“身有所忿懥”“恐惧”“好乐”“忧患”诸多情感表现。朱熹主张将“身有所”的“身”字改作“心”字,认为忿懥等情感皆是心之所发,强调“正心”应包含已发层面的省察工夫。皋闻反对改字解经的做法,特别在正文中将“身”字圈出,指出“‘忿懥’四者原从身涉于世而有之,故不曰‘心有’,而曰‘身有’”[6],认为《大学》此处刻意划分“身”“心”二字,就是要区分心体本然的发用(“心”)与沾滞于外在事为的情感心理(“身”),因此正心、修身需要两层工夫,区别对待。就《大学》讲述的为学次第看,“正心”主要在涵养未发上做工夫,省察则被放在“正心”之后的“修身”阶段。

本文第一节中已提及,皋闻认为修身是《大学》全篇的枢纽,这是广义上讲的修身涵盖致知、诚意、正心的内圣之学。与此不同,作为“八条目”之一,与致知、诚意、正心并列的“修身”则是专门的一个为学阶段,需要特定的工夫与此阶段相对应。皋闻谓:“身言修者,器物恐其敝坏,须修理之。所谓‘寡过未能’,‘检身如不及’也。”[7]相对于“正心”阶段专主心体未发的静定,

---

① 朱熹言:“‘主一之谓敬’,只是心专一,不以他念乱之。每遇事,与至诚专一做去,即是主一之义。”(黎靖德编:《朱子语类》,朱杰人、严佐之、刘永翔主编:《朱子全书》第16册,第2326~2327页)

② 朱熹撰:《四书章句集注》,朱杰人、严佐之、刘永翔主编:《朱子全书》第6册,第16页。

③ 恽鹤生:《大学正业》,第7页。

④ 大致而言,涵养即直接体验和培养心性本原,省察即随时随事察识物理以发明本心。参见蒙培元:《理学范畴系统》,人民出版社1998年版,第390页。

⑤ 朱熹撰:《四书章句集注》,朱杰人、严佐之、刘永翔主编:《朱子全书》第6册,第22页。

⑥ 恽鹤生:《大学正业》,第6页。

⑦ 恽鹤生:《大学正业》,第2页。

“修身”阶段侧重省身寡过的察识工夫。

据皋闻自述，早年他的学术兴趣由心学转向程朱理学后，尤服膺“主静”之说。[①] 皋闻所重视的“主静”区别于道南一派从未发工夫获得内心神秘体验的工夫，而是专指朱熹讲的未发时的主敬涵养。[②]《道传祠记》谓，皋闻见到李恕谷后，“尽弃其学而学焉”[③]。恕谷《年谱》中有同样的记载，而后影响甚大的戴望《颜氏学记》亦因袭此说。“尽弃其学”的描述，很容易让人误以为皋闻放弃了尊朱主静的工夫，完全与颜李一样排斥宋明理学。但是实际情况却是，皋闻访蠡后接受了颜、李礼乐习行之学，这并不意味着他放弃理学的全部内容，特别是他后来一贯重视的涵养体认的践履工夫。这从恕谷后来不时提点劝诫，希望皋闻不要走宋明儒的老路即可得到证实。如某次写给皋闻的信中，恕谷批评皋闻所作《心铭》“但言心之体状，而未及其功力”，“惟恐一转动失之乃程、邵养心之学。故程子闭目静坐，邵子在山中静坐六年，非孔孟养心之学也”[④]，担心皋闻近于佛老静坐的心性工夫，将会陷入宋明儒阳儒阴释的泥潭。这是颜李学派教义极为排斥的。

皋闻曾效仿恕谷订立省身日记。[⑤] 相较于颜、李日记重在常仪常功和省察改过的记录[⑥]，皋闻日记中因理学色彩过重，招致恕谷的不满。恕谷虽然认可皋闻“省察严，克治勇”，但批评他不应过于从事“屏事息念，检摄灵明”这种涵养未发的工夫。[⑦] 恕谷劝其改以“身心一齐修整，九容肃怡，天君湛如”[⑧]的方法，将工夫落在礼容礼行上。恕谷注解《大学》“正心”工夫讲：“正

---

① 冯辰、刘调赞：《李恕谷先生年谱》，陈山榜、邓子平主编：《颜李学派文库》第四册，第 1329 页。

② 有关朱子“主静”思想，参见陈来：《朱熹哲学研究》，第 129～130 页。

③ 《道传祠记》，李塨：《恕谷后集》，陈山榜、邓子平主编：《颜李学派文库》第三册，第 842 页。

④ 李塨：《复恽皋闻书》，《恕谷后集》，陈山榜、邓子平主编：《颜李学派文库》第三册，第 756 页。

⑤ 皋闻日记未刊刻传世，只能通过他与恕谷往来书信中保留的相关文字，察见皋闻平日治学和践履心性工夫的特点。

⑥ 相关讨论，参见王汎森：《日谱与明末清初思想家——以颜李学派为主的讨论》，《权力的毛细管作用：清代的思想、学术与心态》，(台北)联经出版事业股份有限公司 2013 年版，第 273～340 页。

⑦ 《李恕谷先生年谱》，陈山榜、邓子平主编：《颜李学派文库》第四册，第 1341 页。

⑧ 李塨：《复恽皋闻书》，《恕谷后集》，陈山榜、邓子平主编：《颜李学派文库》第三册，第 818 页。

心兼动静,有念有事,无念无事,时时敬慎,使天君肃然中处也。"[①]这与他给皋闻信中论述的心性工夫完全一致。然而,皋闻无论是在现实践履还是《大学正业》"正心"释义中,都没有接受恕谷的观点。

在一般的学术史论述中,颜习斋、李恕谷常常作为"反理学"的代表出现,但他们实际上并不完全排斥心性工夫。如习斋就主张"白昼乾健习行,夜中省察操存,私欲自不作"[②]。恕谷亦提倡"主敬",只不过他对"主敬"的意涵重新予以界定。在与毛奇龄论学时,毛氏质疑颜李学欠缺存养本心的工夫,恕谷则辩解说其存养工夫"欲内外并进"。此处的"存养"实际上已区别于毛氏代表的传统理学论述。恕谷将存养工夫解释为"内而敬直,外而九容交摄"的"习恭"[③],于外在行为上重视礼容礼行,于内在修养上则"时时敬慎,使天君肃然中处"[④],可知其所重者仍在于外。反观皋闻的存养本心,亦属宋明理学的传统范畴,与恕谷自难契合。

结　语

恽皋闻作为颜李学派的重要一员,鲜少受到后世学者关注。今日研究其生平学术,唯有借助《大学正业》一书。通过考察,可以发现恽皋闻立足于程朱、阳明和颜李学等诸家学说注解《大学》,治学上并非专宗一家,而是兼容众家。明清之际,儒学正处于变化转型的重要时期,涉身其中的学者在思想上往往显现出新旧典范并存的痕迹。[⑤] 皋闻亦无例外。

在注解《大学》的问题上,皋闻以尊古本为基本前提,并将此渊源上溯至阳明。处于明清之际借助《大学》"八条目"各立宗旨的潮流,皋闻却反其道而行,强调"八条目"上逐节有事实、有工夫。就本文探讨的格物、致知、诚意、正心、修身,分而言之:皋闻对格物、致知的解释明显受到颜李学的影响,

---

① 李塨:《大学传注》,第 28 页。

② 李塨:《颜习斋先生年谱》,陈山榜、邓子平主编:《颜李学派文库》第二册,第 673 页。习斋这一方法在经学上,根据《易经·乾卦》"九三:君子终日乾乾,夕惕,若厉,无咎";在工夫践履上,则应视作理学传统的影响。

③ 李塨:《李子恕谷墓志》,《恕谷后集》,陈山榜、邓子平主编:《颜李学派文库》第三册,第 851 页。

④ 李塨:《大学传注》,第 28 页。

⑤ 相关讨论,见郑宗义:《明清儒学转型探析——从刘蕺山到戴东原》,第 173 页。

以“乡三物”解释“物”，突出六艺实学，特别是礼乐习行，以此针对朱熹的“穷理”；“致知”一方面在阳明“致良知”说基础上加以修正，改以礼乐习行的格物工夫作为良知实践的具体内涵，另一方面从具体的认知对象上强调“知止”“本末先后”“以修身为本”，对此为学次第的了解，是内圣外王之学得以顺利开展的前提。皋闻对格致之后的诚意、正心，保留了较多宋明理学的观点，他沿袭阳明着实好善、恶恶之意的说法解释“诚意”；在“慎独”工夫上，认为检验普遍的善良意志在于体察人情，防范自我的异化。解释“正心”则强调心体无滞碍的虚明状态。他结合自身践履心性工夫的现实经验，在“正心”的理解上继承朱熹静中体验的心性论，重视未发之时涵养本心。其论“修身”，则区分作为为学次第的一个环节，重视省察工夫；同时，在广义上作为内圣外王枢纽的“修身”，又包含致知、诚意、正心三者，指代“明明德”。

钱穆在比较颜、李学术时指出，颜氏之学一传而至恕谷，“精神已有漏走，已见散漫。自习行转入于考究，则以后三百年汉学考据训诂之说也；自经济转及于存养，则以前七百年宋学心性静敬之教也。宋学既不能振拔，故存养一端，终归冷落，而考据遂成独步。颜学亦自此消失矣”①。李恕谷较之颜习斋，开始转向考证学的路径，于理学传统上亦多有回归。这一评价同样适用于皋闻：皋闻早年受到理学浸染，后来接受颜李学说，终不能割舍旧日从事的主静工夫。一般记述陈陈相因，以为皋闻在转入颜李学后，彻底改换门庭。实际上，他对颜李学的接纳主要体现在礼乐习行、六艺之学上，并未与宋明儒心性之学决然割裂开来。

从皋闻本人的治学历程上讲，固然可以说他是从宋明理学转向颜李学。但从另一个角度，比如对《大学正业》一书的注解，也可反过来说皋闻是通过吸收颜李实学，来弥补理学末流空言心性的缺失。而从颜李学脉传承上讲，皋闻与颜、李二氏相比，则更近于传统理学家。身处康、雍以降，理学经世没落，而经史考据开始兴盛的时代风气下，被恕谷寄予厚望的恽皋闻，已不能如颜习斋在礼乐实学与传统理学间严分壁垒，也就无法像习斋一样引起巨大的学术震荡，于乡曲之见创辟崭新的学术风气，终究未能扭转颜、李学渐趋沉寂的命运。

---

① 钱穆：《中国近三百年学术史》(一)，《钱宾四先生全集》第 16 册，(台北)联经出版事业股份有限公司 1998 年版，第 246～247 页。

陈鳣《论语古训》的诠释特色

彭晓丽　周海生

摘要：清代乾隆、嘉庆时期，涌现出诸多《论语》学研究著作，陈鳣的《论语古训》就是其中较有特色的一部。陈鳣治经以郑玄为学术宗主，在《论语古训》中从尊崇郑注、推衍郑义和修正郑说三个角度捍卫郑注。《论语古训》娴熟运用考据训诂方法，通过《论语》与经学、史学文献的互证，达到实事求是的解经目标。陈鳣诠释《论语》以训诂为重，兼论经义，凸显了崇尚经学古义、复兴汉学的解经路向。此外，陈鳣主张《集解》所引孔注为何晏伪作，这一观点对清代及后世学者有一定启发意义。

关键词：陈鳣　《论语古训》　郑玄　解经特色

陈鳣(1753～1817)，字仲鱼，号简庄，又号河庄，浙江海宁人。乾嘉学者、藏书家、版本学家。陈鳣生于世以读书传家的海宁陈氏家族，"赋性颖异，读书过目成诵"[①]，受深厚家学渊源影响，尤擅于经学研究，被阮元称为"浙西诸生中经学最深者"[②]。嘉庆元年(1796)，陈鳣以郡庠生举孝廉方正，三年(1798)中式举人，惜其一生困于场屋，六次会试皆不中，以举人终。晚年退归海宁，于紫微山麓建藏书楼，名为向山阁，藏书十万卷，次第校勘。陈鳣一生著述等身，成就斐然，然其辞世后，遗书散佚，刊行于世者仅有《论语

彭晓丽，安徽省天长市炳辉中学教师，主要从事儒家文化研究；周海生，曲阜师范大学孔子文化研究院副院长、副教授，主要从事儒学研究。

① 陈赓笙：《海宁渤海陈氏宗谱》，日本东京国立国会图书馆藏本，1918 年，第 34 页。

② 阮元：《定香亭笔谈》，中华书局 1985 年版，第 67 页。

古训》《集孝经郑注》《经籍跋文》《简庄疏记》等十数种。《论语古训》作为其存世不多的经学著述,蕴含着丰富的经学思想,也从侧面反映了乾嘉时期汉学研究的兴盛。

一、捍卫郑注的解经立场

郑注《论语》,就《鲁论》篇章,参之《齐》《古》为之注,宏通博大。陈鳣尊崇郑玄,对郑玄《论语注》推崇备至。《论语古训叙》云:“郑康成,汉世大儒,故《集解》之外,搜辑郑说独多,且以愚意疏通证明之,所以补疏家之未备也。”[①]《论语古训》中对郑注的捍卫主要从尊崇郑注、推衍郑义和修正郑说三个方面展开。

(一)尊崇郑注

陈鳣在《论语古训叙》中云:“马融,郑之师也;王肃,难郑者也,存马、王之说,亦可以发明郑注也。”[②]《论语古训》中主要引马融、王肃注解,以发明郑注。兹举两例,略作分析。

马融为郑玄之师,两人注释虽有相同之处,但相异之处所在多有,陈鳣大多遵从郑注。如《论语·子罕》篇子贡曰:“有美玉于斯,韫椟而藏诸?求善贾而沽诸?”[③]马融训“韫”为“藏”[④],皇侃从郑玄解为“裹”[⑤],陈鳣云:

> 《义疏》曰:“韫,裹之也。椟,谓匣匮也。”本郑注。马以为“韫,藏也”,非,经文正有“藏”字。[⑥]

陈鳣以为经文“韫椟而藏诸”已有“藏”字,倘若依马融训“韫”为“藏”,则经文不免重复,故以郑注为是。

王肃不好郑氏,作《圣证论》,以讥短郑玄。对王肃难郑之说,陈鳣亦多有驳斥。如《子罕》篇牢曰:“子云:‘吾不试,故艺。’”[⑦]郑玄以“牢”为“弟子子

---

① 陈鳣著,周海生点校:《论语古训》,线装书局2021年版,第3页。

② 陈鳣著,周海生点校:《论语古训》,第3页。

③ 何晏注,邢昺疏:《论语注疏》,北京大学出版社2000年版,第132页。

④ 陈鳣著,周海生点校:《论语古训》,第62页。

⑤ 陈鳣著,周海生点校:《论语古训》,第63页。

⑥ 陈鳣著,周海生点校:《论语古训》,第63页。

⑦ 何晏注,邢昺疏:《论语注疏》,第128页。

牢也”。王肃《家语叙》则云：“《语》云：‘牢曰：“子云：吾不试，故艺。”’谈者不知为谁，多妄为之说。《孔子家语》弟子有琴张，一名牢，字子开，亦字张，卫人也。”①肃所云“谈者”，即指郑氏。陈鳣曰：

> 《论语》记弟子不应称名，汉《白水碑》琴张、琴牢判为二人，肃臆说不足信。②

王肃为攻讦郑玄，在《孔子家语叙》中以“谈者”暗指郑玄，认为郑玄不知“牢”为何人而妄加评说。陈鳣以《论语》中对弟子的记载一般不直接称其名，且汉代石碑中以琴张、琴牢为两人，证明郑玄并非妄说，进而主张王肃对郑玄的批评不足为信。焦循《孟子正义》释“琴张”，曾引陈鳣《论语古训》之言以为据。

（二）推衍郑义

陈鳣尊崇郑玄，《论语古训》对郑玄注征引次数最多，此外还注重推衍郑义，阐明郑玄未尽之旨意，以期更好训解《论语》。陈鳣在《论语古训》中对郑义的推衍，主要从辨证郑注来源和阐发郑注未尽义理两个方面入手。

1.辨证郑注来源

郑玄注解《论语》时，所引文献来源广泛。考证郑注的来源，亦可以揭示郑注的合理性。如《为政》篇云：“子曰：‘道之以政，齐之以刑，民免而无耻。道之以德，齐之以礼，有耻且格。’”③汉代经学对于“德”的训诂不尽相同，包咸释为“道德”，郑玄解为“六德，谓智、仁、圣、义、中、和”④。陈鳣云：

> 《周官》大司徒之职“以乡三物教万民而宾兴之，一曰六德，知、仁、圣、义、中、和”。孔子道民必从周公教民之典故，郑取以为说，不同包泛指为道德也。⑤

《周礼·大司徒》云：“以乡三物教万民而宾兴之：一曰六德，知、仁、圣、义、忠、和；二曰六行，教、友、睦、姻、任、恤，三曰六艺，礼、乐、射、御、书、数。”⑥

---

① 陈鳣著，周海生点校：《论语古训》，第60页。
② 陈鳣著，周海生点校：《论语古训》，第60页。
③ 何晏注，邢昺疏：《论语注疏》，第16页。
④ 陈鳣著，周海生点校：《论语古训》，第7页。
⑤ 陈鳣著，周海生点校：《论语古训》，第7页。
⑥ 郑玄注，贾公彦疏：《周礼注疏》，北京大学出版社2000年版，第314页。

《周礼》将大司徒之职分为六德、六行和六艺，其中“智”与“知”相通，“中”与“忠”亦通，故六德“知、仁、圣、义、忠、和”与郑玄对“德”的训解相同。陈鳣认为，孔子遵周公，以周公教化之法为典范，故以《周礼》为教民之本，《为政》中“道之以德”的“德”当指六德。

2.阐发郑注未尽义理

除考证郑注来源，陈鳣亦重视申明郑玄未尽之旨，以阐发《论语》蕴含的义理。如《八佾》篇：“林放问礼之本。子曰：‘大哉问！礼，与其奢也，宁俭。丧，与其易也，宁戚。’”[①]包咸和郑玄对“易”的训解不同，《集解》引包注云：“易，和易也。言礼之本意失于奢，不如俭也；丧失于和易，不如哀戚也。”《释文》引郑注云：“易，简也。”[②]陈鳣立足于对丧礼的理解，展开深入阐释：

> 包以为“和易”，意与戚相反，然世情当不至此。《檀弓》：“子思曰：‘丧三日而殡，凡附于身者，必诚必信，勿之有悔焉耳矣。’”时人治丧，以薄为其道，失之简略，故夫子以为宁戚，言必尽哀尽礼也。当从郑。[③]

包咸训“易”为“和易”，表示举办丧礼的人心情平静、情绪温和，以与“戚”之悲戚、伤感之意成对比。但陈鳣认为，在实际生活中，“和易”与人举办丧事时的心情明显不符，包训与人情不合。郑训为“简”，是针对丧礼的程序而言，指丧事简易。《孟子·滕文公上》云：“墨之治丧也，以薄为其道也。”[④]墨家宣扬薄葬，主张简办丧事。这与儒家重孝道，主张“葬之以礼”的观点背道而驰，陈鳣引《礼记·檀弓》中子思对出殡礼的训释，以证不能因薄葬而过分简化丧事程序，疏忽丧事应有之礼。

（三）修正郑说

陈鳣尊崇汉学，但并不迷信汉儒之说，即使是最为推崇的郑玄，亦并不盲从。如《宪问》篇“卞庄子之勇”[⑤]之“卞庄子”为何人？郑玄、周生烈对“卞庄子”的注释不同。《释文》引郑玄注云“秦大夫”，《集解》引周生烈注以为“卞邑大夫”[⑥]。陈鳣认为当取周生烈之注：

---

① 何晏注，邢昺疏：《论语注疏》，第 32 页。

② 陈鳣著，周海生点校：《论语古训》，第 14 页。

③ 陈鳣著，周海生点校：《论语古训》，第 15 页。

④ 朱熹撰：《四书章句集注》，中华书局 2012 年版，第 265 页。

⑤ 何晏注，邢昺疏：《论语注疏》，第 212 页。

⑥ 陈鳣著，周海生点校：《论语古训》，第 102 页。

《荀子·大略》篇云:“齐人欲伐鲁,忌卞庄子,不敢过卞。”《韩诗外传》十云:“鲁兴师,卞庄子请行。”《新序》八云:“齐与鲁战,卞庄子请行。”《后汉·班固传》《崔骃传》皆作“卞严”,注以为鲁人。卞邑,今山东兖州府泗水县东界,是鲁地,非秦地,且臧武仲、公绰、冉求皆鲁人,当如周生烈注。[①]

陈鳣以《荀子》《韩诗外传》《新序》等书为证,认为卞邑为鲁国地界,故卞庄子当为鲁人,非秦人。陈鳣通过考证,以周生烈之说为是,而非盲目遵从郑注。

二、经史互证的致思路向

晚清学者叶德辉从六个方面总结了清代经学的考据方法和特色,分别为“以经证经”“以史证经”“以子证经”“以汉人文赋证经”“以《说文解字》证经”“以汉碑证经”。[②] 上述解经方法,《论语古训》皆有不同程度的体现,但最为突出的当为以经、史证《论语》,实现经史互融,以还原《论语》之本来面目。

(一)以经解《论语》

有清以来,考据和辨伪之风兴盛。清代学者在经学研究过程中,特别注重以经解经,梁启超在总结清儒的解经特色时曾言:“以经证经,可以难一切传记。”[③]对于“以经证经”的应用,在《论语古训》中则表现为以《论语》解《论语》和以群经解《论语》两个方面。

1.以《论语》解《论语》

陈鳣注释《论语》善于运用章节之间的互证,实现本经自证。据笔者统计,这种情况在《论语古训》中共出现 11 次,兹择与陈鳣学术旨趣关联最为密切一例分析之。如《公冶长》篇云:“颜渊、季路侍。子曰:‘盍各言尔志?’子路曰:‘愿车马衣轻裘,与朋友共,敝之而无憾。’”[④]陈鳣认为该章经文之“轻”字,是后人由《雍也篇》“赤之适齐也,乘肥马,衣轻裘”[⑤]衍增,并列

① 陈鳣著,周海生点校:《论语古训》,第 102～103 页。

② 参见王逸明主编:《叶德辉集》第 2 册,学苑出版社 2007 年版,第 35～36 页。

③ 梁启超撰,朱维铮导读:《清代学术概论》,上海古籍出版社 1998 年版,第 47 页。

④ 何晏注,邢昺疏:《论语注疏》,第 75 页。

⑤ 何晏注,邢昺疏:《论语注疏》,第 79 页。

出四条证明：

> 考《北齐书·唐邕传》“显祖尝解服青鼠皮裘赐邕，云：‘朕意在车马衣裘与卿共敝。’”盖用子路故事，是古本无“轻”字，一证也。《释文》于“赤之适齐”节音“衣”为于既反，而此“衣”字无音，是陆本无“轻”字，二证也。邢疏云：“愿以己之车马衣裘与朋友共乘服。”是邢本亦无“轻”字，三证也。皇疏云：“车马衣裘共乘服，而无所感恨。”是皇本亦无“轻”字，四证也。今《注疏》与皇本正文有“轻”字，则后人依通行本增入，非其旧矣。①

陈鳣先引《北齐书》，论证古本《论语》经文中无“轻”字。据《唐邕传》载，唐邕其人“少明敏，有治世才具”，深受显祖高洋赏识：“唐邕强干，一人当千。”②为嘉奖唐邕，显祖曾“一日之中，六度赐物”③，并将自己的青鼠皮裘赐给他，云：“朕意在车马衣裘与卿共弊。”④陈鳣认为高祖是在引《论语》中子路志向之语，向唐邕表达愿与他同享车马衣裘的意愿，《唐邕传》中无“轻”字，《论语》原文中亦应无“轻”字。后引《释文》、邢昺《注疏》及皇侃《义疏》，三书经文皆无“轻”字，进一步佐证了“轻”字为衍增。

2.以群经解《论语》

以群经解《论语》，亦是陈鳣《论语古训》的一大特色。陈鳣注解《论语》注重旁征博引，运用《大学》、《中庸》、《孟子》、《诗经》、《尚书》、《周易》、《孝经》、《尔雅》、《春秋》三传、三《礼》等儒家经典阐释《论语》。《论语古训》中相关例子十分丰富⑤，兹举一例分析。

《论语古训》中对《诗》的运用较多，如《宪问》篇“深则厉，浅则揭”⑥，引自《邶风·匏有苦叶》“匏有苦叶，济有深涉。深则厉，浅则揭”⑦，探讨人在渡河

---

① 陈鳣著，周海生点校：《论语古训》，第 34 页。

② 李百药：《北齐书》，中华书局 1972 年版，第 530 页。

③ 李百药：《北齐书》，第 530～531 页。

④ 李百药：《北齐书》，第 531 页。

⑤ 据笔者统计，《论语古训》中引《大学》解《论语》1 次，引《中庸》解《论语》2 次，引《孟子》解《论语》11 次，引《诗》解《论语》36 次，引《书》解《论语》14 次，引三《礼》解《论语》72 次，引《易》解《论语》5 次，引《春秋》三传解《论语》32 次，引《孝经》解《论语》2 次，引《尔雅》解《论语》8 次。

⑥ 何晏注，邢昺疏：《论语注疏》，第 228 页。

⑦ 毛亨传，郑玄笺，孔颖达疏：《毛诗正义》，北京大学出版社 2000 年版，第 163 页。

时，根据水的深浅选择渡河方法。陈鳣先由训诂“厉”字入手，引不同书中的不同写法，《说文·水部》曰：“砅，履石渡水也。”《诗》云：“‘深则砅。’濿，或从厉。”《五经文字》写为“濿”，《尔雅》为“厉”，即有“厉”“砅”和“濿”三种不同写法。再引汉代经学家对“厉”的不同训解，包咸云：“以衣涉水为厉。揭，揭衣。言随世以行己，若遇水必以济，知其不可则当不为也。”包氏训“厉”为垂衣渡河，再由训诂推衍经义，说明做事情要灵活应变、相机行事。郑玄注云：“由膝以上为厉。”[①]郑玄主张将衣服提到膝盖以上为“厉”。陈鳣曰：

> 《释水》云：“繇膝以下为揭，繇膝以上为涉，繇带以下为厉。”盖分举之则三，纵言之则二，以膝为准而分上下也。《诗》正义又谓服注《左传》同，是《尔雅》本有两文，故郑、服据之也。包云“以衣涉水为厉”，则亦以“繇膝以上”言之，不谓繇带以上也。此注当有“繇膝以下为揭”。[②]

《尔雅·释水》对渡河时提衣的长度有明确规定。陈鳣解读后认为当有两种解读方法：一为《释水》中所明确的膝盖以下为“揭”，膝盖以上为“涉”，腰带以下为“厉”；二为比较概括性的说法，即膝盖以下为“揭”，膝盖以上为“涉”。郑玄注《邶风·匏有苦叶》、贾服注《左传》皆引用了《释水》之说。包咸的“以衣涉水”对应的即是膝盖以上为“涉”，陈鳣认为包注应添加“繇膝以下为揭”。

（二）以史证《论语》

陈鳣“于经史百家，靡不综览”[③]，不仅通过广引经书训解《论语》，其以史证《论语》的手法在《论语古训》中同样表现突出。《论语古训》中所引史书主要有《史记》《汉书》《后汉书》《三国志》。除前四史外，陈鳣对《北齐书》《魏书》《隋书》和《资治通鉴》等书亦有不同程度的征引。陈鳣以史证《论语》主要体现在引史以明辨训诂、引史以考证经文原貌和引史以还原汉代古注三个方面。

1.引史以明辨训诂

陈鳣通过征引史书，考证《论语》中经文之音、义。如《述而》篇云：“加我数年，五十以学《易》，可以无大过矣。”[④]《释文》引郑玄注云：“《鲁》读‘易’为

---

① 陈鳣著，周海生点校：《论语古训》，第 109 页。

② 陈鳣著，周海生点校：《论语古训》，第 109 页。

③ 陈鳣著，李林点校：《陈鳣集》，浙江古籍出版社 2018 年版，第 5 页。

④ 何晏注，邢昺疏：《论语注疏》，第 101 页。

‘亦’,今从《古》。”即《鲁论》读为“亦”,《古论》读为“易”,郑玄遵《古论》读“易”。何晏亦读“易”,并在《集解》中阐发经义:“《易》穷理尽性,以至于命。年五十而知天命,以知命之年读至命之书,故可以无大过也。”①陈鳣分析了两种读法的不同,并引《史记》中对孔子晚年学《易》的记载,论证《古论》读“易”的原因:

> “《鲁》读易为亦”者,“五十以学”绝句,“亦”字属下句。“五十以学”者,即“蘧伯玉行年五十,而知四十九年之非”意也。“亦可以无大过矣”者,即“欲寡其过”意也。然《孔子世家》云:“孔子晚而喜《易》,序《彖》《系》《象》《说卦》《文言》。读《易》,韦编三绝,曰:‘假我数年,若是,我于《易》则彬彬矣。’”是作“学易”为得,故郑从《古论》,何注盖同郑也。②

陈鳣认为,字音的不同会影响经文断句,经义也会随之变化。若按《鲁论》读为“亦”,则该章句为“加我数年,五十以学,亦可以无大过矣”。《淮南子·原道训》云:“凡人中寿七十岁,然而趋舍指凑,日以月悔也,以至于死。蘧伯玉年五十,而有四十九年非。何者?先者难为知,而后者易为攻也。先者上高,则后者攀之;先者逾下,则后者蹶之;先者馈陷,则后者以谋;先者败绩,则后者违之。”③卫国蘧伯玉时刻反思自己的所作所为,活到 50 岁,觉得前 49 年都做得不对。若按照《鲁论》读为“亦”,则该章句的经义即为,50 岁开始学习的人,如果想要减少自己的过错,就要注重从过往经验中吸取教训,避免重蹈覆辙,这样便可以没有什么大的过错了。陈鳣又引《史记·孔子世家》中对孔子晚年学《易》的记载及孔子为学《易》所做努力,论证此处之“易”不能读成“亦”,进而说明了郑玄择善而从,遵《古论》读“易”的原因。陈鳣对该章的训释为王叔岷所引,其《史记斠证》云:“陈鳣《论语古训》云:‘五十以学’者,即‘蘧伯玉行年五十而知四十九年之非’意也。‘亦可以无大过矣’者,即‘寡欲其过’意也。’”④

2.引史以考证经文原貌

陈鳣通过征引史书,纠正《论语》传本的错误,以期还原《论语》经文原

① 陈鳣著,周海生点校:《论语古训》,第 46 页。

② 陈鳣著,周海生点校:《论语古训》,第 46 页。

③ 刘安等编著,高诱注:《淮南子》,上海古籍出版社 1989 年版,第 10 页。

④ 王叔岷:《史记斠证》,《王叔岷著作集》,中华书局 2007 年版,第 1776 页。

貌。如《述而》篇云:“子疾病,子路请祷。”[①]郑玄注本无“病”字。陆德明《释文》云:“子疾,一本云‘子疾病’。”陈鳣以何晏《集解》篇章目录为例,《子罕》篇位于《述而》篇之后,何晏“于《子罕》篇始释‘病’,则此有‘病’字非”,又云:

> 《后汉·方术传》引作“孔子有疾”,亦无“病”字。[②]

《后汉书·方术传》引《论语》曰:“孔子有疾,子路请祷。”[③]陈鳣以《论语注》《论语集解》和《后汉书》三重例证,经史考据兼理,论证《论语》原文中应无“病”字。

3.引史以还原汉代古注

陈鳣通过引用史书,探究汉代经注,修正汉代经学家之说。如《述而》篇云:“子曰:‘述而不作,信而好古,窃比于我老彭。’”[④]对于“老彭”的解释,包咸和郑玄并不相同。包氏认为“老彭”为一人:“老彭,殷贤大夫也,好述古事。我若老彭,祖述之耳。”而郑玄认为是两人:“老,老聃;彭,彭祖。老聃,周之大史,未知所出。”[⑤]即一人为老子,一人为彭祖。包、郑二说,究竟何者为确?陈鳣引《史记》以证曰:

> 《史记·老庄传》云:“老子者,姓李,名耳,字伯阳,谥曰聃,周守藏室之史也。”故郑云“周之大史”。包以老彭为一人,虽本之《大戴礼》,然《曾子问》载夫子问老聃事甚详,正与“窃比”意合,宜从郑说。[⑥]

陈鳣以《史记》对老子姓名和职业的记载,与郑注中“老聃”和“周之大史”相合。又据《礼记·曾子问》所载孔子向老子问礼之事:“昔者吾从老聃助葬于巷党,及堩,日有食之,老聃曰:‘丘!止柩就道右,止哭以听变。’既明反,而后行,曰:‘礼也。’反葬,而丘问之曰……’吾闻诸老聃云。”[⑦]恰与经文中孔子自谦之词“窃比”相合。故陈鳣认为“老彭”之说,宜从郑注。

---

① 何晏注,邢昺疏:《论语注疏》,第109页。
② 陈鳣著,周海生点校:《论语古训》,第50页。
③ 范晔撰,李贤等注:《后汉书》,中华书局1965年版,第2703页。
④ 何晏注,邢昺疏:《论语注疏》,第93页。
⑤ 陈鳣著,周海生点校:《论语古训》,第43页。
⑥ 陈鳣著,周海生点校:《论语古训》,第43页。
⑦ 郑玄注,孔颖达疏:《礼记正义》,北京大学出版社2000年版,第717页。

三、重在训诂，兼及经义

陈鳣训解《论语》，注重训诂以明大义。训释字词、辨析章句是解经的基础性工作，如果没有对字词章句的基本理解，发明经义就如空中楼阁。在训诂的同时兼顾经义抒发，也是陈鳣注解《论语》的一大特点。

(一)以章句训诂为重

陈鳣解《论语》以训诂为主，通过对经文中诸多字、词的训解，还原《论语》的汉代古注，可使读者对经文大义一目了然。陈鳣《论语古训》中灵活运用了多种训诂方法，兹试从声训和义训角度分而论之。

1.声训以明析字音

声训又称音训，是通过训释发音相同或相近的字来解释词义的方法。《论语古训》中声训的应用颇为频繁，兹举一例以说明。如《学而》篇“人不知而不愠，不亦君子乎”①之“愠”字，郑玄解为“怨”，何晏释为“怒”②。陈鳣云：

> 《一切经音义》引《仓颉篇》云：“愠，恨也。”《诗·邶风》毛传云：“愠，怒也。”是愠有二义，郑训本《仓颉篇》，何训本《毛传》。然愠、怨声合，郑训为长。③

陈鳣引《一切经音义》和《诗经》，论证“愠”字有“恨”和“怒”的双重意义，而郑玄所训“怨”与“恨”同义，故郑、何二人的训解皆有来源可寻。然“怨”和“愠”字音相合，故陈鳣认为郑玄之注优于何晏。

2.义训以考订经义

义训与声训不同，是不通过字音和字形的分析而解释词义的释词方法。《论语古训》中不乏对义训方法的运用，如《子路》篇云：“叶公语孔子曰：‘吾党有直躬者，其父攘羊，而子证之。’”④孔注释“直躬”为“直身而行”，郑注解为“直人名弓”。⑤ 陈鳣云：

---

① 何晏注，邢昺疏：《论语注疏》，第2页。

② 陈鳣著，周海生点校：《论语古训》，第1页。

③ 陈鳣著，周海生点校：《论语古训》，第1页。

④ 何晏注，邢昺疏：《论语注疏》，第201页。

⑤ 陈鳣著，周海生点校：《论语古训》，第97页。

《韩非·五蠹》云:"楚之有直躬,其父窃羊而谒之吏。令尹曰:'杀之。'以为直于君而屈于父,执而罪之。"《吕氏春秋·当务》云:"楚有直躬者,其父窃羊而谒之上,上执而将诛。直躬者请代。将诛,告吏曰:'父窃羊而谒之,不亦信乎?父诛而代之,不亦孝乎?'荆王乃不诛。孔子曰:'异哉!直躬之为信也,一父而载取名焉。'故直躬之信,不若无信。"又《淮南·氾论》云:"直躬去父攘羊而子证之。"高注:"直人躬,楚叶县人也。"躬,盖名其人。必素以直称者,故称直躬。虽同作躬,而皆以为人名,故郑据之。孔以古弓字从身,训为直身,盖失之凿矣。①

陈鳣详引《韩非子》《吕氏春秋》和《淮南子》三书关于"直躬救父"的记载,论证"躬"为楚国一人名,而非"直身而行"。至于后世为何称其为"直躬",陈鳣推测,可能与其人素以直率著称有关。而孔注依古"弓"字写为"躬",以"身"为偏旁,就依字形结构理解为"直身行走",显然失之穿凿,更有失经文原义。陈鳣对"直躬"的训解为后人所赞成,并得到进一步补充。如《论语古训》沈涛校本云:"《匡谬正俗》引《论语》云:'直躬之父攘羊。'注云:'攘,盗也。'《御览》四百二十七《人事部》引注:'攘,盗也。我乡党中有直人名躬,父盗羊,则证其罪。'"②沈涛基于陈鳣的训释,进一步扩大征引材料来源,论证"直躬"当为人名,引据更为充分。

(二)并未废义理

孔子授徒设教,因材施教,循循善诱,《论语》中蕴含的"孔子之道",代表着中国传统文化中的理想政治模式及伦理模式。因此,阐发《论语》经义,为历代《论语》研究者所重视。陈鳣对《论语》经义的抒发,除在按语中揭示外,主要是通过征引汉儒及后世之注来阐发。

1.在按语中阐发经义

通览《论语古训》全篇,陈鳣所附按语共253条。按语数量虽然不多,所占篇幅亦不大,但其中不乏经义阐发之语,兹举一例为证。如《里仁》篇云:"子游曰:'事君数,斯辱矣。朋友数,斯疏矣。'"③何为"数"?经学家的理解不尽相同,《集解》引孔注云:"数,谓速数之数也。"《释文》引郑玄注云:"数,

① 陈鳣著,周海生点校:《论语古训》,第97页。

② 陈鳣著,周海生点校:《论语古训》,第97页。

③ 何晏注,邢昺疏:《论语注疏》,第58页。

谓数己之功劳也。”[①]陈鳣云：

> 孔义不甚明。从古为臣者，自矜其功，每多被黜。郑说为当也。钱广伯曰：“速数，乃疏数之讹。”[②]

孔注对“数”的理解停留在数字层面，郑将“数”抽象化，理解为人臣在君主面前对自己所立功劳的得意与自夸。陈鳣引钱广伯之说，认为孔注之“速数”是“疏数”之讹，孔氏所训与经文原义不符，而“郑说为当”。在此基础上，陈鳣进一步阐发义理，认为居功自傲的臣子，大多最终会被废黜，这是从古至今的道理。主张为人臣者要有正确的君臣观，明确为臣之道。

2.引汉儒及后世之注阐发经义

除通过按语直抒《论语》经义，陈鳣亦征引汉代及后世经学家的注解以推阐义理。如《学而》篇云：“有子曰：‘其为人也孝弟，而好犯上者，鲜矣；不好犯上，而好作乱者，未之有也。君子务本，本立而道生。孝弟也者，其为仁之本与！’”[③]陈鳣先引孔注“弟子有若”，再引郑注“孝为百行之本，言人之为行，莫先于孝”，续引何晏注“鲜，少也。上，谓凡在己上也。言孝弟之人必有恭顺，好欲犯其上者少也”[④]，以阐发“犯上者，鲜矣”[⑤]之经义，强调孝为立人之根本，是修身的必然要求。在训解“不好犯上，而好作乱者，未之有也。君子务本，本立而道生”[⑥]时，引何晏注“本，基也。基立而后可大成也”[⑦]，阐发以孝为修身根基，方可实现齐家治国平天下的政治理想。在末句“孝弟也者，其为仁之本与”[⑧]后，引包咸注“先能事父兄，然后仁道可成也”[⑨]，主张行孝要从家庭中做起，敬爱父母、友爱兄弟，最后才能实现君子成仁的目标。郑玄、包咸皆为汉朝人，何晏是三国曹魏人，陈鳣通过征引四人之注，阐发了儒家的孝道观。

---

① 陈鳣著，周海生点校：《论语古训》，第 26 页。

② 陈鳣著，周海生点校：《论语古训》，第 26 页。

③ 何晏注，邢昺疏：《论语注疏》，第 3～4 页。

④ 陈鳣著，周海生点校：《论语古训》，第 2 页。

⑤ 何晏注，邢昺疏：《论语注疏》，第 3 页。

⑥ 何晏注，邢昺疏：《论语注疏》，第 4 页。

⑦ 陈鳣著，周海生点校：《论语古训》，第 2 页。

⑧ 何晏注，邢昺疏：《论语注疏》，第 4 页。

⑨ 陈鳣著，周海生点校：《论语古训》，第 2 页。

（三）章句训诂与经义阐发相融合

陈鳣注重训诂，往往于训诂之后阐发经文原义，体现出训诂与经义阐释相融合的特点。如《先进》篇云："子曰：'先进于礼乐，野人也。后进于礼乐，君子也。'"[①]陈鳣由训诂"先进"与"后进"入手，引《集解》和《释文》中包咸注："先进、后进，谓士先后辈也。"又引《释文》中郑玄注："先进、后进，谓学也。"再引二人对"野人"和"君子"的训解，《集解》引包注云："礼乐因世损益，后进与礼乐俱得时之中，斯君子矣。先进有古风，斯野人也。"郑注《仪礼·丧服传》云："野人，粗略也。"[②]而后辨析曰：

> 先进、后进，郑训学之先后进，与包谓"士先后辈"相合。[③]

陈鳣认为包、郑二人对"先进"与"后进"的训解相同，都是针对学习礼乐的先后顺序而言。礼乐制度自形成以来，并非一成不变，而是会随着时代的变迁而变化。先进于礼乐者，在全面系统地学习了礼乐制度后，不但有助于达到修身的标准，亦可以在为官从政时提供裨益，有助于实现齐家、治国和平天下的政治理想，成就德业并举的君子。陈鳣由词义训诂入手，阐发君子当学习礼乐，体现了融训诂于义理为一体的释经特色。

四、陈鳣对孔安国注《古论》真伪问题的认识

今存孔注《古论》的真伪问题，一直为学界所争论。陈鳣主张孔安国曾注解过《古论》，但今本孔注为后世伪造，并进一步推测伪造者为何晏。陈鳣对今本《论语》孔注为伪的判定对清代及后世学者具有一定启发意义。

（一）陈鳣对孔注《古论》真伪的判定

陈鳣主张孔安国曾注解《古论》。《学而》篇："子贡曰：'贫而无谄，富而无骄，何如？'子曰：'可也。未若贫而乐，富而好礼者也。'"[④]唐石经及皇本、高丽本《集解》"乐"下皆有"道"字，即"未若贫而乐道"[⑤]。而郑玄注本无"道"字。陈鳣分析出现这种情况的原因：

---

① 何晏注，邢昺疏：《论语注疏》，第159页。

② 陈鳣著，周海生点校：《论语古训》，第76页。

③ 陈鳣著，周海生点校：《论语古训》，第76页。

④ 何晏注，邢昺疏：《论语注疏》，第13页。

⑤ 陈鳣著，周海生点校：《论语古训》，第5页。

郑注本无“道”字。《集解》兼采《古论》，下引孔曰“能贫而乐道”，是孔注《古论》本有“道”字。司马迁从孔安国问《古文尚书》，《史记》所载语亦是古论。《仲尼弟子传》引《论语》曰“不如贫而乐道”，正与孔合。《文选·幽愤诗》“乐道闲居”注引《论语》“子曰贫而乐道”，是《集解》本有“道”字。今各本脱去。郑据本盖《鲁论》，故无“道”字。臧在东曰：“《雍也》篇云‘回也不改其乐’，义本可通，故郑不定从《古》以校《鲁》也。”①

陈鳣以“孔注《古论》本”明确点出孔安国曾注解《古论》。司马迁师从孔安国，学习《古文尚书》，又传习《古论》，《史记》中所引皆为《古论》，《仲尼弟子列传》中有“道”字，故孔注《古论》中应有“道”字。何晏《集解》兼采《古论》，故其经文中亦有“道”字。陈鳣以南朝梁昭明太子萧统的《文选》为证，因“梁、陈之时，郑氏、何氏立于国学，而郑氏甚微”②，《文选》中所引《论语》为何晏《集解》本，《文选》“乐道闲居”注所引为“不如贫而乐道”，可见何晏《集解》本有“道”，惜今本《文选》将“道”字脱去。陈鳣推测郑注本从《鲁论》，而非《古论》，故无“道”字。陈鳣这一看法对后世学者有重要的借鉴意义，如刘宝楠在《论语正义》中征引了该条按语，云：“陈君援孔注以证《史记》稍误。《坊记》子云：‘贫而好乐，富而好礼，众而以宁者，天下其几矣。是乐道好礼，为人所难能，故无谄无骄者不能及之也。’”③皮锡瑞在《汉碑引经考》中亦征引陈鳣注，但提出了不同看法：“孔注虽伪，而据《史记》及《文选注》引《集解》，则古本实有‘道’字，诸碑亦其明证。汉时《古论》不行于世，碑所引经多今文。《衡方碑》引‘文塞’，用今文《尚书》，引‘背人《凯风》’用三家《诗》，皆不从古文，则此云‘安贫乐道’，不得独引《古论》明矣。《汉书》《后汉书》注并无‘道’字，盖即今脱去之本，未可据之以为《鲁论》必无‘道’字也。《集解》引郑注，又安知‘乐’字下非脱去一‘道’字乎？”④

陈鳣虽主张孔安国曾注解《古论》，但认为传世孔注为后世作伪。主要表现在陈鳣对孔注不尊称孔子为圣人、孔注训解失当的批判。如《八佾》篇：“子入太庙，每事问。或曰：‘孰谓鄹人之子知礼乎？入太庙，每事问。’子闻

① 陈鳣著，周海生点校：《论语古训》，第 5 页。

② 陈鳣著，周海生点校：《论语古训》，第 3 页。

③ 刘宝楠：《论语正义》，商务印书馆 1933 年版，第 23～24 页。

④ 皮锡瑞：《汉碑引经考》，吴仰湘编：《皮锡瑞全集》(7)，中华书局 2015 年版，第 559 页。

之，曰：'是礼也。'"①《集解》及《孔子世家集解》引孔注云："鄹，孔子父叔梁纥所治邑也。"②陈鳣云：

> 安国为孔子十一世孙，而注云"孔子父叔梁纥"，此更可疑者。③

孔安国为孔子十一世孙，《论语》为其先祖之书，故孔安国在注解《论语》时应遵孔子为先祖。但在训解"鄹"字时，孔注直接以"孔子"相称，对孔子之父"叔梁纥"亦直呼其名，这显然与孔安国为孔子后人的身份不符。故陈鳣怀疑孔注《古论》非孔安国所撰，有后人伪造之嫌。陈鳣对孔注为伪的判定深为孙志祖所赞同，其《读书脞录》云："予乃叹古来伪书何限！惜无明眼人道破。"④

《论语古训》中多次征引孔注，但陈鳣对孔注多持批判态度。如《里仁》篇云："子游曰：'事君数，斯辱矣。朋友数，斯疏矣。'"⑤各家注本对"数"的训解不尽相同，《集解》引孔注，训"数"为"速数之数"，《释文》引郑注，释为"数己之功劳"。其中"速数之数"在韩愈《笔解》中被引作"包曰"，而邢昺《注疏》中引作"孔曰"⑥，相同的训解在三家注本中竟然有两位不同的注者，其真实性已十分可疑。

陈鳣怀疑孔注为伪，并推测其伪造者为何晏。《微子》篇云："滔滔者天下皆是也，而谁以易之？"⑦《集解》引孔注："滔滔者，周流之貌也。言当今天下治乱同，空舍此适彼，故曰谁以易之也。"⑧郑玄注"滔滔"作"悠悠"⑨，陈鳣云：

> 郑本作"悠悠"者，《孔子世家》云："悠悠者，天下皆是也。"《晋纪总序》云："悠悠风尘。"注并引孔安国曰："悠悠者，周流之貌也。"《后汉·朱穆传》云"悠悠者，皆见其可称乎"，亦本此。知郑与《古论》同也。今

---

① 何晏注，邢昺疏：《论语注疏》，第 40 页。
② 陈鳣著，周海生点校：《论语古训》，第 18 页。
③ 陈鳣著，周海生点校：《论语古训》，第 18 页。
④ 孙志祖：《读书脞录》，清嘉庆七年(1802)刻本。
⑤ 何晏注，邢昺疏：《论语注疏》，第 58 页。
⑥ 陈鳣著，周海生点校：《论语古训》，第 26 页。
⑦ 何晏注，邢昺疏：《论语注疏》，第 285 页。
⑧ 陈鳣著，周海生点校：《论语古训》，第 136 页。
⑨ 陈鳣著，周海生点校：《论语古训》，第 136 页。

本皆作“滔滔”，岂何晏从《鲁论》妄改经注欤？[1]

陈鳣广征博引，论证《古论》中的经文为“悠悠”。《孔子世家》《晋纪总序》及《后汉书》皆写为“悠悠”，且《晋纪总序》引孔安国注云：“悠悠者，周流之貌也。”[2]而孔安国所诠释的为《古论》，则《古论》中的经文当为“悠悠”，郑玄所注与《古论》相同。而何晏《集解》中引孔注《古论》却写作“滔滔”，故陈鳣怀疑《集解》所引孔注为何晏伪作，何晏改“悠悠”为“滔滔”，以致今本《论语》皆沿袭这一错误。

（二）陈鳣对孔注《古论》真伪判定的影响

陈鳣对孔注真伪的看法，对后世学者有一定启发之功。沈涛、丁晏、皮锡瑞等学者都对陈鳣之说有一定程度的发展，沈涛在其著述中明确肯定“《论语注》系何晏伪撰”[3]。丁晏撰《论语孔注证伪》，力证“《论语》古训必出于王肃手”[4]。皮锡瑞亦认为王肃伪造《论语》：“肃不惟不知分别，反效郑君而尤甚焉。伪造孔安国《尚书传》，《论语》，《孝经注》，《孔子家语》，《孔丛子》，共五书，以互相证明。”[5]清代至20世纪70年代，主张孔注《古论》为魏晋间人伪造的观点几成定论。

笔者认为，孔安国曾注解《古论》，但孔注为王肃作伪这一结论有失精确。正如王志平先生所言：“王肃自己即撰有《论语解》，又何苦伪造孔安国《论语注》呢？”“既然孔安国《论语注》、王肃《论语解》并为何晏《论语集解》所采用，所以谓孔安国《论语注》为王肃伪造之言也就不攻自破了。何晏同时见二书，而何晏又与王肃同时，若云孔传为王肃所伪造，何晏岂有不知之理？伪造之说殊难置信。”[6]

20世纪80年代以后，随着地下文献的出土以及学界相关研究的深入，学者们对孔注为伪的观点有了新的认识。如唐明贵认为：“《论语》孔注绝非后人伪造，孔安国和《论语》有一定的联系，他确曾考论古今文字，为《古文论

① 陈鳣著，周海生点校：《论语古训》，第136页。

② 陈鳣著，周海生点校：《论语古训》，第136页。

③ 沈涛：《论语孔注辨讹》，《丛书集成初编》第496册，中华书局1985年版，第39页。

④ 焦循、丁晏：《里堂家训　论语孔注证伪》，上海科学技术文献出版社2016年版，第102页。

⑤ 皮锡瑞著，周予同注：《经学历史》，中华书局1959年版，第155页。

⑥ 王志平：《中国学术史·三国两晋南北朝卷》，江西教育出版社2001年版，第159、160页。

语训解》,但流传下来的《孔注》屡经后人的口传笔抄及增删,已经失去了原来的模样。"①又如陈以凤主张:"孔注绝非后人伪造,当为孔安国所作。只是由于《集解》在保存孔注的同时,也作了'改易'的工作,又屡经后人的口传笔抄及增删,今存孔注可能在一定程度上已失去了初成于孔安国手中的原貌。"②

结 语

综上所述,陈鳣《论语古训》的诠释特点有捍卫郑注的解经立场;经史互证的致思路向;重在训诂,兼及经义以及陈鳣对孔安国注《古论》真伪问题的认识四个方面。首先,陈鳣接踵乾嘉考据学而尊崇郑玄,对郑玄的《论语注》充分征引,《论语古训》中捍卫郑注的解经立场主要体现在陈鳣对郑注的尊崇、对郑义的推衍及修正三个方面。其次,经史互证的致思路向主要表现为以《论语》解《论语》和以群经解《论语》两个层面,其意在会通先秦儒家重要典籍,贯通经、史,以打通《论语》一书。最后,陈鳣注重训释字词、辨析章句,主张通过训诂以申明大义,意在融章句训诂与义理阐发为一体。在清初汉学复兴的学风熏染下,陈鳣对《论语》的诠释及辨伪工作,也在一定程度上体现出清初学者经学研究的重心之所在。

---

① 唐明贵:《孔安国〈论语孔氏训解〉探微》,《古籍整理研究学刊》2010 年第 4 期。

② 陈以凤:《孔安国学术研究》,山东大学 2010 年博士学位论文,第 96 页。

康有为《论语》新解与儒学的现代转向

刘星

摘要:康有为一生处在传统与现代、保皇与革命、君主与共和之间,于动荡时代深刻思考儒学与西学、据乱与太平、大同与小康以及保国、保种与保教等问题,提出一整套解决方案,从而助推中国社会完成现代转型。康有为认为要复兴中华,必须拿来先进的西学为我所用,以补益传统儒学之不足。康有为一改《论语》注疏的传统,以经世致用为旨归,以儒学与西学的双重视野诠释《论语》,开启了儒学的现代性转向。在康有为看来,《论语》是内圣与外王的统一,是守约笃敬与经邦济世的统一,是修身齐家与治国平天下的统一。

关键词:古经新解 《论语注》 康有为 儒学转向

康有为是中国近代重要的思想家,他生活在一个古今中西之争异常激烈而又胜负未定的时代,是那个时代深刻体会这些冲突,而又企图站在儒家立场上"以儒化西""以夷变夏"并给出当时之中国一整套解决方案的先进中国人。康有为改造儒学的价值在于他把儒家经典纳入传统与现代社会变迁的背景下并作出创造性的阐释。"康有为融通古今,兼摄中外,陶铸涵泳,以今文经学为枝干,以西学为花果,以期收到'化古昔为今务'的政治功效,带有

本文系国家社科基金一般项目"康有为《春秋》新解与儒学转型与发展研究"(19BZX070)、中国博士后科学基金第62批面上资助项目(2017M622227)阶段性成果。

刘星,曲阜师范大学孔子文化研究院教授,主要从事近代儒学史研究。

明显的时代特色。”[①]因此，《论语注》一书集中体现了康有为试图将儒学思想与西方进化论、西学知识以及西方自由、平等、民主、博爱等政治观念有机结合的尝试。这种立足儒家本位对中西、古今文化的融合，对儒学的现代转型做出了积极贡献，也体现了儒学思想旺盛的生命力。

一、《论语注》的成书背景

维新变法失败之后，康有为不得不逃亡海外，在印度大吉岭期间他系统地阐释儒家经典，其中重新阐发《论语》的力作《论语注》就完成于这一时期。[②] 康有为认为进行变法改制就要剔除刘歆伪纂的古文《论语》，还原今文《论语》的本来面目，阐发春秋“公羊三世”说以及孔子改制等微言大义，“当时处于强势地位的西方文化无疑成为他的重要参照”[③]。他还站在中西方文化的交汇点上将西方进化论、自然科学知识以及以民主、平等、自由等思想观念为代表的政治体制纳入儒家经典体系以应对中国的社会现实，从而使《论语》一书发挥其现实救世的功能，并彰显其经世致用的价值。

第一次鸦片战争之后，内忧外患的现实致使传统儒家价值体系陷入困境，西方政治、经济、文化、科学等先进知识对中国传统知识分子心理造成了巨大影响，松动了他们所固有的以儒家为本位的思想体系。作为儒者的康有为，面对日益僵化的清廷旧体制和当权派顽固的旧思想，希图扭转清政府渐趋式微的形势以寻求救国救民之道，他把目光聚焦在西方。从史实角度来看，康有为注经的目的是经世致用，但他并不是一位纯粹的学者，而是有着强烈现实关怀和政治参与意识的政治活动家。

> 康氏逝世之时，革命不仅在继续，而且方兴未艾，一直发展到“文革”的革命高潮。当然，革命并非一无所成，但代价是何等之高。……今日不再以革命为国策，坚持以改革为国策，乃是经过检验后的必然实

① 唐明贵：《康有为〈论语注〉探微》，《中国哲学史》2009 年第 2 期。

② 1898 年戊戌变法失败之后的一段时期，康有为的主要著作有《中庸注》(1901)、《孟子微》(1901)、《礼运注》(1901)、《春秋笔削大义微言考》(1901)、《〈大学注〉序》(1902)、《论语注》(1902)等。

③ 柳宏：《康有为〈论语注〉诠释特点论析》，《广东社会科学》2008 年第 6 期。

践。康有为的渐进改革思想也应该重新评估肯定。[①]

他以西学、西政为工具对传统儒学进行改造与重构，具有积极的现实意义。为避免流血牺牲，康有为以传统儒家经典为载体，推行渐进式变法理论。

康有为今文经学的实质就是，将经书上的文字与社会现实相结合，通过引申发挥并提出自己创新性的观点。在古今问题上，康有为虽然和清代今文经学大师刘逢禄一样注重孔子作《春秋》的价值和意义，但更强调孔子托古改制的内容。在中西问题上，随着西方科学及其完备的政治体制的"冲击与学科置换的推动"[②]，他的具体做法是"援西入儒"，重视对西方自然科学和社会科学的引进，"他的维新变法主张集中体现了他要求用西方的'新法''新学'来救中国的强烈愿望"[③]，试图利用西方"新法""新学"以改变中国落后挨打的现状。因此，康有为继承了晚清以降"今文经学"传统，旨在阐发不同阶段需要实行不同的管理模式以推行其变革改制思想。康有为用"援西入儒"的方式开启了儒学复兴的新模式，"致力于寻觅即便是在非西洋社会也通用的人类普遍价值，致力于保存民族文化中超时空的价值要素，并通过近代精神对之进行重构或再解释"[④]。康有为的意图是利用西方之学对儒家的价值取向做出诠释，并整合出一套具有中国近代文化形态的新儒学体系。

二、《论语注》援"西学"对儒学的重构

西方国家强大的根本原因是工业革命，而工业革命的原动力又是其自然科学，而进化论思想作为一种全新的世界观和方法论对西方国家的发展起到至关重要的作用。有鉴于此，康有为利用西方自然科学知识和进化论思想对《论语》进行创造性的诠释，以达到改造儒学、重铸儒学的目的。康有为利用"西学"知识对儒学进行创造，这种耳目一新的理论为死水一潭、无力自保的清政府指出了又一可行的道路：以"西学"改铸儒学，张孔学大道，以大同构想、君主立宪制度代替旧制以绘改制蓝图。从某种程度来说，这种做

① 汪荣祖：《康章合论》，中华书局2008年版，第127页。

② 张少恩：《从经学到国学：近代以来孟子学诠释的学科演进与范式转型》，《深圳大学学报》(人文社会科学版)2019年第4期。

③ 王钧林：《康有为对儒学的改造》，《中国哲学史》1996年第4期。

④ 朱忆天：《康有为的改革思想与明治维新》，上海人民出版社2011年版，第239页。

法既具有时代精神，又兼有民族精神。

康有为企图从“公羊三世”理论中发掘“进化论”思想，这不能不说是他的一大创获。所谓“公羊三世”说是从《春秋》经文中附会而来，历经公羊高、董仲舒与何休等几代人的发展而臻于成熟。及至康有为，他糅合西方进化论思想对其进行创造性的改造，最终发展成为独具特色的康氏“公羊三世”说，使之成为指导其变法、改制匠心独运的历史进化论体系。

（一）西方进化论与公羊三世说的融合

康有为对《论语》的解读不求圆融，但求经世致用。他认为，宋之后《论语》作为四书之一被列在六经之上，是一种退而求其次的历史结果。因为宋儒忽视了“微言大义”的阐发，其价值一直隐而未发，并没有将其本身的义理放在突出重要的位置。“其为一家之学说，而非孔门之全，亦可识矣。”[①]康有为撰《论语注》的目的是“正伪古之谬，发大同之渐”[②]。因此，康有为写作《论语注》之时，已经深谙“公羊三世”说的精髓，加之他对西学的系统研究以及受到赫胥黎《天演论》的影响，探索“微言大义”成为他阐发其治世思想的前沿阵地。

针对《论语·为政》篇关于“十世可知也”的子张之问，康有为进行了出色的发挥：“三十年为一世。损，减也；益，饶也。《春秋》之义，有据乱世，升平世，太平世。”[③]康有为首先为《春秋》“三世”说张目，紧接着又说：“夏、殷、周者，三统递嬗，各有因革损益。观三代之变，则百世之变可知也。”[④]在这里，康有为对《论语》的解读与《孔子改制考》所坚持的孔子改制思想是一致的。他通过贬抑“曾子之学，专主守约”[⑤]，试图在《论语》中为孔子倡导变法改制寻求历史依据，进而为其制度变革与社会改良提供理论支撑。康有为认为《论语》一书，“其经文以鲁《论》为正，其引证以今学为主”[⑥]，这里的“今学”实指公羊学。而康有为的实际用意则是试图借助“公羊三世”说与《礼运》之“小康”“大同”相糅合，实现中西文化的对接。

---

① 康有为著，姜义华等校：《康有为全集》第六集，中国人民大学出版社 2007 年版，第 377 页。

② 康有为著，姜义华等校：《康有为全集》第六集，第 379 页。

③ 康有为著，姜义华等校：《康有为全集》第六集，第 393 页。

④ 康有为著，姜义华等校：《康有为全集》第六集，第 393 页。

⑤ 康有为著，姜义华等校：《康有为全集》第六集，第 377 页。

⑥ 康有为著，姜义华等校：《康有为全集》第六集，第 378～379 页。

《论语·八佾》中"林放问礼之本。子曰:'大哉问!礼,与其奢也,宁简;丧,与其易也,宁戚'"一段,康有为对孔子的回答进行了创造性的释读:随着人类文明的不断发展,乱世之奢将不断滋生,文明就会遭遇困境。"文明既进,则乱世之奢,文明以为极俭。"①康有为得出结论:孔子乃"文明""进化"之王。此处又是康有为以西洋"进化"之说来释读《论语》的典范。《论语·述而》"子钓而不纲,弋不射宿"②,本意是:孔子对于垂钓、捉鸟等狩猎活动一直主张不能竭泽而渔。③ 这里本来凸显的是孔子"仁"的主张,"盖进化有渐进,仁民有渐进,爱物亦有渐进"④,康有为依然借用西方进化论、平等之说予以释读。

《论语·八佾》"君子无所争,必也射乎!揖让而升,下而饮。其争也君子",孔子的本意为,对于君子来说,没有什么东西是一定要相争的。譬如比箭,两强相争,参加比赛的双方先相互作揖之后进行公平竞争,赛完之后还是朋友,可以一起喝酒。《论语注》的解释是:

> 修睦为人利,争夺为人患。盖争之极,则杀戮从之,若听其争,大地人类可绝也。然进化之道,全赖人心之竞,乃臻文明;御侮之道,尤赖人心之竞,乃能图自存。⑤

康有为认为,社会进化的症结源自人的争竞之心,而这种争竞之心正是人类文明发展所必需的;要抵御外辱以求民族的复兴也是如此,争竞之心才是一个国家自强图存的驱动力。康有为用西方文明之"争竞之心",西方"进化"之适者生存、不适者被淘汰的自然进化规律来释读《论语》。当然,康有为的解读一任主观,有牵强附会之嫌。《论语·阳货》"性相近也,习相远也"一段,《论语注》进行解读时,也用进化论予以说明,"圣人立教,务在进化,因人之性,日习之于善道,而变其旧染之恶习",康有为所谓的"进化"最后必可通达"人人皆成上智,而无下愚矣"。⑥ 可以说,西方的进化论思想是贯穿康有

---

① 康有为著,姜义华等校:《康有为全集》第六集,第395页。

② 《论语注》为"子钓而不网,弋不射宿"。在这里应该是笔误,《论语·述而》篇原典是"子钓而不纲,弋不射宿"。

③ 杨伯峻译注:《论语译注》,中华书局2006年版,第84页。

④ 康有为著,姜义华等校:《康有为全集》第六集,第431页。

⑤ 康有为著,姜义华等校:《康有为全集》第六集,第396页。

⑥ 康有为著,姜义华等校:《康有为全集》第六集,第516页。

为《论语》新解的一条主线。

（二）西方自然科学与儒学的融合

康有为认为西方强大的根本原因是其拥有先进科学技术，这是其先于我们开始的工业革命使然。在《论语注》中，康有为利用西方的自然科学知识释读《论语》，以西洋之"公理""电学""机械学"对儒学加以改造以达到"援西入儒"的目的。《论语·颜渊》"樊迟问仁"一段，康有为予以了出色的发挥："仁本为公理，人能尽公理者，无在而不可行焉矣。"①康有为在这里以西洋之"公理"之说释读儒学，强调"公理既备"的重要性，不管是"文明之邦"还是"野蛮之国"，"公理"皆"不可费""不可弃"。最后他还是复归于孔子之"仁"，这就是康有为所谓的"仁本为公理"。

《论语·子张》有云："子夏曰：虽小道，必有可观者焉；致远恐泥，是以君子不为也。"杨伯峻先生解释道："子夏说到，'就是小技艺，一定有可取的地方；恐怕它妨碍远大事业，所以君子不从事于它'。"②康有为释解为："百家众技，凡有立于世者，其中各有精妙，有可观览，凡人自可学之以致用。但若欲经世立教，致之远大。"③强调"学以致用""经世之学"的重要性，只有如此，才能"致之远大"。因此，康有为指出：

> 而天下之人甚多，安得尽为传教者？但各执一技，求精致用。近世若哥白尼之天文学，斯密亚丹之资生学，奈端之重学，富兰克令之电学，华忒之机器，皆转移世宙，利物前民，致远甚矣。④

康有为极力推崇西方先进科学中"重学""电学"及"机器"之学的重要性，主张用西方先进的自然科学知识释读儒学。但是康有为"以儒为本"的立场一直没有改变，西方的"科学"知识只是"用"，是"小道"，而"孔子之大道"才是"体"，西方科学再发达也是为此"大道"服务，也凸显了康有为一以贯之的"尊孔"立场。

---

① 康有为著，姜义华等校：《康有为全集》第六集，第484页。

② 杨伯峻译注：《论语译注》，第225页。

③ 康有为著，姜义华等校：《康有为全集》第六集，第531页。

④ 康有为著，姜义华等校：《康有为全集》第六集，第531页。

三、《论语注》援“西政”对儒学的改造

康有为“经世致用”的解经方式实际上是其实现《论语》自中而西进行文化勾连的理论桥梁。以龚自珍、魏源为代表的今文经学家们的“公羊学”说深刻地影响着晚清的思想界，并形成一股强劲的学术潮流。而康有为与他们的不同之处在于，其释读经典的宗旨是以实现政治改制为出发点，他试图借助“大同”说与“公羊三世”理论释读《论语》，可以看出康有为并非以求得学理上的突破为旨归，对政治改良的掘发才是其古经新解的落脚点。对此，梁启超有最深切地体会：“有为所谓改制者，则一种政治革命、社会改造的意味也。”[①]康有为将孔学与西方“自由”“平等”“民主”“人权”以及“博爱”之说进行融合，以达到其“改制”“政治革命”与“社会改造”的目的。

（一）援西方“自由”“平等”学说入儒

《论语·为政》有云：“子曰：为政以德，譬如北辰，居其所而众星共之。”这里孔子所要表明的基本观点是：一个国家要以道德为纲进行治理的话，就会像北极星一般，其他星辰都以此为中心，环绕在其周围。[②]《论语注》则释读为：

> 所谓乾元用九，见群龙无首，而天下治。行太平大同之政，人人在宥，万物熙熙，自立自由，各自正其性命。[③]

康有为要表达的是：人人若以大同理想为中心，则终至人人向往之太平之境，终至“自立自由”之境。康有为以西洋“自由”之说释读儒学，再次强化儒家圣贤之学。

《论语·公冶长》有云：“子贡曰：我不欲人之加诸我也，吾亦欲无加诸人。”《论语注》释读为：“子赣不欲人之加诸我，自立自由也；无加诸人，不侵犯人之自立自由也。”[④]这里康有为用现代价值的“自由”予以阐释。康有为在《论语注》中还有类似的解释：

---

① 梁启超：《中国历史研究法》，河北教育出版社2003年版，第348页。

② 杨伯峻译注：《论语译注》，第84页。

③ 康有为著，姜义华等校：《康有为全集》第六集，第387页。

④ 《论语注》中把孔子的学生端木赐“子贡”书写为“子赣”，疑康有为的笔误。

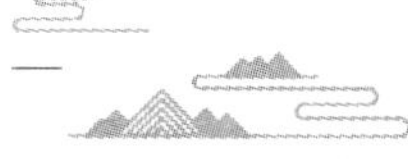

天演听之，人理则不可也。人各有界，若侵犯人之界，是压人之自立自由，悖天定之公理，尤不可也。子赣尝闻天道自立自由之学，以完人道之公理，急欲推行于天下。[①]

这里康有为以“天演”等进化论之概念来释读人之“自由”与天之“公理”，也“得益于中西文化的相互交流与融合”[②]。为了阐释西方“自由”，康有为用西方进化论和西方科学之“公理”予以解读。

对于西洋的“平等”之说，《论语注》中也多有提及。《论语·阳货》的“子钓而不纲，弋不射宿”部分，康有为同样用西方之“平等”之说予以释读：“愚谓天地者，生之本，众生原出于天，皆为同气，故万物一体，本无贵贱。”[③]康有为认为天地是生命存在的本原，众生皆为同气，原出于天。因此，万物都是一个整体，无贵贱之分。康有为指出：

今已数千年，尚未戒杀，非徒不能不杀物，人道尚相争相杀，其去众生平等之世甚远也。[④]

这里康有为立足于西方的知识架构体系来释读《论语》，认为现在处于乱世，“人道尚相争相杀”，更何况是自然界的万事万物？故此，“仁是对他人的爱，突出了他者的重要性”[⑤]，康有为认为当前社会离“平等之世”还有相当的差距。借西方之进化论、平等之说释读孔子，最后复归于孔学之精髓——行孔子之“仁”学以达到康有为所谓的“人物并育而不相害，众生熙熙以登春台，乃为太平之太平，大同之大同”[⑥]。这是康有为利用西洋之“平等”之说释读《论语》的典范。

《论语·公冶长》有云：“颜渊、季路侍，子曰：盍各言志。”《论语注》释读云：“盖孔子之志，在大同之道，不能行于时，欲与二三子行之”，“故大同必老安、少怀、友信，绝去仅私其家之事，乃可成大同之道也”。[⑦] 康有为将西洋之“平等”学说与“大同”理想相糅合，认为只有将孔子的“大同”之志渗透到生

---

① 康有为著，姜义华等校：《康有为全集》第六集，第 411 页。

② 丛振：《敦煌游艺文化研究》，中国社会科学出版社 2019 年版，第 30 页。

③ 康有为著，姜义华等校：《康有为全集》第六集，第 431 页。

④ 康有为著，姜义华等校：《康有为全集》第六集，第 393 页。

⑤ 唐明贵：《试论罗汝芳对〈论语〉的易学解读》，《周易研究》2019 年第 4 期。

⑥ 康有为著，姜义华等校：《康有为全集》第六集，第 432 页。

⑦ 康有为著，姜义华等校：《康有为全集》第六集，第 415 页。

活的日用细微之处，方可通达“老安、少怀、友信”的臻美之境，这就是康有为所谓的“大同”之道。《论语·学而》“子贡曰：贫而无谄，富而无骄何如？”康有为释读为：

> 谄，佞谀也，卑媚之容。……若不以贫屈于人，不以富加于人，完人道自立之界，而不侵犯人界。①

康有为赞成子贡能推己及人、尊重他人，旨在证明其把西方“平等”之说看成是《论语》的应有之义，是用西方之“平等”思想建构儒学的一种努力。

（二）援西方“民主”“人权”之说入儒

《论语·八佾》“子曰：夷狄之有君，不如诸夏之亡”一段，《论语注》释读为：

> 此论君主、民主进化之理。……文明世人权昌明，同受治于公法之下，但有公议民主，而无君主。二者之治，皆世界所不可少，互有得失。②

康有为以西洋之“公议”“人权”与“民主”之说释读儒学，认为“君主”“民主”皆为世界不可或缺的政权组织形式，“所不可少，互有得失”。康有为欲借西方“民主”“人权”之说论证其“虚君共和”的主张，为其倡导的君主立宪制度作辩护。《论语·季氏》有云：“孔子曰：天下有道，则礼乐征伐自天子出……陪臣执国命，三世希不失矣。”《论语注》释读为：

> 由此推之，一统之君主专制，百世希不失矣。盖由乱世而至太平，则君主或为民主矣。③

康有为在肯定君主专制的同时，也认可社会从“乱世”通达“太平”之时，“君主或为民主”的论断，这里又是康有为用西方之“民主”释读《论语》的典范。

《论语·雍也》有云：“子见南子，子路不说。夫子矢之曰：‘予所否者，天厌之！天厌之！’”此句表达的是：“孔子去和南子相见，子路不高兴。孔子发誓道：‘我假若不对的话，天厌弃我吧！天厌弃我吧！’”④《论语》中通篇就此一句涉及男女关系，也引发了后人无限的遐想与猜测。可是《论语注》的释

---

① 康有为著，姜义华等校：《康有为全集》第六集，第 386 页。

② 康有为著，姜义华等校：《康有为全集》第六集，第 395 页。

③ 康有为著，姜义华等校：《康有为全集》第六集，第 512 页。

④ 杨伯峻译注：《论语译注》，第 72 页。

读却有另外一层涵义：

> 旧俗男女相见，君夫人礼宾，如今泰西仪。……盖圣人踪迹兼于三世，故上下无常非为邪，进退无恒非离群，故曰圣而不可测之谓神。[①]

康有为认为孔子见南子是一种如“泰西”的男女之间再正常不过的礼仪，也透显着康有为对“男女有别”的漠视，因而也成了康有为援西洋之“人权”学说释读《论语》的注脚。

(三)援西方“博爱”之说入儒

为达到援“西政”改造儒学的目的，康有为以孔子“仁”学思想与西洋之“博爱”思想相比附。康有为以“中学中理”为框架，以“西学”“西政”为材料，用“援西入儒”的方式把西方的“博爱”思想也看成是《论语》的应有之义，以重构儒家的价值取向，进而整合出一套具有鲜明西方文化色彩的新儒学。《论语·八佾》有“人而不仁”一段，《论语注》释读为：

> 盖人者，仁也，取仁于天，而仁也以博爱为本，故为善之长。有仁而后人道立，有仁而后文为生。苟人而不仁，则非人道。[②]

在这里，康有为认为西方之“博爱”为“仁”之本，这样就把西方的“博爱”概念和《论语》“仁”的概念建立了必然的联系，用西方“博爱”之说释读《论语》。《论语·子张》篇有云：“博学而笃志，切问而近思，仁在其中矣。”孔子劝勉人们要博览群书，坚守自己的志向，虚心好学，关注当前的现实问题，这就是做到了仁德。《论语注》解释为：“孔门教人，以求仁为事。但空言博爱无私，从何下手？”[③]此处康有为以西方的“博爱”学说释读《论语》，虽然有些牵强附会，但还是为了说明孔学之“仁”学与西学的“博爱”也有相通之处。

康有为将西方政治制度、核心价值与《论语》做比照，试图把西方政治理念注入儒家传统价值之中，在新的时代背景下衍生出全新的内涵。从康有为对《论语·学而》篇“巧言令色，鲜矣仁”的解读中可以窥见他对“仁”的理解已经涉及西方“博爱”观念、佛教思想以及他的“大同”理想。《论语注》强调“仁”以博爱为本：

---

① 康有为著，姜义华等校：《康有为全集》第六集，第 423 页。

② 康有为著，姜义华等校：《康有为全集》第六集，第 394 页。

③ 康有为著，姜义华等校：《康有为全集》第六集，第 531 页。

> 人多惑之以为慈仁，孔子特明其非也。盖人之生直，故贵尊其德性，质直好义，自由自立。[①]

若是以“巧诈欺人”，最终将会导向“其死则魂灵澌灭；同时处人群则大害”[②]的结局。从“魂灵澌灭”“后世传人”等提法可以看出，康有为显然吸收了佛理中“救济众生”的基本精神。康有为将“仁”与印度佛学以及西方“博爱”之学相比附，突出“博爱”的价值，塑造出大同世界的最高价值取向。因此，梁启超也曾经说：“先生之哲学，博爱派之哲学也。”[③]

（四）西方政治制度与儒学的比附

康有为在《论语注》中经常用西方的政治制度来套用孔子思想，并将孔子思想中所没有的议会制、政党制等附会到中国传统政治之中，将孔学之道与西方现存之政治制度相类比，以达到“援西入儒”的政治诉求。康有为的《论语注》吸纳诸多中国当时所不具有的新概念与新名词，诸如选举、议会制度、政党制度等对《论语》加以释读，旨在“基于对‘为政’为核心的思想解读”[④]。康有为的阐释不仅套用西方理念、制度，还习惯性地使用中西类比的方式加以说明。因此，康有为对《论语》的重估与阐释有着强烈的时代观照性。《论语・八佾》的“君子无所争，必也射乎”，康有为解释为“揖让而升者，《大射》之礼，耦进三揖三让而后升堂也”[⑤]，《论语注》又作了进一步的解释：

> 孔子制礼十七篇，皆寓无穷之意，但于射礼见之。凡人道当御侮图存之地，皆当用之。今各国皆设议院……两党之胜负迭进立于是。[⑥]

康有为试图把西方的议会制度与政党制度也附会为孔子的应有之义，认为“故议院以立两党而成治法，真孔子意哉！惟议院哗噪，或至殴争，此则无揖让之意”[⑦]，只有倡导孔子所言“争”的内在用意才能救西方政党之弊。因此，康有为得出结论：“盖教争甚难，益服孔子立揖让之礼也。”[⑧]

---

① 康有为著，姜义华等校：《康有为全集》第六集，第 381 页。

② 康有为著，姜义华等校：《康有为全集》第六集，第 381 页。

③ 梁启超：《南海康先生传》，《梁启超全集》第一册，北京出版社 1999 年版，第 488 页。

④ 张兴：《经学视野下的〈大学〉学史研究》，中国社会科学出版社 2019 年版，第 76 页。

⑤ 康有为著，姜义华等校：《康有为全集》第六集，第 395 页。

⑥ 康有为著，姜义华等校：《康有为全集》第六集，第 396 页。

⑦ 康有为著，姜义华等校：《康有为全集》第六集，第 396 页。

⑧ 康有为著，姜义华等校：《康有为全集》第六集，第 396 页。

《论语·子罕》中"麻冕,礼也"章,《论语注》这里强调孔子之礼,"君臣对拜,以极平等之至,几过于今欧洲君臣矣"①。康有为亦将"管仲相桓公"与西方的政治制度相类:

> 霸者,有天下之别名,但未一统,革命废王如希腊之代兰得,日本之大将军耳。法之拿破仑似之,即德之该撤受封教皇,亦为霸耳。观鲁朝贡于晋,而不朝贡于周可见,盖封建之世有此体,后世无之。②

康有为强调西方"德联邦"等政治制度皆源自中国,以附会当时学术界盛行的西学中源论。康有为将《论语·子路》篇"冉子退朝"章阐释为:"政者,有所改更匡正。事者,凡行常事。盖上所施行,经国治民,曰政;下奉令承旨,作而行之,谓之事。"③康有为对"政"与"事"的传统解释基本上符合中国的传统,但康有为本意并不在此,"今欧人有行政官、事务官之别"④。这是康有为基于当时较为流行的中西契合论以及西学中源说,试图将《论语》中的道理与西方政界、学界相附会,从而企图在西方的社会制度中寻找社会改良、变法的理论依据。这种释读《论语》的方式表明中国古代经典中早已蕴含着西方现存政治制度的因子。

四、《论语注》与儒学的现代转向

多灾多难的中国遭遇"千年未有之变局",在列强的枪炮下踽踽前行。处在经济与文化转型的关键时刻,"西学""西政"等新思想与新文化不同程度地作用于中国的政治格局。深受西学思想洗礼与启发的康有为,从小就浸润在儒家传统之中,其思想具有多元性的特点。面对世事巨变,康有为处在内忧外患的动荡时代,是通盘思考古今、中西之争,又试图把中西、古今之学融为一体,并给出中国未来之药方的先进中国人。康有为一直立足于儒学本位,将"西学""西政"与儒学进行融合、比附,并试图以此改造儒学,以求儒学的现代性转型。"康有为在这里开辟了一个以阐发孔子思想的现时代

① 康有为著,姜义华等校:《康有为全集》第六集,第445页。
② 康有为著,姜义华等校:《康有为全集》第六集,第492页。
③ 康有为著,姜义华等校:《康有为全集》第六集,第483页。
④ 康有为著,姜义华等校:《康有为全集》第六集,第483页。

价值为基本特点的新的研究方向，而这也正是后世新儒家所努力的方向。”①

在康有为看来，新思想要想被世人接受，最有效的方式就是回到经典“托古”以“改制”，只有这样才能切实推行其政治主张，达到挽救民族危亡的目的。从康有为的一生经历可以看出，“尊孔”“尊中”是他思想的主基调。对于儒学与孔子，康有为绝非纯粹地利用，而是诚心地信奉，绝不是时人叶德辉认为的“貌孔心夷”。“康氏一直敬仰孔子，他深信真正儒学的道德效力并未被几百年来的伪经损坏殆尽，仍然可以恢复，不仅可为中国人，而且可为整个人类服务。”②这是萧公权先生对康有为改造儒学的肯定。对于传统文化的过分抨击会导向儒学的反面，从而割裂现时与传统。但是康有为更加明白的一点是：只有正视传统，儒学才有出路。康有为对儒学的改造客观上动摇了孔子与经学的根基，但这是儒学发展必须经历的阵痛，儒学必须脱掉神圣的外衣并回到现实中来才能重获新生。楼宇烈先生也指出：“只有正视传统，促使其自我更新，使其在现时代发挥其应有的作用，这样才有可能真正摆脱传统的束缚，而变包袱为财富，变阻力为动力。”③

当然，在《论语注》中经常见到康有为对经典诠释的断章取义，甚至为达到政治目的不惜曲解原典而进行自我创造，这种做法虽不可取，但它跃动的是康有为作为一个解经者强烈的个体创造性。康有为的初衷是要借经典诠释来张扬自己个性，彰显政治主张，援“西学”“西政”入中国儒家传统，实现“托古改制”。在对经典的注解上，康有为为达到政治需要一任自然，不惜对经典进行篡改，将一己的见解塞进文本，我们甚至可以将《论语注》定位为一部对经典过度诠释的著作。他不可能像中规中矩的洋务派领袖张之洞那样有坚守保守主义的心智与政治德性，可以说，康有为的学说很难建立在扎实的儒家义理、学术的基础之上。面对空前动荡的时局，时代所能给予他的空间和条件已经被极度地压缩。因此，需要对康有为予以重新的审视，他的政治视野与远见卓识是时人难以望其项背的。如果说《论语注》是削《论语》之足以适己履，那也是有其合理性的，这也正是康有为的思想挑战性和历史的

① 王钧林：《康有为对儒学的改造》，《中国哲学史》1996 年第 4 期。

② [美]萧公权：《近代中国与新世界——康有为变法与大同思想研究》，汪荣祖译，江苏人民出版社 2007 年版，第 73 页。

③ 楼宇烈：《借古为今乎？恋古非今乎？——〈康有为学术著作选〉编后》，《书品》1989 年第 2 期。

现实感的表现。

康有为巧妙地运用公羊学"通经致用"的学术传统，将西方自由、平等、民主、博爱、人权等政治理论以及风靡全球的进化论思潮纳入《论语》的诠释之中。通过康有为的解读，我们可以看到康有为对"我注六经"式的解经模式的纯熟应用。这不仅为其维新变法思想提供理论依据，而且客观上促进了儒学的近代转型。具体表现在以下四个方面。

第一，康有为以儒学为本位，积极融会中西、古今之精华对儒家思想进行创造性转化，在整个《论语》学史和"四书"学史上颇具开创意义。身处中西文化交汇的大变革时代，康有为通过为儒家经典《论语》作注，以一种开放的文化胸怀，用今文经学通经致用思想与西学融合，将传统儒家的"公羊"学说、西方的科学知识和政治思想、佛教思想进行有机融合。康有为的努力，是对遭受灭顶之灾的儒家思想走向近现代做出的有益尝试。"康有为也许可以说是近代中国尝试着使传统文化，特别是儒家孔孟学说，向近代转化、为近代社会服务的第一位探路人"①，康有为首次立足于当下，将西方近代思想观念融入《论语注》，突破了儒学以往的解经方式，在中国经典诠释史上具有重要意义。

第二，康有为把西方进化论思想、科学知识等"西学"与中国古代的"公羊三世"说相结合，促进儒学与"西学"的融合。康有为对儒学的改造为中西思想的融通开辟了道路，将西方的先进思想渗透到中国新生代的知识分子中间。② 康有为巧妙地将西学引入儒学的诠释体系之中，效仿泰西成了中国改革变法的主要目标。③ 康有为采用"以西化儒""援西入儒"的方法突破了"以儒释儒"所形成的日益陈旧、僵化的解经思维，涤荡和整理了不适合近现代价值的儒学思想成分，为传统儒学的发展开出一剂良方，更表现出儒学

---

① 楼宇烈：《康有为与儒学的现代转化》，《孔子诞辰 2540 周年纪念与学术讨论会论文集》(下)，生活·读书·新知三联书店 1992 年版，第 2149 页。

② "康有为的儒学改革，为贯通中西的、作为全世界普遍'公理'的社会进化论渗入中国社会，开辟了一条崭新的道路。变法运动后，特别是 20 世纪初，高举'优胜劣汰'法则的社会进化论，日益渗透到中国新生代知识分子中间。"(朱忆天：《康有为的改革思想与明治维新》，第 212 页)

③ "他以'孔子自造'的精神，为人类社会发展设计了普遍适用的、机械的'三世'模式。在他看来处于'升平'之世的泰西文化，代表了人类社会发展目前所能企及的最高阶段。所以，仿效泰西也就成了今日中国改革变法的主要目标。"(张勇：《戊戌时期章太炎与康有为经学思想的歧异》，《历史研究》1994 年第 3 期)

"苟日新,日日新,又日新"的特质与旺盛的生命力。康有为的努力不仅为传统儒学带来生机,也为儒学的未来发展指明了新的方向。

第三,康有为《论语注》的儒学建构一定程度上表明儒学"通经致用"价值指向的确立。① 康有为以西方先进的文明成果为重要参照,对经典的诠释与政治文明、社会进步建立有效的勾连具有重要意义。康有为站在中西文化的交汇点上吐故纳新,将"西学""西政"纳入儒家经典体系与中国的社会现实当中,为中国固有的传统文化与西方近代政治体制建立有效的关联,这无疑对转变观念具有巨大的冲击力量,其中蕴含着极强的时代意识,而非纯学术性的思想。这种关注时局并力求改变现状的努力,由学术渐至现实的解经模式改变,无疑具有积极的现实意义。

第四,康有为破除夷夏之辨,超越了华夏中心主义保守者的局限,开显了儒学普世之学的价值。《论语注》还表现在康有为超越了传统儒学的夷夏之辨,不再有清代士大夫天朝上国的保守情结,而抵触现代文明或不愿意进入现代文明才是康有为心目中最可怕、最野蛮的"夷狄",这在一定程度上冲击了中国人根深蒂固"夷夏之防"的传统观念。康有为"学术层面的改革没有成功,却大大促进了清末思想界的进化,间接促进了社会的转型,真可谓'失之东隅,收之西隅'"②。康有为的儒学思想一定程度上体现了西方平等观念深入人心,中国开始走向世界、融入世界的一种趋势,同时也为中国文化及中国儒学的拓展开辟了道路。

结　语

综上所论,康有为对儒学改造的四点功绩可谓"善莫大焉",它客观上促进了儒学的发展。但是我们也不可忽视一点:康有为《论语注》对《论语》的诠释促使古老的儒学进行艰难转型,但这种转型需要和社会的发展保持同步才具有现实意义。康有为"六经注我"的解经方式,缺乏实事求是的精神,诸如将《论语》与西方"进化""民主"等思想进行简单的、生硬的联系,显然有

① 参见刘星:《康有为今文经学的"通经致用"思想》,《自然辩证法法研究》2016 年第 2 期。

② 姜广辉、李有梁:《康有为的经学近代化改革及其失败》,《中国哲学史》2013 年第 2 期。

失客观，“康氏随任己意，有时甚至不惜改经，以便将自己的见解尽量塞进文本”①。康有为晚年沉迷于君主立宪，反对民主革命，学界一度把他定位为时代的“落伍者”，这有失公允。因为我们应该看到他为儒学付出的努力，在危难时局中，留给他的时间和空间是有限的，这也是他为救亡图强不得已而为之。

我们不但要成为儒学坚定的践行者，还要把握时代脉搏，正确认识、分析儒学的利弊得失，取其精华、去其糟粕，做儒学真正的传承者与发扬者。我们要“推动中华优秀传统文化创造性转化、创新性发展”②，这是习近平总书记多次强调，并在党的十九大报告中再次申明的重要论断，也为我们文化建设事业的发展指明了方向。“一个方方面面充满争议的康有为要比更少争议的梁漱溟、熊十力或钱穆，在今天对于我们来说更有思想性的挑战性和历史的现实感。”③《论语注》所昭示的儒学转向的价值和意义不能因为康有为在学术上、政治上和道德上的不完美而对他的一切一概予以挞伐。“他创构了一个中国式的未来社会想象，并为当代处理传统儒学与现代性的问题提供了不同于侧重心性修养的可能进路。”④我们要积极挖掘《论语注》中可资利用的资源，吸收、借鉴儒学现代转型中积极的、有益的成分为我所用。只有这样，我们才能使儒学中诸如“和而不同”“己所不欲，勿施于人”“仁义礼智信”等核心价值与时俱进，同当今时代建立起有效的逻辑勾连。只有古为今用、学以致用，儒学才有更为美好的未来。

---

① 马永康：《〈论语〉注解中的“公羊学”取向——刘逢禄〈论语述何篇〉和康有为〈论语注〉比较》，《孔子研究》2008年第3期。

② 2013年11月26日，习近平总书记在山东考察曲阜时首次提出“创造性转化、创新性发展”这一论断。对创造性转化与创新性发展问题习近平总书记也下过明确的定义：创造性转化，就是要按照时代特点和要求，对那些至今仍有借鉴价值的内涵和陈旧的表现形式加以改造，赋予其新的时代内涵和现代表达形式，激活其生命力；创新性发展，就是要按照时代的新进步新进展，对中华优秀传统文化的内涵加以补充、拓展、完善，增强其影响力和感召力。

③ 张旭：《大陆新儒家与新康有为主义的兴起》，《文化纵横》2017年第3期。

④ 马永康：《大同的“发明”——康有为〈礼运注〉析论》，《中国哲学史》2019年第4期。

“扶桑国”的传说与历史建构

黄莞

摘要:“扶桑”一词最早见于《山海经》,是东方日出之地的一棵神树,因此成了极东之地的代称,《梁书·东夷传》载沙门慧深关于扶桑国的叙述,扶桑始被赋予了现实海外国家的含义。对于扶桑国之所在,学界众说纷纭、层累叠加,始终没有定论。详考古书中扶桑国文献源流,可知扶桑国的传说更接近于异域志的历史书写而非历史事实,故与其视扶桑国为实有其国而孜孜以求其所在,不如视之为传说而察其流变与成因。

关键词:扶桑国　历史建构　传说

扶桑一词最早见于《山海经》“汤谷上有扶桑”①,直到《梁书·东夷传》,扶桑成了僧人慧深口中确切存在的国家,“扶桑”一词的含义从日出之地的神树逐渐演变为异域国家之名。对于扶桑国的考证,后世众说纷纭,流派众多,大概有日本(日本附近岛屿)说、墨西哥(南美洲)说、扶桑虚构说三种。对于扶桑国之所在,学界层累叠加,始终没有定论。详考古书中扶桑国文献源流,可知扶桑国的传说更接近于异域志的历史书写而非历史事实,故对于扶桑国,与其视之为实有其国而孜孜以求其所在,不如视之为传说而察其流变与成因。我们试图从民俗学的研究角度,关注扶桑国历史叙述的演变过程,以层累地造成中国史的研究方法来分析,将关于扶桑国的文献资料汇总起来,分类排布,研究不同时代传说的不同面貌,以及历代逐渐流变的过程和原因。

黄莞,山东大学儒学高等研究院博士研究生,主要从事中古文献研究。

① 郭世谦注:《山海经考释》,天津古籍出版社2011年版,第498页。

一、研究综述

近代学界对于扶桑国的研究始于法国汉学家德·岐尼(De Guignes)。1752年,德·岐尼与宋君荣讨论《文献通考》时已涉及扶桑,1761年发表的报告《中国人沿美洲海岸航行和亚洲极东部几个民族的研究》首次提出,早在5世纪,中国僧人慧深已到达扶桑国,即今日墨西哥。报告一经发布便引起学界极大关注,二百余年来不断有中、日、英、美等各国学者撰文讨论。

对于德·岐尼认为扶桑在美洲的说法,拥趸众多,世界各国学者皆有论著。其中以欧美各国学者为主,欧美学界关于扶桑在美洲的论著众多,是为美洲说的中流砥柱。① 日本学界也多有论述,其中最具影响力的为桑原骘藏(くわばらじつぞう)。② 关于扶桑国的讨论引入中国后,引发了学者激烈的讨论,美洲说支持者甚众。③ 朱谦之作《扶桑国考证》集方家众说,支持美洲之说,是为国内关于扶桑国研究最为系统全面的开山之作。支持美洲说的学者大多从当时的航海技术、里程方位入手,寻找美洲与扶桑记载中相符的风俗、地理、物产,证明扶桑国在美洲的合理性。目前扶桑国位于美洲仍然是主流的观点。

扶桑是日本周边岛屿的说法是关于扶桑国考证的另一大流派的观点。扶桑是日本国东部海岛的说法最早由日本学者松下见林提出,荷兰汉学家希勒格(Schlegel)在著作《中国史乘中未详诸国考证》中将扶桑国在日本附近的观点进一步发展,主张扶桑国在库页岛(日人称桦太岛,即今属俄罗斯的萨哈林岛)④。日本说的支持者以日本学者为主,自昭和时期以来对于扶

---

① 参见朱谦之:《扶桑国考证》,山西人民出版社2014年版,第1~11页。其中介绍了三十多位重要欧美学者的论著,如培累斯《关于古代美洲与欧、亚、非各洲民族关系的报告》,爱赫塔《原始佛教徒与美洲文化的研究》,哥德罗《佛教徒与基督纪元五世纪传道美洲说》,法国学者巴拉维《美洲之名扶桑,五世纪中国史中会否引证》《中国书籍中所载扶桑即美洲的新证据》,德国学者留曼《东亚洲与西美洲,关于第五、六、七世纪中国人的发现》等。

② 参见朱谦之:《扶桑国考证》,第118~119页。

③ 陈志良:《中国人最早移殖美洲说》,《说文月刊》1940年第4期;朱谦之:《哥伦布前一千年中国僧人发现美洲说》,《北京大学学报》1962年第4期;邓拓:《谁最早发现美洲》《"扶桑"小考》《由慧深的国籍说起》,《燕山夜话》,北京出版社1979年版,第101~108页。

④ [法]希勒格:《中国史乘中未详诸国考证》,冯承钧译,商务印书馆1928年版,第1~41页。

桑的研究众多。①

认为扶桑国为虚构之说始于我国清末地理学家丁谦，他认为扶桑国的传说是游僧编造的，不足为信。② 日本学者白鸟库吉(しらとりくらきち)在《关于扶桑国》(《扶桑國に就いて》)一文中也认为扶桑国的传说不可信。③ 罗荣渠在文章《论所谓中国人发现美洲的问题》中认为扶桑国是游僧杜撰的国家，但他并不是完全否定，而是在后续的讨论文章《扶桑国猜想与美洲的发现——兼论文化传播问题》里选取了一个折中的观点：如果扶桑国真实存在，不应该远至墨西哥，也不应当是日本及其周边海岛，可能是在中国内陆的某个地方。④

国际上对于扶桑国问题的讨论十分热烈，日本学者的研究著作众多，观点大多倾向于日本及周边海岛说，欧美学者则倾向于美洲墨西哥说，朱谦之的著作《扶桑国考证》中引证了大量欧美学者的讨论，介绍了三十多种欧美学界关于扶桑国研究的文章和著作。国内对扶桑国的关注度也很高，朱谦之、梁嘉彬、徐松石、韩振华、罗荣渠等众多学者积极研究探讨，但大多陈陈相因，热衷于证明日本说和美洲说两大流派观点，扶桑国虚构说少有问津，更难有新观点问世。众说纷纭，证据繁多，使得问题更加复杂难解。正如朱谦之所言，“可惜的就是这种当然的结论，实乃成立于不甚可靠的也是材料上，只要由上应用民俗学的方法来研究一下，便能重新估定其无何价值了”⑤。

二、古典文献中的扶桑国

古典文献中存在大量对于扶桑的记载，含义不尽相同，有些沿用了神树之意，有些化用为极东之地的代表，还有些记载为海外国家。古典文献对于

---

① 参见朱谦之:《扶桑国考证》,第 25～34 页。其中介绍了平田笃胤(《大扶桑国考》)、克拉普洛特(《中国文献中所载的扶桑国被误认为是美洲一部分之说的研究》)等部分学者的观点。

② 丁谦:《蓬莱轩地理学丛书》第 1 册,北京图书馆出版社 2008 年版,第 513 页。

③ 白鸟库吉:《扶桑國に就いて》,《地学杂志》明治四十年(1907)第 225 号。

④ 罗荣渠:《论所谓中国人发现美洲的问题》,《北京大学学报》1962 年第 8 期;罗荣渠:《扶桑国猜想与美洲的发现——兼论文化传播问题》,《历史研究》1983 年第 2 期。

⑤ 朱谦之:《扶桑国考证》,第 53 页。

扶桑的记载大致可以分为三个系统：史籍系统，也就是官方系统的历代正史、典政书籍；文人系统，即文人笔记、稗官野史和诗文创作；宗教系统，包括佛、道教的带有宗教立场的文献记载。我们将不同系统的文献归纳分类，依据年代变化分析扶桑不同含义在古典文献的各个系统中的流变。

（一）史籍中的扶桑国

对于扶桑的记载，最早见于《山海经》，《海外东经》云："汤谷上有扶桑，十日所浴，在黑齿北。有大木，九日居下枝，一日居上枝。"①《大荒东经》云："大荒之中有山，名曰孽摇頵羝，上有扶木，柱三百里，其叶如芥。有谷，曰温源谷。汤谷上有扶木，一日方至，一日方出，皆载于乌。"②扶木亦即扶桑，均指东方日出之地的一棵树。此后史籍出现扶桑一词，诸如《史记》《汉书》《后汉书》《华阳国志》之类皆引《山海经》"日出汤谷"之言，《宋书·天文志》记载《白纻舞歌诗三篇》中有"东造扶桑游紫庭，西至昆仑戏曾城"③一句，皆以扶桑作为传说中极东的象征，与极西之地的象征符号昆仑相对。《南齐书》言"东夷海外，碣石扶桑"④，魏晋时期设金陵、燕然、扶桑、崦嵫四馆处理外务，扶桑便是东方置地的象征，《晋书》也将扶桑一词用作东方之地的象征。但此时，诸如倭国、扶南等太平洋列岛国家已经见诸史册。扶桑作为国家之名的叙述最早见于《梁书》：

> 扶桑国者，齐永元元年，其国有沙门慧深来至荆州，说云：扶桑在大汉国东二万余里，地在中国之东，其土多扶桑木，故以为名。扶桑叶似桐，而初生如笋，国人食之，实如梨而赤，绩其皮为布以为衣，亦以为绵。作板屋。无城郭。有文字，以扶桑皮为纸。无兵甲，不攻战。其国法，有南北狱。若犯轻者入南狱，重罪者入北狱。有赦则赦南狱，不赦北狱。在北狱者，男女相配，生男八岁为奴，生女九岁为婢。犯罪之身，至死不出。贵人有罪，国乃大会，坐罪人于坑，对之宴饮，分诀若死别焉。以灰绕之，其一重则一身屏退，二重则及子孙，三重则及七世。名国王为乙祁；贵人第一者为大对卢，第二者为小对卢，第三者为纳咄沙。国王行有鼓角导从。其衣色随年改易，甲乙年青，丙丁年赤，戊己年黄，庚

① 郭世谦注：《山海经考释》，第 498 页。

② 郭世谦注：《山海经考释》，第 641 页。

③ 沈约：《宋书》，中华书局 1974 年版，第 637 页。

④ 萧子显：《南齐书》，中华书局 1972 年版，第 1019 页。

辛年白，壬癸年黑。有牛角甚长，以角载物，至胜二十斛。车有马车、牛车、鹿车。国人养鹿，如中国畜牛。以乳为酪。有桑梨，经年不坏。多蒲桃。其地无铁有铜，不贵金银。市无租估。其婚姻，婿往女家门外作屋，晨夕洒扫，经年而女不悦，即驱之，相悦乃成婚。婚礼大抵与中国同。亲丧，七日不食；祖父母丧，五日不食；兄弟伯叔姑姊妹，三日不食。设灵为神像，朝夕拜奠，不制缞绖。嗣王立，三年不视国事。其俗旧无佛法，宋大明二年，罽宾国尝有比丘五人游行至其国，流通佛法、经像，教令出家，风俗遂改。①

然而同样在《梁书》中，徐陵进《劝进表》歌颂萧梁功业，“重以东渐玄菟，西逾白狼，高柳生风，扶桑盛日，莫不编名属国，归质鸿胪，荒服来宾，遐迩同福”②。永元年间为499～501年，徐陵上表已在大宝三年(552)，表中白狼为西汉右北平郡，玄菟为设立在朝鲜故地的汉四郡之一，此处的扶桑也是东方极远之地的含义，与前文提到海外国家相矛盾，泛指萧梁的东方领土。关于扶桑国的记载仅见于《梁书》，然而就连《梁书》也前后指代不一，难以令人信服。《南史》称“扶桑国在昔未闻也。梁普通中，有道人称自彼而至，其言元本尤悉，故并录焉”③，可见《南史》对于扶桑国的记载摘录自《梁书》，并且除了《梁书》中所记，对于扶桑国的描述再无来源。后世史书《通典》所记扶桑国，“南齐时闻焉。废帝永元初，其国有沙门慧深来至荆州，说云扶桑在大汉国东二万余里地，在中国之东”④。《通志》载：“扶桑都在大汉国东二万余里地，在中国之东土，多扶桑木，故以为名。”⑤后世各种史部典籍诸如《太平御览》《太平寰宇记》《册府元龟》之类也直接抄录《梁书》，然而后世正史却不见扶桑国的记载。

可见关于扶桑国的史料全部脱胎于《梁书》记载，也就是说全部来源于扶桑国沙门慧深的口述，再不见于其他史书，南北朝其他国家皆无扶桑国传说，后世既无新的来源也没有新的往来资料的补充。就这样一条信息来判定扶桑确有其地未免孤证难信。唯有《文献通考》引李淳风注《通典》记述不

---

① 姚思廉：《梁书》，中华书局1973年版，第808页。

② 姚思廉：《梁书》，第130页。

③ 李延寿：《南史》，中华书局1975年版，第1969页。

④ 杜佑：《通典》，中华书局1988年版，第5024页。

⑤ 郑樵：《通志》，中华书局1987年版，第576页。

同:“历代史倭国一名日本,在中国直东,扶桑复在倭国之东,约去中国三万里。”①唐朝以后,扶桑国不复存于正史,足证在官方系统中,古人对于扶桑国是否存在,存在于何处也未能定论,不敢尽信。

(二)文人创作的扶桑国

东方朔《海内十洲记》中记“扶桑在东海之东岸,岸直陆行登岸一万里,东复有碧海,海广狭浩汗,与东海等”②。王嘉《拾遗记》所记:“扶桑东五百里有磅磄山,上有桃树百围,其花青黑,万岁一实。”③《梁四公记》:“杰公尝语诸儒语及方域云,东至扶桑,扶桑之蚕长七尺围七寸,色如金,四时不死,五月八日呕黄丝,布于枝条而不为茧。”④此外还有如《汉武帝内传》《玄中记》《汉武洞冥记》之类魏晋文人笔记中,扶桑都不是作为一个确切的国家而出现,皆是神树或是东方地名之意,魏晋文人笔记中所记扶桑充满着六朝神鬼志怪的神话色彩,是对于异域的想象和再造,不足为据。文人笔记系统中想象的极东之地或者神树扶桑,溯其源头仍然是《山海经》中对于神树扶桑的想象,是对于《山海经》神话体系的补充和再造。

直到唐代的《酉阳杂俎》记长须国在扶桑洲之上,位于新罗旁边的日本列岛,“大足初,有士人随新罗使,风吹至一处,人皆长须,语与唐言通,号长须国。人物茂盛,栋宇衣冠,稍异中国,地曰扶桑洲。其署官品,有正长、戢波、目役、岛逻等号。士人历谒数处,其国皆敬之”⑤。《酉阳杂俎》既有志怪色彩又有博物志的特点,虚实相生,想象扶桑洲长须国服饰言语与中国相似,后又言此岛为虾王所化,仍带有魏晋志怪小说的特点,亦不足为据。宋代《云麓漫钞》始将扶桑国当作确实存在的日本列岛国家,云:“(普陀山)东南天水混合无边际,自东即入辽东、渤海、日本、毛人、高丽、扶桑诸国。”⑥元代周致中《异域志》,则是根据《梁书》所载发挥而来:“在日本国之东南,大汉国之正东。无城郭,民作板屋以居。风俗与太古无异。人无机心,麋鹿与之

① 马端临:《文献通考》,中华书局 2011 年版,第 8907 页。

② 东方朔:《海内十洲记》,《景印文渊阁四库全书》第 1042 册,(台北)台湾商务印书馆 1986 年版,第 278 页。

③ 王嘉等撰,王根林等校点:《拾遗记(外三种)》,上海古籍出版社 2012 年版,第 20 页。

④ 张说:《梁四公记》,陶宗仪:《说郛》,中国书店 1986 年版,第 36 页。

⑤ 段成式撰,张仲裁译注:《酉阳杂俎》,中华书局 2017 年版,第 545 页。

⑥ 赵彦卫:《云麓漫钞》,中华书局 1996 年版,第 31 页。

相亲，人食其乳则寿罕疾，得太阳所出生炁之所以薰灸故也。”[①]唐代及以后对于扶桑国异域的想象，就是来自《梁书》的记载了。

文学作品中对于扶桑的描写也十分常见，《离骚》中“饮余马于咸池兮，总余辔乎扶桑”，王逸注云：“《淮南子》曰‘日出汤谷，浴乎咸池，拂于扶桑，是谓朏……’言我乃往极东之野，饮马于咸池，与日共浴。”[②]曹植有诗《升天行》：“扶桑之所出，乃在朝阳溪。”[③]可见在先秦到魏晋大多数文人的认识里，扶桑就是《山海经》中所言日出之处的神树，也就是极东之地。李白《短歌行》言：“吾欲揽六龙，回车挂扶桑。”[④]李商隐也有诗《偶成转韵七十二句赠四同舍》：“旧山万仞青霞外，望见扶桑出东海。”[⑤]足证在古代文人诗文系统中，扶桑最深入人心的含义是源自《山海经》的神树之意，也就是极东之处的海外仙境，扶桑国作为确切海外佛教国家的含义并不为大众所接受和传播。

（三）宗教文献中的扶桑国

葛洪《枕中书》载：“扶桑大帝，住在碧海之中，宅地四面并方三万里，上有太真宫，碧玉城万里，多生林木，叶似桑。”[⑥]道教神仙系统中，将扶桑当作东方海上的一处仙地，与文人笔记系统含义相似，应该也发源于《山海经》。

但在佛教系统中，由于传闻中发现扶桑国的是僧人慧深，扶桑国又是佛教国家，佛教系统将扶桑当作真实存在的国家，并且对慧深和扶桑国的传说深信不疑。《海东高僧传》：“三韩东南隅海内有倭国，即日本国也。倭之东北有毛人国，其国东北有文身国，其国东二千余里有大汉国，其国东二万里有扶桑国。宋时有天竺五僧，游行至此，始行佛法。此皆在海中。”[⑦]《佛祖统纪》：“扶桑国在东海中。齐永元初，僧慧深来建康，言其国在大汉东三万里。宋大明五年，罽宾国沙门至其国传佛法。”[⑧]可见在佛道宗教系统中，出于不

---

① 周致中：《异域志》，商务印书馆 1936 年版，第 1 页。

② 洪兴祖：《楚辞补注》，（台北）台湾大学出版中心 2016 年版，第 38 页。

③ 王巍校注：《曹植集校注》，河北教育出版社 2013 年版，第 40 页。

④ 傅东华选注：《李白诗》，商务印书馆 1928 年版，第 49 页。

⑤ 朱鹤龄笺注，田松青点校：《李商隐诗集》，上海古籍出版社 2015 年版，第 314 页。

⑥ 葛洪：《枕中书》，中华书局 1991 年版，第 3 页。

⑦ 觉训：《海东高僧传》，《大正新修大藏经》第 50 册，（日本）大藏出版株式会社，1988 年，第 1017 页。

⑧ 释志磐：《佛祖统纪》，《续修四库全书》第 1287 册，上海古籍出版社 1996 年版，第 422 页。

同的宗教世界观，对于扶桑赋予了不同的含义，道教认为扶桑是道家的海外仙境，而佛教则确信扶桑是信奉佛教的海外国家。

三、扶桑国文献真实性再商榷

记载扶桑国的古典文献资料繁多，但真实性却令人怀疑，其更像是对于扶桑国传说的叙述，而不是对于扶桑国历史事实的记载。通过对文献资料的分析，我们可得出，慧深与扶桑国的传说仅见于萧梁，南北朝其他国家对此均无记载，传播兴盛始于唐朝；历代典籍中，正史对于扶桑国的记述全部来源于《梁书》一家之言，野史即文人笔记对于扶桑国的记述杂糅《山海经》的神话来源与《梁书》的现实来源；文学作品对于扶桑一词的理解本于上古神话，几乎未曾提到过扶桑国的概念；道教认为扶桑是道家的东方海外仙境，佛教由于传说始于游僧，记载全部秉承《梁书》所言。可见完全相信扶桑国事实的记述仅有正史及佛家，正史所言也必提及是出自慧深所言，是为慧深说云，可见信史不能判断传闻是否属实，间接引用，较为客观。

正史《梁书》对于扶桑国记载之时还提及了大汉国、文身国、侏儒国、女国四国，同样记述简略，仅有地理风俗，没有历史及与中国交往情况的记载：

> 其南有侏儒国，人长三四尺。又南黑齿国、裸国，去倭四千余里，船行可一年至。又西南万里有海人，身黑眼白，裸而丑。其肉美，行者或射而食之。
>
> 文身国，在倭国东北七千余里。人体有文如兽，其额上有三文，文直者贵，文小者贱。土俗欢乐，物丰而贱，行客不赍粮。有屋宇，无城郭。其王所居，饰以金银珍丽。绕屋为堑，广一丈，实以水银，雨则流于水银之上。市用珍宝。犯轻罪者则鞭杖；犯死罪则置猛兽食之，有枉则猛兽避而不食，经宿则赦之。
>
> 大汉国，在文身国东五千余里。无兵戈，不攻战。风俗并与文身国同而言语异。
>
> 扶桑东千余里有女国，容貌端正，色甚洁白，身体有毛，发长委地。至二、三月，竞入水则妊娠，六七月产子。女人胸前无乳，项后生毛，根白，毛中有汁，以乳子，一百日能行，三四年则成人矣。见人惊避，偏畏丈夫。食咸草如禽兽。咸草叶似邪蒿，而气香味咸。天监六年，有晋安

人渡海，为风所飘至一岛，登岸，有人居止。女则如中国，而言语不可晓；男则人身而狗头，其声如吠。其食有小豆，其衣如布。筑土为墙，其形圆，其户如窦云。①

对于四国的记载难以尽信，特别是慧深所言女国人身狗头，以毛乳子之类的记述，充满了对于异族的想象。侏儒国、黑齿国，皆出自《山海经》，裸国见于《吕氏春秋》和《淮南子》。对于这几个国家的记载皆与《山海经》以及上古神话系统的想象有源流关系。清末地理学家丁谦认为："以上四国皆荒诞不足信，今全球大通，无如此部族……揆其说所由来，皆出于游僧慧深之口，一时士大夫为其所愚，遽行传播，髡徒不足责，而修史者竟采之以入传，不其陋欤。"②就慧深所言关于扶桑国的文本而言，也是纰漏百出。首先，《东夷传序》中提到，"普通中有道人称自彼而至"③，然而，到了正文中却是"齐永元元年，其国有沙门慧深来至荆州"④，普通中为 520～526 年，确切言明时间的永元元年却是 499 年，相差有二十年之多。其次，汤用彤认为，慧深所言"其俗旧无佛法，宋大明二年，罽宾国尝有比丘五人游行至其国，流通佛法、经像，教令出家，风俗遂改"⑤也可能并不属实。"五比丘的传说，始于释迦传来记，谓佛成道后，侨陈如等五比丘最初传法，后来佛教流行各国，传法的故事疑常沿用五比丘传说。"⑥《戒律传来记》有五比丘自天竺来西域及汉地传法，《法苑珠林》有五比丘自罽宾来送佛像。五比丘的说法早在北魏就很流行了，扶桑传同上面所述故事一样，也是来自罽宾的五人，很可能是佛教对于传法故事的因袭和化用。再者，对于扶桑、大汉、女国、侏儒国的位置记载也难以自圆其说：

倭者，自云太伯之后，俗皆文身。去带方万二千余里，大抵在会稽之东，相去绝远。从带方至倭，循海水行，历韩国，乍东乍南，七千余里始度一海；海阔千余里，名瀚海，至一支国；又度一海千余里，名未卢国；又东南陆行五百里，至伊都国；又东南行百里，至奴国；又东行百里，至

① 姚思廉：《梁书》，第 807～809 页。
② 丁谦：《梁书夷貊传地理考证》，《蓬莱轩地理学丛书》第 1 册，第 514 页。
③ 姚思廉：《梁书》，第 800 页。
④ 姚思廉：《梁书》，第 808 页。
⑤ 姚思廉：《梁书》，第 807 页。
⑥ 汤用彤：《汤用彤全集》卷七，河北人民出版社 2000 年版，第 40 页。

> 不弥国；又南水行二十日，至投马国；又南水行十日，陆行一月日，至邪马台国，即倭王所居……其南有侏儒国，人长三四尺。又南黑齿国、裸国，去倭四千余里，船行可一年至……文身国，在倭国东北七千余里……大汉国，在文身国东五千余里……扶桑在大汉国东二万余里，地在中国之东……扶桑东千余里有女国。[①]

白鸟库吉研究过中国距离日本倭国的位置，“从带方郡（临津江口）到狗邪韩国（金海）的海上距离不过二百余里，《魏志》作七千余里，与实际之比差为三十五比一，从狗邪韩国到九州末卢国（松浦郡），海上距离是六十余里，《魏志》作三千余里，比差为五十比一，从末卢国到不弥国（太宰府），陆上距离不过三十里，《魏志》上写的是七百里，比差为二十三比一”[②]。古代史书对于方向、里程记载混乱，比例参差不一，对于抵达日本的航程和方向记载都存在错误，“可能是由于方向错了九十度，以东作南了”[③]。对于邻近的史书常载的倭国方向距离记载偏差如此，更何况对于官方未曾抵达过的扶桑国，距离与方位完全是游僧慧深自己所言。失之毫厘，谬以千里，根据《梁书》所记载方位和距离寻找扶桑国所在，无异于大海捞针。

魏晋以来游僧写作民族志传记盛行，有萧齐时期释昙景的《外国传》、刘宋时期释智猛的《游行外国传》、法明的《游天竺记》（《佛国记》）、法盛的《历诸国传》等不胜枚举，但是史学家对于游僧的传记大多持怀疑态度，认为它们“皆盛论释氏诡异奇迹”，“既欲张大释教，则所夸国土，略如释语之诞无疑也”。[④] 佛教世界观与中国传统世界观不同，不以中国而是以天竺为世界中心，认为世界上有东胜神洲、西牛货洲、北俱芦洲和南瞻部洲四大洲，中国只是南瞻部洲的一小部分。《佛祖统纪》中认为：“谈天地之极际者，无若佛经……儒家谈地，止及万历，则不知五竺之殷盛，西海之有截也。”[⑤]葛兆光在《宅兹中国》一书第三章《作为思想史的古舆图》一书中也谈道：“如此讲来，

---

① 姚思廉：《梁书》，第806～809页。

② 转引自罗荣渠：《扶桑国的猜想与美洲的发现——兼论文化传播问题》，《历史研究》1983年第2期。

③ 转引自罗荣渠：《扶桑国的猜想与美洲的发现——兼论文化传播问题》，《历史研究》1983年第2期。

④ 程大昌著，刘尚荣整理：《程氏考古编》，《全宋笔记》第4编第10册，大象出版社2008年版，第78页。

⑤ 释志磬：《佛祖统纪》，第425页。

佛教的世界观中有一个比中国想象世界更为广大的整体世界，世界也不再是以中国为中心的同心圆式的结构。”[①]由此可见，在魏晋写作民族志的佛教徒眼中，有一个与中国传统立场截然不同的世界观，所以在中国传统书写模式下的四夷志在佛教徒的写作下通常命名为外国传。僧人慧深的世界观很可能与史官眼中的世界秩序截然不同，受到佛教宏大世界观的影响，以及出于实现宗教意义，宣扬佛法之盛、传播之广的考量，才会记录下动辄两万里又两万里的海外距离，以至于后世考证者远赴大洋彼岸的墨西哥寻找扶桑国踪迹。

《梁书》对于扶桑国的记载漏洞百出，对于慧深其人的记载也十分模糊。如果确如《梁书》所言，慧深从扶桑国远道而来，其人不应在史书中再无记载。研究者从《高僧传》和《魏书・释老志》中分别查得一位慧深，将三位书中所载国籍、年代、生平皆不相同的中国慧深同扶桑国慧深捏合在一起，算作一人，并且为他构想了往来于扶桑国与中国的经历，认为是中国僧人前往扶桑传法又返回故国。若此慧深当真前往扶桑广传佛法，为何重视佛教的南北朝对他不甚重视，史书上甚至只字不载？同时，三个人的生平经历也相互矛盾。因为法号相同就将三人视为一人，脱离文献资料，这样的考证是不可信的。从仅见于《梁书》的孤证来看，扶桑国僧人慧深本人以及所述内容的真实性也令人质疑。

扶桑国的记述最早见于《山海经》，是想象中东方遥远的异域，慧深的扶桑国用了扶桑的名字，也在远东海外，除此以外与扶桑并无关系，扶桑国的传说也是从唐代开始传播的。然而《梁书》对于扶桑国的记载难以令人信服，文献资料对于慧深的记载也模糊不清，并且二者都只有一处确切出处。从这样模糊的孤证文本中试图考证出具体的扶桑国，研究者大都陷入了一个误区，即历史叙述并非历史事实。历史叙述并非就是真实的历史，《梁书》对于扶桑国的描述可以看作慧深的口述史，口述史保存了口述者的历史记忆，受到口述者心理和所处环境的影响，难以完全还原历史事实，往往主观与客观、想象与真实相杂糅，真实性难以保证。甚至有人认为口述史“正在进入想象、选择性记忆、事后虚饰和完全主观的世界……它将把我们引向何处？那不是历史，而是神话”[②]。《梁书》对慧深口述史的呈现，也会经历记录

① 葛兆光：《宅兹中国——重建有关“中国”的历史论述》，中华书局 2011 年版，第 111 页。

② 杨祥银：《当代美国口述史学的主流趋势》，《社会科学战线》2011 年第 2 期。

者对于信息的二次判断筛选，甚至可能有语言的阻隔，对真实性造成损害，譬如介绍慧深之时，称“其国有沙门慧深”，记述慧深话语的时候，却又用“其国法，其婚姻，其俗”，“其”是对他人的代称，这样的叙述导致后世对于慧深的国籍产生了争议。《梁书》所载扶桑国的传说史料价值有限，真实性也有待商榷，明显是历史叙述而不是历史事实。对于《梁书》中扶桑国的研究应当侧重于史料价值、历史叙述方式和目的、传说的演变、扶桑国的历史建构等方面，而不应试图从真假参半的描述中寻找现实对应，考察植物风俗和地理位置在现实世界的体现。

四、扶桑国的历史建构

扶桑国的记载既非信史，“凡是一件史事，应当看它最先是怎样的，以后逐步变迁是怎样的。我们既没有实物上的证明，单从书籍上入手，只有这样做才可得一确当的整理，才可尽我们整理的责任”①。在文献记载中，扶桑一词有三种含义，汤谷旁边的神木、东方日出之地（极远之地）、海外国家（或指日本、日本列岛），现将前文总结到的文献资料中所见扶桑一词含义汇总，制表如下：

表1　扶桑含义类型

含义	典籍
神树	《山海经》（战国）、《楚辞》（战国）、《汉武帝内传》（魏晋）、《玄中记》（东晋）、《史记》（西汉）、《后汉书》（东汉）、《华阳国志》（东晋）
东方之地	《海内十洲记》（西汉）、《枕中书》（东晋）、《宋书》（南朝）、《南齐书》（南朝）、《晋书》（唐）、《拾遗记》（东晋）、《梁四公记》（唐）
国家	《梁书》（唐）、《南史》（唐）、《通典》（唐）、《酉阳杂俎》（唐）、《太平御览》（宋）、《太平寰宇记》（宋）、《册府元龟》（宋）、《云麓漫钞》（宋）、《海东高僧传》（宋）、《佛祖统纪》（宋）、《异域志》（元）、《玉芝堂谈荟》（明）

① 顾颉刚：《顾颉刚古史论文集》卷一，中华书局2011年版，第181页。

从表1中可以清晰地看出，扶桑的传说流变过程非常明显，从《山海经》中扶桑一词产生开始，先秦典籍中的扶桑几乎都是沿用《山海经》中神树的含义；到了两汉魏晋之时，由于道教的传播还有志怪小说的兴起，扶桑逐渐被赋予了地名的含义，成了极东之地的代表，进一步神化就是海外仙境；直到唐朝，《梁书》中有了现实的扶桑国记载，唐朝及以后的典籍多将扶桑国附会成为现实中的国家。古史记录往往"世愈后其传闻愈繁，世益晚则其采择益杂"[①]，扶桑的传说也是世世代代不断演变丰富的，由简单变复杂，由地方性传说变为全国性的认识，由带有神话色彩的描述变成历史叙述，由历史叙述逐渐被后人寻找现实的对应。考据扶桑国所在的学者往往热衷于考证扶桑木是何种植物，根据慧深以及《十洲记》等文献对于植物特征的描述，考证其为龙舌兰、玉米抑或无花果；或者考证慧深叙述中的社会文化习俗以及宗教信仰与美洲或是日本列岛更为相似，为扶桑国寻找现实的对应。各种考证皆称得上有理有据，特征习俗都有不同程度的贴合。然而对于扶桑国的历史叙述是层累造成的，掺杂了历代神话与事实、想象与现实需求的附会，不能够算作历史事实来讨论，国外研究者往往热衷于引用文人笔记以及野史当作信史记录来做论证，希勒格以《海内十洲记》证扶桑国之方位，殊不知《十洲记》真伪难辨，"汉世于朔，已多附会之谈……齐梁文人亦往往引为故实"，实乃以"方士窃虑失志，借以震眩流俗，且自嘲解之作"为历史事实[②]，从研究方向上便出现了偏差。

慧深和扶桑国的故事模式很可能是虚构的古代对于异域想象记述的母题。古代对于异域想象的记述模式大抵有三种，第一种模式为直接叙述模式，直接记述国名、方位、地理物产风俗等，多见于史书记载；第二种为外来者叙述模式，记载外国人前来拜谒朝贡，通过外国人之口叙述外国风土人情、地理物产，想象的色彩较为浓厚；第三种模式是本土者见闻叙述模式，神话色彩更为浓郁，记载本国人机缘巧合到了异域所见所闻，或者是行程途中偶见，或是因为狂风等自然因素到达异域，有些更加具有神话色彩，因为做梦或者仙人作法而到达异域。慧深与扶桑国的故事就是外来者叙述模式的体现。魏晋笔记小说兴起，对于异域的想象记载繁多，外国人前来拜谒朝贡讲述当地风俗的故事十分常见。仅《拾遗记》一书中就频繁出现，见表2所列。

---

① 顾颉刚：《顾颉刚古史论文集》卷一，第5页。

② 鲁迅：《中国小说史略》，广西人民出版社2017年版，第34页。

表 2 《拾遗记》中所见外来者叙述模式

国名	风俗
燃丘之国	其国使者皆拳头尖鼻，衣云霞之布……历经百有余国，方至京师……越铁岘，泛沸海，蛇洲、蜂岑。
宛渠之国	承螺舟而至……其国人长十丈，编鸟兽之毛以蔽形……臣国在咸池日没之所九万里……俗多阴雾……
卢扶国	渡河万里方至。云其国中山川无恶禽兽，水不扬波，风不折木。人皆寿三百岁，结草为衣，是为卉服……
因祇之国	去王都九万里，献女工一人……其人善织，以五色丝内于口中，手引而结之，则成文锦。其国人来献，有云昆锦……有列堞锦……有杂珠锦……有篆文锦……有列明锦……幅皆广三尺。其国丈夫勤于耕稼，一日锄十顷之地。又贡嘉禾，一茎盈车。
含涂国	其使云："去王都七万里。鸟兽皆能言语……"
背明之国	乐浪之东，有背明之国，来贡其方物。言其乡在扶桑之东，见日出于西方。其国昏昏常暗，宜种百谷……有浃日之稻……有翻形稻……有明清稻……有清肠稻……有摇枝粟……有凤冠粟……有游龙粟……有琼膏粟……有绕明豆，……有倾离豆……有昆和麦……有轻心麦……有醇和麦……有含露麦……有紫沉麻……有云冰麻……有通明麻……其北有草，名虹草……有宵明草……有紫菊……有焦茅……有黄渠草……有梦草……又有闻遐草……有一连理树……
频斯国	有频斯国人来朝，以五色玉为衣，如今之铠。其使不食中国滋味，自赍金壶，壶中有浆，凝如脂……其国有大枫木成林，高六七十里……树东有大石室，可容万人坐。壁上刻为三皇之像：天皇十三头，地皇十一头，人皇九头，皆龙身。亦有膏烛之处。缉石为床，床上有膝痕深三寸。床前有竹简长尺二寸，书大篆之文……傍有丹石井，非人之所凿……其国人皆多力，不食五谷，日中无影，饮桂浆云雾。羽毛为衣，发大如缕，坚韧如筋……续人发以为绳，汲丹井之水，久久方得升之水……

可见，慧深讲述扶桑国的故事并非首创，是中国传统异域志叙述模式的一种，外来者叙述模式。《拾遗记》所记异域国家大多充满神异色彩，虽然记

述内容翔实，却大都不见于后世记载。扶桑国的故事更接近脱胎于志怪小说异域志书写母题的历史叙述，而绝非可以尽信的历史事实。

扶桑国与慧深传说的出现始于魏晋时期，有其独特的社会背景。东晋以来，译经事业大为发展，异域游僧、汉僧众多，为佛教的发展普及提供了更为系统的典籍支持。随着王朝变迁、朝代更替，建业、广州成了重要的译经师、僧侣聚集地域，为南朝宋、齐、梁、陈的佛教传播发展奠定了基础。汉魏乱世以来，社会动荡，杀伐不绝，民生凋敝，为劝人向善、怜悯苍生、戒节严明、追求来世福报的佛教提供了发展的社会基础以及民众基础。五胡十六国打破了中国政局，更打乱了华夷之辨的传统民族观，进行了北方民族大洗牌，于是佛教从诸夏不应祠奉的戎国之神转而成为被入主中原的少数民族国家官方信奉的宗教，甚至一跃成为三教之尊。其中萧齐、萧梁甚厚于佛教，以梁武帝为最，广修佛寺，率百官公卿弃道入佛，是谓舍邪归正。梁武帝多次接见各地名僧，广开法会讲经，待遇优厚、竭诚供养，僧众广来拜谒，其中外来者有南天竺菩提达摩、西天竺优禅尼国真谛三藏等。更加开放包容的社会环境加强了中国与外界的交流联系，佛教为各地文化经济交流提供了纽带，各国游僧涌入，数量众多。传统华夏中心、华夷之辨的世界观受到冲击，视野更加开阔，佛教四大部洲的宏大世界观得以传播。还有梁武帝对于佛教的狂热和热衷与接见各地名僧的喜好，都为慧深与扶桑国的传说提供了产生的条件。

扶桑国传说产生于魏晋还有其独特的社会需求和历史原因。北魏时始设四夷馆，“一曰金陵，二曰燕然，三曰扶桑，四曰崦嵫”[①]，以招待各国来归之人，扶桑一直是极东之地的代称，此时出现关于扶桑国现实化的故事绝非偶然。魏晋南北朝时期，社会动荡，政权更替频繁，诸国并峙，各国为了稳定统治，纷纷争天命争正统，争夺政权合法性。梁元帝萧绎修《职贡图》，原本已失传，据摹本考证应当有高句丽、于阗、新罗、揭盘陀、武兴藩、高昌、天门蛮、建平蛮、临江蛮、中天竺、北天竺、狮子国，有二十五国之多。[②] 如此广阔的范围，是萧梁想象中万国来朝的天下体系，通过描绘异国朝贡，将自己居于天下中央俯瞰四方，夸耀帝国的强盛，以证明正统性。萧武帝时期江南财富积

---

① 杨衒之撰，周祖谟校释：《洛阳伽蓝记校释》，中华书局 1963 年版，第 130 页。

② 葛兆光：《想象天下帝国——以（传）李公麟〈万方职贡图〉为中心》，《复旦学报》2018 年第 3 期。

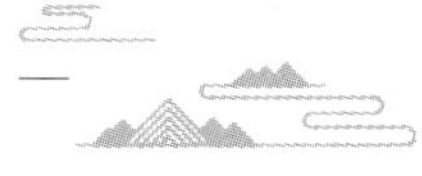

累，励精图治，国力强盛，“征赋所及之乡，文轨旁通之地，南超万里，西拓五千。其中瑰财重宝，千夫百族，莫不充牣王府，縠角阀庭。三四十年，斯为盛矣”①。萧梁积极开拓域外交通，与东夷、西域、海外皆有交通往来，“海南诸国……晋代通中国盖鲜，故不载史官。及宋、齐，至者有十余国，始为之传。自梁革运，其奉正朔，修职贡，航海岁至，踰于前代矣”②。梁武帝积极进取，加之佛教对于域外交通的推动作用；维护政权稳定；面对政权林立对峙，拉拢各国巩固地位的需求；以及建立大帝国体系，树立正统宣扬国威的现实需求，使得萧梁时期的域外交通达到了一个高潮。此时出现慧深自扶桑国远道而来的故事，正好符合了萧梁的现实需要，广开域外交通特别是海外交通宣扬国威，塑造万国来朝万民来归的形象，同时广纳游僧，通过佛教手段维持社会稳定。由此可见，扶桑国的传说仅见于《梁书》而不见于南北朝其他记载，记录南北朝僧人活动和生平的佛教作品中也不见对于慧深生平活动和扶桑国更为详细的记录，而是与《梁书》如出一辙。姚察、姚思廉父子修纂《梁书》的史料大体源于唐初尚存的梁代史料，对于慧深和扶桑国记载的来源，很可能就是来自流传萧梁当地的传说，源于其独特的现实需求。

扶桑国的传说盛于唐代，一是因为唐距离萧梁年代不久，可能还得以见到关于扶桑国传说的源头，听得到扶桑国传说的流传。二是因为唐代国力强盛，疆域广阔，盛世气象，文人视野开阔，想象力奇诡。空前统一和庞大的盛唐帝国，域外交通繁盛，注重民族志的写作，唐朝官方修史对于民族志的记载翔实，还出现了大量类书、游记，构筑天下帝国体系，将想象中的异域版图越推越远，对于扶桑国的故事也就格外关注。唐代文人赠日本遣唐使的诗作出现诸如“绝国将无外，扶桑更有东”③，“乡树扶桑外，主人孤岛中”④之类的诗句，并不是因为扶桑国就在日本列岛，而是因为当时日本与唐交好，遣唐使往来频繁，便化用了古籍里极东之处的扶桑国，极言日本之远，遣唐使往来不易。唐代以降，宋代虽然疆域缩小，盛况不复，但出于维系传统华夷观念和构建天下帝国体系的努力，仍然重视民族志的写作，修纂了《太平御览》《元和郡县图志》《舆地纪胜》《方舆胜览》《太平寰宇记》等诸多类书。

① 姚思廉：《梁书》，第 97 页。

② 姚思廉：《梁书》，第 783 页。

③ 黄铁城等编注：《中日诗谊》，陕西人民出版社 1995 年版，第 53 页。

④ 黄铁城等编注：《中日诗谊》，第 3 页。

宋代对于扶桑国的传说还有记载以及附会，尚且处于“世愈后其传闻愈繁，世益晚则其采择益杂”的阶段。再到后世，由于年代久远，并且没有新材料的补充，扶桑国再也没有出现在人们的视野中，对于扶桑国的想象和附会便越来越少了。明清时期，乾嘉学派热衷于实地考证，将史书所载的地域落到实地，但是却没有人关注扶桑国之所在，只有丁谦认为扶桑国的故事是游僧编造的，不足为信。可见当时人们对于扶桑国传说大抵都是不信的。直到近代外国学者提出中国人可能发现了美洲，才再次激起了人们对于扶桑国的兴趣。

结　论

扶桑国的传说和历史建构，归根结底是出自《山海经》。《山海经》中的扶桑指东极日出之地，《山海经》的地域本来非常小，其东方日出之地，可能就在东海边。战国后华夏世界观扩张和地理知识拓展，导致人们误以为《山海经》地域无远弗届，故以《山海经》作为想象华夏异域的依托，扶桑也被推到了中国版图之外，称为海外之国，这在秦汉以后的文献中可以看得很清楚。魏晋以前，东方扶桑大致还只是东方极远之地的代称。魏晋时期，中外交流进一步拓展，华夏世界的世界观愈加宏阔，加之佛教东来，扶桑遂被落实于某个具体的外国，遂有《梁书》的慧深扶桑国说，实际上，慧深扶桑国显然也是借用了《山海经》的扶桑说。慧深之说，导致古书中扶桑说为之一变。后世的扶桑说都依托慧深扶桑国而删裁，而近世的扶桑国考证也围绕慧深扶桑说而展开。不同典籍的记载都有其独特的现实意义。先秦时期，《山海经》中开始出现想象的异域，“先民心目中和视野中天地相映、人神未分、万物纷然杂陈的原始世界观，其文化意蕴极为丰富”①，《山海经》中的扶桑也是先民人神未分、万物杂陈想象的产物；佛教徒记载扶桑国是海外佛教国家，是为了宣扬佛教传播之广，印证佛教四大部洲宏大的世界观；道教徒对于扶桑仙境的建构也是为了将道教世外仙境世界完整化、体系化。萧梁时期出现扶桑国传说，来宣扬梁国国力强盛，四海来归，视为正统。唐宋以后由于现实需求的不断衰退，关于扶桑国的叙述逐渐减少。近世由于国际学术的

---

① 刘宗迪：《执玉帛者万国：〈山海经〉民族志发凡》，《民族文学研究》2019年第6期。

交流，多数的欧美学者出于对美洲文化的兴趣，日本学者出于对日本在古代世界国际交往的关注，中国学者出于中国人发现美洲的自豪感，重新关注扶桑国的故事。多数学者都支持与自己情感和立场相关的观点。对于扶桑国，我们应当关注其历史叙述的演变，重新估量其中包含的历史叙述价值以及古人对异域的想象。

山林、庙堂与洞天：泰山山岳信仰考

孙琬婷

摘要：山岳为中国历史发展提供了特殊的文化地理空间，山岳信仰有着丰富多元的历史文化资料。泰山位列五岳之首，其信仰发展并非历史的简单附庸，相反，以原始自然崇拜、国家祀典与道教演进为突出表现形式的自然、政治与宗教，作为泰山山岳信仰中三个重要部分，在以山林为核心的空间内，完成了彼此的深度互动与自身文化体系的建构。山林之中，山岳信仰因原始自然崇拜而发端，承担着先民对时和岁稔的祈望，在对自然神的崇敬与祭祀中推进着信仰发展；庙堂之间，国家祀典体系逐步架构在山林之中，在鲜明的政治旗帜下借助山岳祀典实现王朝正统的宣告与帝王功业的昭彰，并衍生出封禅这一特殊的山岳祭祀仪典；洞天之上，依托自然崇拜与皇权的先行基础，道教徒凭借自身山岳宗教理念的先天优势，通过五德方术、游仙长生、生死理念、帝王本命、祀典重兴、民族融合、主神信仰、民间祭祀等多重因素的配合，实现对泰山真形与洞天的符号化改造，完成泰山的道教神化之路。以山林为中心，庙堂与洞天扎根在山岳的信仰土壤中，彼此交织，如木连理，共同构造包容万象的泰山山岳信仰空间。

关键词：山岳信仰　泰山　自然崇拜　封禅　国家祀典　道教

孙琬婷，山东大学儒学高等研究院尼山学堂2021级本科生。

“山中何所有？岭上多白云。只可自怡悦，不堪持赠君。”[①]作为中国社会发展史上一个特殊又重要的文化地理空间，山岳保有丰富多元的文化内容与无可替代的历史价值。山中何所有？山中有无穷。山林凭借自身独特的文化地理空间属性，给围绕山岳而产生的信仰体系提供了不可替代的活动场所。在山岳之中形成发展的信仰理念与实践活动，“是迄今为止不少地方依然延续的社会文化景观”[②]。

根植于中国政治、社会、文化的泰山山岳信仰在中国山岳信仰体系中举足轻重，可以说，既具有中国山岳信仰的普遍性特点，又因其特殊的政治、文化地位而存有其他山川难以企及的特殊意义。一部泰山山岳信仰变迁史，就是一部中国历史文明的发展史。前代学者在研究当中往往将泰山乃至中国山岳信仰的考证单纯服务于政治、文化的论述，将其视作历史发展的补充，是不被遗漏的薄物细故，而忽视山岳信仰自身的主体性。或将泰山山岳发展的各个阶段割裂开来，将山岳信仰切割为独立的部分，而忽略信仰历史本身具有的纵向联系与多元共融的空间关系。实际上，回归山岳本身，就会发现山岳自身的发展历程即蕴藏着深刻的内涵。山岳信仰本身就是一个文化多元、相互交织的结合体，各个因素相互影响，相互补充，其信仰内核绝非某一时段、单一层面可完全支配。既要从历史看山岳，更要从山岳看历史。为什么以山林为中心，以人最原始的自然崇拜为起点，政治、宗教会在历史发展的长河中争相将山岳纳入自己的文化范畴，山岳自身到底具有何种魅力与文化内涵；为什么泰山山岳信仰会在历史发展中呈现出多元共存的局面，为什么看似对立的因素却在山林中达到一种巧妙的平衡；在泰山山岳信仰中萌芽、生长的诸多分支，到底如何将山林纳入自身的发展版图，又是以何姿态出现在山林当中，值得我们从山岳自身出发，以横纵交联、时空共处的方式来进行一番思考。

在中国的山岳信仰发展史中，不是山岳主动走出了山林，而是政治、文化、宗教争先恐后迈入山林这一特殊的地理文化环境，架构属于自己的山岳空间，创立属于自己的山中信仰。山自巍高，山岳历经千百年风霜依然矗立于四海九州，泰山始终以东天一柱的岿巍姿态垂视着、参与着中国历史的发

① 陶弘景：《诏问山中何所有赋诗以答》，潘勇选注：《汉魏六朝诗选》，河北大学出版社2006年版，第189页。

② 魏斌：《“山中”的六朝史》，生活·读书·新知三联书店2019年版，第2页。

展。本文以泰山山岳信仰为中心，以山林自身为基点，立足山岳历史与信仰内涵，选取泰山山岳信仰中最具代表性的文化基因——以国家祀典为代表的政治分支与以道教为代表的宗教分支为论述重点，对山林自身的独特文化何以发端，何以吸引庙堂与洞天的进入，而政治与宗教又是以何姿态，凭何因素走入山林，山林、庙堂与洞天又是如何在发展中彼此交织进行探讨，历史时序与影响因素双线并举，将全文分为自然崇拜、国家祀典与道教进程三个相互交错的演进部分，并逐一进行论述。

一、山林之中：泰山山岳信仰中的早期自然崇拜

自然崇拜是谈论一切山岳信仰史的根基，也是泰山山岳信仰演进中最原始的动因。无论以政治、宗教为代表的历史文化因素如何在山林中扎根生长，以早期自然崇拜为本源的信仰土壤是一切山岳文化体系建构的基础。

（一）山岳信仰起源概说——以自然崇拜为中心

任何信仰的发端都离不开人类的物质生产实践。山岳信仰本质同样属于人类在探索、改造物质世界过程中所形成的思维形态，是人类意识的衍生，其根本仍建立在自然空间的物质基础之上。这种信仰形态，与人类认识世界、改造世界的生产实践活动紧密相关，信仰意识层级的等次，在很大程度上取决于人类的生产力水平。中国山岳信仰的发生源于早期人类社会在生产生活过程中对自然的探索。由于生产力水平的低下与生产环境的局限，人们对山岳的探究也往往在附会神灵世界后，以神圣化的神话、天马行空的想象为出发点，并在此基础上衍生出最原始、最基础的山岳崇拜。

山岳信仰的起源，与先民的早期自然崇拜密切相关。世界各大文明在肇兴之际，都有对上天的顶礼膜拜，上天被看作自然的神化代表，中国古代先民也不例外。在生产力水平尚未得到充分发展的阶段，先民对自然现象，如河泽湖泊、风雨雷电的形成无法以现有的认知水平进行解释，便常将其视作上天这一主宰一切的神灵对人世的恩罚，并将获取基本生活物质资源的农业、牧业等生产活动状况与天神紧密联系起来。如何与上天沟通，实现与神灵的交互，以祈保时和岁稔，便成为先民亟须解决的问题。而矗立于天地之间的山脉，因其天然地理优势，被视作实现天人沟通的最好桥梁。山岳挺立，高耸入云，在古代民众看来，山川无疑是离天神最近的地方。最早的山

岳崇拜与祭祀，实际上并不仅是对山岳本身的崇拜，更多的是借祀山以祭天，以山为媒介，实现天人交际。

大汶口文化遗址山东莒县陵阳河诸城前寨片区内，曾相继发现似用于祭祀的“日—火—山”隶形陶文符号(见图1)，并引起如于省吾、唐兰等诸多古文字学者的热议。此字释义学者多有争论，其中一种观点乃将其视作高山燎祭。有学者推测，此即生活在大汶口地区的东夷人在泰山之上焚柴燎祭以告慰天地的象征。[①] 也即上文所言，祀山以祭天，祈求矗立于天人之间的山岳能够沟通天地神灵，庇护生民。

图1　大汶口文化遗址山东莒县陵阳河诸城前寨所现陶文

《连山》以艮卦为首，“象山之出云，连连不绝”[②]，以山岳为诸象第一。而据刘慧统计，在甲骨卜辞中，先民已经用文字记载下对山岳的崇拜。如：

丁丑卜，又于五山。(《邺中片羽三集》)

---

① 关于大汶口文化遗址出土的诸多陶文符号，历代学者均有详细论述。至于“日—火—山”隶形，于省吾释其为“上象日，中象云气。下象山五峰”，唐兰释为“上为太阳，中有火，下为山”，李学勤释“炅”。此字释义学者多有争论，至今尚未形成一致看法。余者有关大汶口陶文释形之说，可见唐兰《中国有六千多年的文明史》《从大汶口文化的陶器文字看我国最早文化的年代》等文与山东大学考古系编《大汶口文化讨论文集》。

② 《古易考原》，《道藏》第36册，文物出版社、上海书店、天津古籍出版社1988年版，第105页。

于□善，孚雨。（《殷契梓编》）

庚午□于岳又从才雨。（《殷虚书契后编》上卷）[①]

此时的山岳祭祀，已经由原始的借山祀天，转变为对山岳本身的顶礼。山岳此时已经由天人交际工具，逐步转化为天神的自然化代表，被赋予了神化的形象与职能，山岳信仰及其祭祀功用也被民众以文字做了进一步的明确：《尚书·舜典》载："望于山川，遍于群神。"[②]《礼记·祭法》云："山林、川谷、丘陵能出云，为风雨，见怪物，皆曰神。"[③]《左传·昭公元年》曰："山川之神，则水旱疠疫之灾，于是乎禜之。"[④]在此时的信仰体系与神化后的世界观内，山岳已被视为自然神的化身，可兴云致雨，庇佑生民；祭祀山川，可驱水旱之灾，除瘟疫之苦。山岳作为全知全能的自然神形象已然跃然纸上。

"古代各民族是在想象中、在神话中经历了自己的史前时期"[⑤]，但应该注意到，无论是史前文明还是殷商时期，以至春秋战国，在中国文化肇兴的漫长时间段内，先民对山岳的崇拜虽然带有天马行空的神秘化思想，但从史料及出土文物中可以清晰地认识到，这种早期的、原始的山岳崇拜始终与农业生产生活紧密相关，无论是早期的借山祀天还是对山岳自然神的膜拜，从未脱离人的需求。山岳崇拜本质上仍是人在改造世界过程中的信仰工具，始终以服务人类社会为中心，人始终是一切祭祀仪式的主体与第一序选择。这也为后世山林之间，祀典化、政治化乃至工具化的山岳祭祀所归属的根本性质埋下伏笔。

（二）泰山山岳信仰中的自然崇拜

泰山在中国山岳信仰体系占有极为重要的地位，在信仰史与祭祀史上均发挥着不可替代的重要功用。泰山山岳信仰既具有中国山岳崇拜的普遍性特征，又具备其他山川所未拥有的独特价值。谈论中国山岳信仰与早期自然崇拜，当首推泰山。

泰山古为"太山"，太亦大也，段玉裁《说文解字注》云："域中最大之山，

---

① 转引自刘慧：《泰山宗教研究》，文物出版社 1994 年版，第 3 页。

② 孔安国传，孔颖达疏：《尚书正义》，北京大学出版社 2000 年版，第 65 页。

③ 郑玄注，孔颖达疏：《礼记正义》，北京大学出版社 2000 年版，第 1510 页。

④ 左丘明传，杜预注，孔颖达疏：《春秋左传正义》，北京大学出版社 2000 年版，第 1335 页。

⑤ 《马克思恩格斯选集》第一卷，人民出版社 2012 年版，第 7 页。

故曰大山。”[①]始为岱,又称“岱岳”“岱宗”。泰山自史前文明起便被视作神山,乃万里原野之“东天一柱”。泰山的神圣地位,自中华文明肇兴之际便已奠定。

而上古神山之中,影响力最大、最神秘者莫过于昆仑山。《淮南子·坠形训》言:“昆仑之丘,或上倍之,是谓凉风之山,登之而不死。或上倍之,是谓悬圃,登之乃灵,能使风雨。或上倍之,乃维上天,登之乃神,是谓太帝之居。扶木在阳州,日之所曊。建木在都广,众帝所自上下,日中无景,呼而无响,盖天地之中也。若木在建木西,末有十日,其华照下地。”[②]昆仑山在上古神山谱系中被视为天帝居所,长生之处,天地之中,光耀四海,恩溥九州,乃神山之首。又如《河图括地象》言:“地中央曰昆仑。昆仑东南方,地方五千里,名曰神州,其中有五山,帝王居之。”[③]同样将昆仑山视作天地中心。而泰山古为“中州之山”,又为域中之大者,也是东夷人眼中的“天下中心”。何幼琦在《〈海经〉新探》中论证,“古昆仑山即今泰山”[④]。“中央之美者有岱宗”,而吕思勉同样对泰山的先古中央地位作出了说明:“《汉书·郊祀志》云:‘三代之居,皆在河洛之间,故嵩高为中岳。’以嵩高为中,乃吾族西迁后事,其初实以泰岱为中。”[⑤]如其二者所言非虚,泰山即为古昆仑山,岱宗之影响力自史前起便已居华夏核心位置。但此说学界尚有争论,此处暂不作细说。

毋庸置疑的是,泰山地区是海岱文明的发祥地,也是东夷文化的梓里,是华夏自然信仰的发源地之一。新石器时期,泰山地区的文化依照北辛文化—大汶口文化—龙山文化的文化序列发展,成为中华文明的起源之一。而泰山地区的东夷文化,也不乏古史佐证。少昊氏与有虞氏是泰山文化地区的代表性部族,少昊氏崇日与鸟,“祭日于坛”,唐兰先生认为,大汶口文化实际上就是东夷少昊氏文化的体现。[⑥] 大汶口文化遗址祭山陶文中所现之山,很有可能就是泰山,这是东夷人崇拜泰山山岳的体现。此外,前文有论,东夷人以泰山为“中央之山”,汉以前齐地处泰山之北,黄河之南,居济水流

① 许慎撰,段玉裁注:《说文解字注》,上海古籍出版社 1981 年版,第 437 页。

② 何宁撰:《淮南子集释》,中华书局 1998 年版,第 328～329 页。

③ [日]安居香山、中村璋八辑:《纬书集成》,河北人民出版社 1994 年版,第 1089 页。

④ 何幼琦:《〈海经〉新探》,《历史研究》1985 年第 2 期。

⑤ 吕继祥:《泰山娘娘信仰》,学苑出版社 1995 年版,第 7 页。

⑥ 参见唐兰:《从大汶口文化的陶器文字看我国最早文化的年代》,山东大学考古系编:《大汶口文化讨论文集》,齐鲁书社 1979 年版,第 79 页。

域,《列子》云“四海之齐谓中央之国”①,又有郑玄注《河图·括地象》言:“神州晨土,即所谓齐州中国之地也。”②而于“齐”字,亦大有文章。《左传·庄公六年》载:“若不早图,后君噬齐,其及图之乎!”③“齐”通“脐”,乃肚脐之意,肚脐居人体正中,恰如齐地居天下中心,而泰山又居齐地之中,其在山岳之间的核心位置自不待言。

可以说,对泰山山岳信仰的自然崇拜始于史前时期,又在国家形成之前的阶段得到充分发展,并在春秋战国时期完成建构。在中国域内早期自然崇拜发端之时,泰山就已具有信仰发展的独特地理优势。

正如前文所言,山岳在最初之际便被视为天人沟通的桥梁。位于浩阔华北平原上的泰山,以巍峨姿态被先民视作山之极者,是最接近天神的山岳,自然也就具备信仰发展的优先权。在此基础上,泰山山岳的自然崇拜内涵是极为丰富的,其不仅局限于原始自然信仰,更包含神秘性成分,甚至已初见后世常论之政治功用。上古神王、圣王的事迹传说,不少都与泰山紧密相关,如《黄帝元女战法》中玄女于泰山授法黄帝,并为黄帝制夔牛鼓八十面,助黄帝讨伐蚩尤,赋予了泰山原始自然崇拜之外的神秘色彩。而这种神秘色彩,又助推了泰山原始自然信仰中政治因素的形成。无论是神话世界的地理构建还是现实当中的地理区位,泰山都具有其他山岳难以比望的优越性。这种信仰的优先、神秘色彩的加持与地理位置的优越,也使得泰山的自然崇拜在最初形成之际便具有一定的政治意义。据史家考证,黄帝部落、东夷部族均发祥于泰山地区,而山岳作为不同部族管辖范围的天然标志,泰山自然也成为各个部族间势力划分、部落盟誓的重要政治文化地标。

春秋战国时期,泰山已在鲁地取得独尊地位,并成为齐鲁大地自然山川信仰的核心。《诗经·鲁颂》云:“泰山岩岩,鲁邦所詹。奄有龟蒙,遂荒大东。至于海邦,淮夷来同。莫不率从,鲁侯之功。”④三望之祭,岱宗居首,唯周天子与鲁公可祭祀泰山,泰山在鲁国贵族及民众心中,具有其他山岳无法比拟的神圣性。而在与鲁国相邻的齐地,盛行“八神”之说,《史记·封禅书》

---

① 杨伯峻撰:《列子集释》,中华书局1979年版,第104页。

② [日]安居香山、中村璋八辑:《纬书集成》,第1089页。

③ 左丘明传,杜预注,孔颖达疏:《春秋左传正义》,第262页。

④ 程俊英、蒋见元:《诗经注析》,中华书局2017年版,第1078页。

云：八神“二曰地主，祠泰山梁父”①。齐地同样将邻国境内的泰山视作主神之一。在战国时期，经由齐人五行学说的扩散，早期泰山山岳信仰也进一步打破地域局限，不仅横跨齐鲁二地，更因“岱者，长也，万物之始，阴阳交代，云触石而出，肤寸而合，不崇朝而遍雨天下，其惟泰山乎！故为五岳之长”②，成为周天子域内万物之始、阴阳初发的象征。

在早期泰山山岳信仰的自然崇拜内涵不断丰富、迭进的过程之中，先民祭祀泰山的活动也愈发兴盛，并且不再局限于单纯的自然崇拜。《尚书·尧典》中已有对帝舜巡狩祭祀泰山之事的文字记述：“岁二月，东巡狩，至于岱宗。岱宗，泰山也。柴，望秩于山川。”③此处之“柴”，即为前文所论高山燔柴之意，借山祀天。而“巡狩”一词，已可窥见圣王先公巡视、祭祀泰山的政治价值。夏商二代延续上古传统，君主屡次东巡泰山以固疆土，宣示王权。至周天子时期，对山岳的崇拜愈加兴盛，“於皇时周，陟其高山，隮山乔岳”④，山岳与周王功德紧密结合，周王室也对山岳祭祀做了进一步的制度化规定，《封禅书》引《周官》云：“天子祭天下名山大川，五岳视三公，四渎视诸侯，诸侯祭其疆内名山大川。”⑤周天子有遍祭域内岳渎的权力，拥有最高祭祀权，而封国诸侯只能祭祀境内山川。而作为岳渎之首，镇服宇内的泰山也只有周天子和鲁国君主可以祭祀。当周天子祭祀泰山时，主祭权始终掌握在周天子手中，诸侯只能以“汤沐之邑”的礼制陪祀祭岱，而后者也仅是周天子对有功诸侯的恩赏。⑥ 至此，在封建制度确立之后的泰山山岳信仰，已经同王权联系起来，经由宗法制度的等级改造，从原始自然崇拜中脱胎而出，成为国家礼制思想，违礼者自会招致世人讽刺，如季氏“旅于泰山”，而孔子讥之。发展至此时的泰山祭祀，实际上成为昭示王权崇高性的象征，并已出现后世大一统王朝国家祀典化的雏形。

---

① 司马迁撰，裴骃集解，司马贞索隐，张守节正义：《史记》，中华书局 1963 年版，第 1367 页。

② 应劭撰，王利器校注：《风俗通义》，中华书局 1981 年版，第 447 页。

③ 司马迁撰，裴骃集解，司马贞索隐，张守节正义：《史记》，第 1355～1356 页。

④ 毛亨传，郑玄笺，孔颖达疏：《毛诗正义》，北京大学出版社 2000 年版，第 1617 页。

⑤ 司马迁撰，裴骃集解，司马贞索隐，张守节正义：《史记》，第 1357 页。

⑥ 刘慧：《泰山祭祀及其宗教特征》，《民俗研究》2007 年第 3 期。

二、庙堂之间：泰山山岳信仰中的国家祀典

国之大事，在祀与戎。祭祀在中国古代政治与文化中至关重要，不仅是普通的国家宗教信仰仪规，也是政治文化的集中反映。而以国家礼制举办的祭祀活动，更与政权巩固、皇权昭彰紧密相关，是封建制度的文化符号。岳渎祭祀是中国古代国家祭祀体系的重要组成，是山岳信仰的礼制化表达，也是政治地理格局的缩影。泰山作为岳渎之首，镇抚宇内，在自然崇拜的山岳祭祀与政治化的国家祀典中均占有重要地位。在泰山进行的国家祭祀活动，实际上反映了中国古代山岳祭祀由原始自然崇拜向封建政治仪典的变迁。庙堂旗帜鲜明地逐步走入山林，其政治体系也逐步架构于山岳信仰之上，直至山岳祭祀成为政治权力的象征。历代王朝围绕泰山进行的祀典活动既有岳渎祭祀的普遍特征，又带有鲜明的特殊政治指向。

山岳信仰的国家祀典历经多朝而最终形成，大致可分为三个阶段，其自先秦时期开始酝酿，经秦汉大一统王朝而初步成形，至西汉中后期正式确立，并经后世王朝不断增改，在稳定中始终保持着时代特色与生命力。需要明确的是，自然崇拜与山岳祭祀的国家化、祀典化并非在某一个时段戛然割裂，而是始终并行不悖，即使在秦汉之后，占据政治地位的国家祀典完全确立，原始自然崇拜仍然作为精神内核之一存在于礼制之中。其中，封禅泰山作为最特殊又最重要的国家祭祀活动，既保有神秘的天人色彩与国家宗教信仰，又在礼制化、政治化的国家祀典中意义非凡，也是国家祀典的代表，下文将逐一论述。

早在先秦时期，泰山祭祀的国家祀典化与封禅传统就已初见雏形，并与原始自然崇拜相互交织。实际上，自“绝地天通”起，中国的山川祭祀已经具有显化的政治意义。而正如前文所言，《礼记·王制》对山岳祭祀的仪制已做了严格的等级规定。周天子遍祭五岳四渎，诸侯祭名山大川之在其地者，周天子借助对山岳的自然崇拜，实际上已经收归并掌握了最高祭祀权力，这一点也为西汉时期大一统王朝将山川祭祀权收归中央的举措埋下伏笔。此时山岳祭祀的国家祀典虽处于酝酿时期，并未形成一套完整的祭祀礼制体系，但是山岳已经开始从山林走入庙堂，被赋予政治化、王权化的色彩。

而对后世影响最大的封禅制度，也在此时期开始承续上古先王遗风，下启秦汉百代昌明。“封禅”一词始见《史记》。对于“封禅”一词的含义，唐代张守节《史记正义》作了详细阐释：“此泰山上筑土为坛以祭天，报天之功，故

曰封。此泰山下小山上除地，报地之功，故曰禅。言禅者，神之也。”[①]司马迁《史记·封禅书》援引管仲之说，封禅始于无怀氏，“古时封泰山禅梁父者七十二家，而夷吾所记者十有二焉。昔无怀氏封泰山，禅云云；虙羲封泰山，禅云云；神农封泰山，禅云云；炎帝封泰山，禅云云；黄帝封泰山，禅亭亭；颛顼封泰山，禅云云；帝喾封泰山，禅云云；尧封泰山，禅云云；舜封泰山，禅云云；禹封泰山，禅会稽；汤封泰山，禅云云；周成王封泰山，禅社首：皆受命然后得封禅”[②]。上古圣王与周天子礼敬封禅泰山的行为已初显后世封禅制度的最大政治功用：异姓而起，封禅正名。

《史记·封禅书》云：“及秦并天下，令祠官所常奉天地名山大川鬼神可得而序也。”[③]秦朝建立后，针对“自五帝以至秦，轶兴轶衰，名山大川或在诸侯，或在天子”[④]，原各国疆域内各有祭祀对象、祭祀仪规的情况，对全国名山大川做了细致考察，并最终挑选出十二名山、六大川作为国家祭祀的对象，并通过“崤以东”“华以西”[⑤]的地域划分，建立起一套有地域分别但无仪制差异的封建统一王朝的山川祀典制度。这一制度既解决了“昔三代之居皆河洛之间，故嵩高为中岳，而四岳各如其方，四渎咸在山东。至秦称帝，都咸阳，则五岳、四渎皆并在东方”[⑥]的地理问题，又建立起一套严密完备的国家山川祭祀体系，实现了中国历史上第一次政治地理格局的重构与统一。与此同时，始皇帝奉“五德说”，以秦为水德，实际上接受了齐地的文化观念。正是这种文化倾向，促使秦始皇在“自古受命帝王，曷尝不封禅”的理念之外，远赴齐鲁，封禅泰山。顾颉刚先生曾言：“五德说希望他走出制度，封禅说希望他到泰山上祭天。”[⑦]封禅泰山，是秦始皇效仿圣王、宣明秦代正统的政治仪式，也是秦朝对秦地文化与以齐文化为代表的东土文化的吸纳与统一。秦代通过设立遍及域内东西的全国性山川祭祀体例，借助泰山封禅的祀典制度，完成了封建王朝国家山川祭祀与自然信仰的首次统一，一种崭新

---

① 司马迁撰，裴骃集解，司马贞索隐，张守节正义：《史记》，第 1355 页。

② 司马迁撰，裴骃集解，司马贞索隐，张守节正义：《史记》，第 1361 页。

③ 司马迁撰，裴骃集解，司马贞索隐，张守节正义：《史记》，第 1371 页。

④ 司马迁撰，裴骃集解，司马贞索隐，张守节正义：《史记》，第 1371 页。

⑤ 田天：《秦代山川祭祀格局研究》，《中国历史地理论丛》第 26 卷第 2 辑，陕西人民出版社 2011 年版，第 53 页。

⑥ 司马迁撰，裴骃集解，司马贞索隐，张守节正义：《史记》，第 1371 页。

⑦ 顾颉刚：《秦汉的方士与儒生》，上海古籍出版社 2005 年版，第 6 页。

的、象征国家统一的政治地理符号从此确立。

及西汉建立，汉承秦制，“今上帝之祭及山川诸神当祠者，各以其时礼祠之如故”[①]。但由于汉初封国林立，自周代被收归中央的全国山川祭祀权被再次下放到诸侯国，出现了“天子祝官不领”“诸侯奉祠”的局面[②]。西汉政治局面稳定后，文帝再次将祭祀权收归中央，泰山由齐地奉祀回归国家祀典行列。至武帝时期，汉代王朝大一统正式完成，“今天子初即位，尤敬鬼神之祀”[③]，山岳祭祀与泰山封禅也达到一个新的小高峰。武帝“自得宝鼎，上与公卿诸生议封禅”[④]，先后于元封元年（前110）、元封二年（前109）、元封五年（前106）、太初元年（前104）、太初三年（前102）、天汉三年（前98）、太始四年（前93）、征和四年（前89）八次巡狩封禅泰山。此时的泰山封禅祭典，从政治地位与影响力来看，已然是国家山岳祀典的首位。宣帝神爵元年（前61），诏定五岳四渎之制，“自是五岳、四渎皆有常礼。……皆使者持节侍祠”[⑤]，至此以皇帝御诏形式确立的仪制化、完整性的国家山岳祀典正式形成，五岳四渎的祭典正式成为国家仪规，后世王朝无有不承此制者。

根据西汉一代国家山岳祀典和泰山封禅的确立过程，以文帝、武帝、宣帝为划分标志，同样可以将其划分为带有极强政治色彩的四个阶段。无论是文帝收归祭祀权于中央，还是武帝时“济北王以为天子且封禅，乃上书献太山及其旁邑，天子以他县偿之”[⑥]，再至宣帝“五岳四渎皆有常礼”，实际上都是皇权逐步深入封国，加强中央对地方控制的体现。在封禅与祀典规制的制定中，祀典儒学化倾向已非常明显，汉武制封禅礼，“而群儒采封禅《尚书》、《周官》、《王制》之望祀射牛事”[⑦]，此时的儒家作为西汉大一统的思想工具，处处约束着国家祀典的仪制，使封禅等国家祀典在外在形式与思想内核中均与王朝大一统紧密结合。

---

① 司马迁撰，裴骃集解，司马贞索隐，张守节正义：《史记》，第1378页。

② 《史记·封禅书》云：“始名山大川在诸侯，诸侯祝各自奉祠，天子官不领。及齐、淮南国废，令太祝尽以岁时致礼如故。”（司马迁撰，裴骃集解，司马贞索隐，张守节正义：《史记》，第1380页）

③ 司马迁撰，裴骃集解，司马贞索隐，张守节正义：《史记》，第1384页。

④ 司马迁撰，裴骃集解，司马贞索隐，张守节正义：《史记》，第1397页。

⑤ 班固撰，颜师古注：《汉书》，中华书局1962年版，第1249页。

⑥ 司马迁撰，裴骃集解，司马贞索隐，张守节正义：《史记》，第458页。

⑦ 司马迁撰，裴骃集解，司马贞索隐，张守节正义：《史记》，第1397页。

班固在《白虎通·封禅》中对泰山封禅的政治用途作了极为准确的说明:"王者易姓而起,必升封泰山何?报告之义也。始受命之日,改制应天,天下太平功成,封禅以告太平也。"①无论是秦始皇借封禅、巡视泰山完成对东方地区的政治与宗教文化统一,以"五德说"明王朝之统;还是西汉王朝国家兴盛封禅泰山,确立以泰山封禅为核心的国家祀典体系,实际上都是为了明确王朝创立、统一、发展等各个阶段的合法性与神圣性。借神权以昭明皇权,借神道以神化皇帝。此时的国家山岳祀典,虽保留着原始自然信仰崇拜的因素,但实际上已然为庙堂政治所主导,成为标明王朝正统的礼制坐标。

东汉及魏晋南北朝时期,虽然东汉帝王为国家祀典与封禅仪制增加了谶纬色彩,使其与国家宗教的神秘化倾向相匹配,但总体仪制仍承袭前代。魏晋南北朝时期国家分裂,南北对立,各朝大多祀其山川于其境者,或望祭于岳渎。政治格局的分立虽使祭祀仪典及对象有所变化,但前代国家封禅与祀典体制仍显现出极大的影响力。以孙吴国山碑为例,其作为孙吴政权禅礼的遗物,囿于地域,"封泰山"既不可得,便只能以"禅国山"以代之。纵使其多被诟病为"词多诬诞",孙吴政权亦在禅礼五年后灭亡,但不可否认国山碑所见封禅文化展现出历代政权对封禅所带来的政治价值的重视。② 据史家考证,南北朝时期的北方少数民族统治者也不乏致祭泰山者,其中尤以魏文帝为最。北魏太和十九年(495),魏文帝的御制《祭岱岳文》,乃中国历史上现存第一篇祭岳文章。其中已然体现出少数民族政权通过祭祀泰山对中原文化的吸纳,以及为实现民族文化融合、国家思想统一所做出的努力。

至隋文帝结束分裂局面,一统南北,重塑山岳祀典,祭祀泰山再次被提上日程。开皇十五年(595),隋文帝东巡泰山致祭,五岳祀典的官僚化也在这一时期逐步确立。

唐代是国家山岳祀典与泰山祭祀发展的里程碑,也是山岳祭祀的新变时期。在仪制上,《旧唐书·礼仪志》云:"五岳、四镇、四海、四渎,年别一祭,各以五郊迎气日祭之。东岳岱山,祭于兖州。"③由于唐代封禅不唯泰山一岳,下文在封禅论述中将特别指出山名。李唐开国后,首先将国家山岳祀典的仪制确立下来,并将封禅泰山列入日程。"隋氏之乱,非止十年,陛下为之

① 陈立撰,吴则虞点校:《白虎通疏证》,中华书局 1994 年版,第 278 页。

② 魏斌:《"山中"的六朝史》,第 17 页。

③ 刘昫等撰:《旧唐书》,中华书局 1975 年版,第 910 页。

良医，疾苦虽已乂安，未甚充实，告成天地，臣窃有疑。”①唐太宗因国朝初定，魏徵谏止未得封禅，而治于太平盛世，民丰物饶的后世帝王则将唐代封禅发挥到极致。乾封元年(666)，唐高宗携武后率文武百官封泰山，禅社首山；开元十三年(725)，唐玄宗东至泰山，承乾封旧制，举办封禅大典，并御书《纪泰山铭》，勒刻岱顶大观峰。

高宗、玄宗的两次泰山封禅，较前代仪制、规模均有新的突破，并将泰山的政治地位抬到前所未有的高度。首先，乾封封禅，乃是汉光武帝东封泰山后六百年来首次帝王封禅，也是结束东汉以后长期南北割据混战后大一统王朝的首次泰山封禅，也是中国历史上第一次有皇后参与的东岳封禅大典。其次，唐代封禅泰山，均有外国使节随行陪祀，将封禅夸示外夷、镇抚九州的作用发挥到极致，这一点对宋代封禅影响深远。最后，最重要的是，李唐王朝的东岳封禅行为，使泰山祀典成为唐代政治势力角逐的工具，山岳祀典被赋予了极高的政治意义。前言有论，乾封封禅乃中国历史上第一次帝后同封的泰山祀典，武后上书云：“封禅旧仪，祭皇地祇，太后昭配，而令公卿行事，礼有未安，至日，妾请帅内外命妇奠献。”②高宗从之，武后遂行亚献礼。武则天从唐高宗封禅泰山之举，无疑是对自身地位的又一次抬升，也为后日其主政称帝奠定了基础。武则天以周代唐后，出于地缘与政治双重因素，封禅嵩山，并多次加封，泰山祀礼不兴。至玄宗即位，虽奉华山为本命，但于封禅一事，仍以泰山为首，谓泰山“其方处万物之始，故称岱焉，其位居五岳之伯，故称宗焉”③，并在原有基础上加封泰山神为天齐王，以帝王的身份再次明确泰山在五岳四渎中的首要地位，唯有封禅泰山，才能昭明王朝正统。

唐代的封禅与对山岳的加封，是对国家祀典政治性与人文性的增强。其开创岳渎神封先河，被万民奉祀的自然神需得人王敕封，祭祀自然神的仪式也要服务于帝王本命。山岳祀典自此阶段起便有了更为丰富的政治内涵，自然神的人格化倾向愈发明显，也更加体现了山岳信仰在发展中始终不变的人本位色彩。

宋代是山岳祀典发生变化的又一关键时期，其表现即为封禅制度的终结。上文有论，除去昭明王朝正统，宣扬民安物丰、时和岁稔的帝王功德等

---

① 刘昫等撰：《旧唐书》，第2560页。

② 司马光：《资治通鉴》，中华书局2007年版，第2448页。

③ 详见唐李隆基御书《纪泰山铭》(查志隆：《岱史》卷六，《道藏》第35册，第694页)。

传统社会功用外，封禅泰山的另一重要意义即“夸示夷狄”，这一功用，促成了宋真宗的封禅闹剧。景德元年（1004），契丹入侵，威胁汴梁，朝野震惊。在寇准的强烈主张下，宋真宗亲征澶州，宋军大败辽军。不料真宗皇帝不但未乘胜追击，反而与辽订立“澶渊之盟”。胜而输银，无疑是宋朝国史上的一大耻辱，夷狄雀跃，宋民难安。于此内忧外患局面之下，王钦若上书：“唯有封禅泰山，可以镇服四海，夸示外国。”①君臣一众人伪造“天书”祥瑞，力主封禅以彰显真宗皇帝乃天命所归，进而宣扬大宋国富兵强，因有明君盛世，才得天降祥瑞。宋真宗因机改元“大中祥符”，东封泰山，勒刻《登泰山谢天书述二圣功德铭》，并于岱下敕建天贶殿，大封泰山众神，碧霞元君的玉女前身也与真宗封禅密切相关。封禅虽成，但宋真宗与一众佞臣伪造天书，“一国君臣如病狂然”，大大折损了泰山封禅的意义，致使宋真宗后再无皇帝封禅东岳。自上古先王时期肇始的封禅传统，在历经千年承继后于宋代告终。

封禅虽终，祀典犹存。国家山岳祀典制度愈发完备，对泰山的推崇也未因封禅活动的终止而结束。相反，南宋及金元明清时期，对泰山的奉祀愈发兴盛，不仅民间广修东岳庙，更有国家皇室尊奉泰山。金廷称：“我国家受命之攸在，虽德自天启，亦惟神之阴相哉！”②此处神祇即指泰山之神；阮元《山左金石志》载，金章宗时期，濮国公主曾奉命拜岳并留下题名，其言：“皇姑濮国大长公主奉命同驸马濬州防御蒲察敬诣岱岳，焚香礼毕。”③元世宗更于大都奉祀东岳，亲赐庙匾。虽然女真蒙古先后入主中原，致使中原文明与礼制再次受到战火与文化冲击，但在这一民族文化融合重构的时期内，历经重塑与再兴的泰山山岳祀典，其内涵也不再仅仅局限于政治功用，更添民俗人文色彩与各族信仰相互融合的风貌。对此后文均有详论，此处不表。

至大明开国，洪武初立，对山岳祀典仪制的规范随即被列入国家章程。朱元璋奉行儒教原理主义，大规模进行礼制改革，施行祀典复古的制度。洪武元年（1368）诏曰：“命中书省下郡县，访求应祀神祇名山大川、圣帝明王、忠臣烈士，凡有功于国家及惠爱在民者，著于祀典，令有司岁时致祭。”④洪武三年（1370）又诏改诸岳神号，以“夫岳镇海渎皆高山广水，自天地开辟，以至

① 脱脱等撰：《宋史》，中华书局 1977 年版，第 9544 页。

② 详见金世宗大定年间《大金重修东岳庙碑》。

③ 阮元：《山左金石志》，清嘉庆刻本，第 379 页。

④ 张廷玉等撰：《明史》，中华书局 1974 年版，第 1306 页。

于今，英灵之气，萃而为神，岂国家封号之所可加”①，去五岳帝位，以东岳为例，只称“东岳泰山之神”。此外，洪武一朝亦极重祭祀淫正之分，“天下郡县皆祭三皇，后罢。止令有司各立坛庙，祭社稷，风云雷雨、山川、城隍、孔子、旗纛、及厉。庶人祭里社、乡厉、及祖父母父母、并得祀灶。余俱禁止”②。在严厉打击民间淫祀的情况下，以泰山为首的五岳四渎作为国家正祀，得到封建王朝祀礼的空前推崇。永乐以后，监管渐宽，民间对泰山的祭祀也愈发兴盛，泰山山岳信仰不再为明廷独享，香社活动络绎不绝。与此同时，明中后期民间碧霞元君信仰迅速兴盛，作为泰山主神之一的碧霞元君，得到四方膜拜，不唯皇帝后妃遣祭，民间更是盛况频现，《东岳碧霞宫碑》中记载，“每岁办香岳顶，数十万众”，信众遍及“邹、鲁、齐、秦以至晋冀”③，其盛如此。至此，泰山山岳信仰中的神祇崇拜得到完全的构建，上有泰山神满足国家政治发展之需求，下有碧霞元君满足四海生民之祈望。

清入关后，稳定百年的汉民族文化再次受到冲击，由于民族与文化的差异，清政府曾采取一系列强制措施来完成士人民众对改朝易代的政治认同，激起明遗民的反抗。在此政治与文化冲突背景下，清朝统治者从文化入手，开始御民之道，并将其与政治统一紧密结合，其突出代表就是汉民族泰山信仰与满族长白山信仰的合流。康熙于《圣祖仁皇帝御制文》中提出：“朕细考形势，深究地络，遣人航海测量，知泰山实发龙于长白山也。”④将泰山视作长白山余脉，既满足汉族的东岳信仰，借此表明王朝正统，又迎合满族对长白山的崇拜，赓续祖先遗风。泰山、长白本为一体，便无地位高下之分。清廷此举，既体现对泰山山岳的重视，又将泰山视作国山的一部分，无论从民族文化心理还是政治心理，都给予了泰山极高的肯定。政局稳定后，顺治帝恢复岳镇海渎祭祀，而自康熙起，历代清帝王多次巡视、祭祀泰山，其中又以乾隆皇帝为最。泰山山岳信仰在民族融合中继承发展，以国家祀典与民间信仰的双重形式，焕发出新的光芒。

泰山山岳信仰的庙堂化、祀典化在迭进中走过千年风雨，历久弥新。从山林走入庙堂，泰山山岳信仰的变迁、国家山岳祀典的承继不仅反映了国家

---

① 查志隆：《岱史》卷九，《道藏》第35册，第726页。

② 申时行修，赵用贤等纂：《大明会典》卷八一，明万历十五年(1587)内府刻本。

③ 详见明万历二十一年(1593)王锡爵《东岳碧霞宫碑》。

④ 长顺、讷钦修，李桂林、顾云纂：《吉林通志》卷六，清光绪十七年(1891)刻本。

信仰的变迁，实际上更是一种政治、民族、文化多重展演符号。在泰山这座历史地理政治坐标上，千百年来，发生于庙堂中的政权兴衰、王朝更迭，尽情投射在山林之间。

三、洞天之上：泰山山岳信仰的道教化

在山林之中，庙堂之外，有一种特殊的文化范式同样在泰山山岳之中演进出独特的信仰体系。在国家山岳祀典不断演进发展的过程中，在庙堂的侧面，在国家山岳信仰体系之内，泰山山岳的道教化倾向也不断显现。不管是原始信仰还是国家祀典，抑或成体系的宗教系统，山岳崇拜都横贯其中。于是在庙堂走入山林乃至统御山岳的进程当中，有着先天山岳崇拜优势的道教也逐渐扎根于山林之间，并在潜移默化中与庙堂交织。

泰山的道教化演进由来已久。细究其始末，早在原始自然崇拜萌芽之初，这种朴素的、带有神学因素的自然信仰，便为其宗教化的演进提供了便利因素。

中国的神话传说中有大量的山岳崇拜与神化内容，对超自然力量的膜拜自文明诞生之日起就融入文化血脉之中。这种超出先民认识的自然力量与超自然力量，被冠以神名，以山岳为集中体现。山岳信仰自始至终都是道教发展演进的重要信仰资源，而这种中国古代的山岳信仰崇拜又与道教以山林为中心的地理发展模式不谋而合，原始自然崇拜中的神学因素为山川的道教化提供了极为便利的条件。实际上，不管是祀典还是洞天，山岳本身就是一种信仰符号。

在国家山岳祀典建立之初，秦汉时期的泰山祭祀活动，除去其政治功用外，实则掺杂着大量皇帝个人对游仙长生、神仙方术的推崇，在庙堂旗帜之下，蕴藏着大量的早期宗教思想。《史记·封禅书》有载："封禅七十二王，唯黄帝得上泰山封。申公曰：'汉主亦当上封，上封能仙登天矣。黄帝时万诸侯，而神灵之封居七千。天下名山八，而三在蛮夷，五在中国。中国华山、首山、太室、泰山、东莱，此五山黄帝之所常游，与神会。黄帝且战且学仙。'"①又有"少君言上曰：'祠灶则致物，致物而丹沙可化为黄金，黄金成以为饮食

① 司马迁撰，裴骃集解，司马贞索隐，张守节正义：《史记》，第1393页。

器则益寿，益寿而海中蓬莱仙者乃可见，见之以封禅则不死，黄帝是也。'"① 再如《风俗通义·正失》："俗说：岱宗上有金箧玉策，能知人年寿修短。武帝探策得十八，因到读曰八十，其后果用耆长。"②统治者好仙求生，寻仙风潮盛行，方士术士大行其道，而中国道教的神仙信仰同样认为山岳乃神仙所居，访问名山、服食修行乃升仙之道，山岳不仅为生人提供求仙法门，也为升仙提供了必要的环境场所。对后世道教阴阳理念构建产生深远影响的邹衍"阴阳五行说"得到统治阶级的广泛接受和推崇，以"东方木也，万物之所以始生也"③，为泰山蒙上一层神秘面纱。

此外，秦汉时期，为迎合统治者的宗教神学观念，方士术士无不竭尽其能。如论其著名者，安期生当在其列。作为游集在泰山的方士，安期生在泰山地区留下了众多足迹。"求我于蓬莱山"，作为引发秦始皇大规模入海求仙之举源头的安期生，除去自身所带有的神秘色彩外，更是齐地方士集团的重要人物。毋庸置疑的是，方士集团为道教的产生提供了先决条件，齐地方士集团更以泰山为中心，织造出众多神仙志怪之言。而据白如祥考证，汉武帝时期，围绕在其身边的方士同样以齐人为主导，而其中的绝大多数又都与安期生存在着或远或近的师承关系，其师门谱系在《史记·乐毅列传》中有着详细的记载。④ 这些师承安期生的齐地方士，在全国范围内广泛传播了齐学思想，这种被代代相传的齐学理念，在后世成为汉代道教构建的原始思想之一。

在方士迎合皇帝好道求仙理念的同时，帝王权势也为后世道教吸纳山岳信仰、构造山岳宗教体系提供了方便。以五岳真形图为例，这一道教天地观中极为重要的地理空间符号，在假托汉武帝遇仙之说的背景下依托帝王名望传播开来。《汉武帝内传》记载：

> 帝又见王母巾笈中，有卷子小书，盛以紫锦之囊。帝问："此书是仙灵之方邪？不审其目，可得瞻眄？"王母出以示之曰："此《五岳真形图》也。昨青城诸仙就我求请。当过以付之。乃三天太上所出，文秘禁极重，岂女秽质所宜佩乎？今且与汝《灵光生经》，可以通神劝志也。"帝下地叩头，固请不已。王母曰："昔上皇清虚元年，三天太上道君下观六

---

① 司马迁撰，裴骃集解，司马贞索隐，张守节正义：《史记》，第1385页。

② 应劭撰，王利器校注：《风俗通义》，第65页。

③ 王冰：《黄帝内经素问补注释文》卷一五，《道藏》第21册，第82页。

④ 白如祥：《泰山方士与道教的产生》，《中国道教》2007年第5期。

合，瞻河海之短长，察丘岳之高卑，立天柱而安于地理，植五岳而拟诸镇辅，贵昆灵以舍灵仙，遵蓬丘以馆真人，安水神乎极阴之源，栖太帝于榑桑之墟。于是方丈之阜，为理命之室；沧浪海岛，养九老之堂。祖瀛玄炎，长元流生，凤麟聚窟，各为洲名。并在沧流大海玄津之中，水则碧黑俱流，波则振荡群精。诸仙玉女，聚于沧溟，其名难测，其实分明。乃因山源之规矩，睹河岳之盘曲。陵回阜转，山高垄长，周旋委蛇，形似书字。是故因象制名，定实之号。画形秘于元台，而出为灵真之信。诸仙佩之，皆如传章，道士执之，经行山川。百神群灵，尊奉亲迎。"①

又有：

又先以元封二年七月七日，西王母、上元夫人下降于武帝，王母授帝《五岳真形图》《灵光生经》，上元夫人授六甲灵飞招真十二事。王母及上元夫人见帝之日，多所称说，或延年之诀，致神灵之法，或乘虚之数，步玄之术，诸要妙辞。帝乃自撰为一卷，及所授《真形》《经书》六甲灵飞之事。帝乃盛以黄金之箱，封以白玉之函，以珊瑚为轴，紫锦为帏囊，安着柏梁台上，数自斋戒整衣服亲诣朝拜，烧香盥漱，然后执省之焉。

……

但帝先承王母言，以元封三年七月斋戒，以《五岳真形图》授董仲舒登受；帝又承上元夫人言，以元封四年七月斋戒，以五帝六甲灵飞十二事授李少君登写受，此书得传行于世者，先传此二君以存矣。②

据其文论，《五岳真形图》乃汉武帝遇会西王母与上元夫人所见，佩、执之者，经行山川，群灵奉迎。真形本不传帝，因武帝恳切叩请，故西王母授之，并传于后世。由此可见，道教法宝《五岳真形图》乃帝王受天命而承之，后世学道之人，传习此图莫不愿受帝王之传。可以说，帝王的权威性为托皇帝之名所构筑的道教山岳理念提供了心理倚仗与传播便利性。道教六戊禁忌③与明

---

① 《汉武帝内传》，《道藏》第5册，第51页。

② 《汉武帝内传》，《道藏》第5册，第56页。

③ 道教六戊：戊子、戊寅、戊辰、戊午、戊申、戊戌日。戊不朝真，乃道教禁忌。始见于《女青天律》，与汉武帝访求西王母问世间虫蝗、水旱之灾缘何而至之事有关。《九天神霄玉诀戊日禁忌》载："昔汉武帝元丰元年七月望日，西池王母降临。帝问曰：'世间虫蝗水旱之灾，缘何而至？'王母曰：'世间下民，无知四时之内，犁除田土冒犯阴阳之禁忌。是故水泽不降，百谷不收，民遭饥馑。'帝曰：'如何攘解，得免此灾？'王母曰：'夫戊禁最重，无法可攘，不惟虫蝗之灾，而四时所犯，各有其应。若动土，尤当禁忌，春犯六戊日，令人寿夭……'"详见程鹏程：《急救广生集》附《九天神霄玉诀戊日禁忌》，人民军医出版社2009年版，第313～314页。

代道士假托宋真宗敕封旗号加封泰山玉女为碧霞元君以谋正祀[①]，亦与此种借势心理有关。

此外，在《道藏》之中，《抱朴子》与《洞玄灵宝五岳古本真形图》等道书对五岳真形的重要性与功用均做了详细描述，其言：“道书之重者，莫过于三皇文，五岳真形图也。”[②]道经的加工使已经符号化的山岳更加具有道教神性的色彩，而《洞玄灵宝五岳古本真形图》中的记载又假托武帝的宠臣东方朔之名对道教化的泰山神的神貌、职司做了详细描绘。

可以说，方士的渲染与帝王的推崇彼此交织，为泰山山岳信仰的道教化奠定早期基础；又经后世道教徒发展，蒙受帝王恩势的山岳在宗教神化过程中，实际上走上了道教主导的神化之路。

图 2　东岳泰山真形图

前文有论，帝王皇室对游仙长生的追求促使了山岳信仰道教化的早期形成，而有生则有死，生死议题必然并存，死后魂归何处是每种信仰必须解决的终极问题。于是在皇权阶层追求长生不老，视泰山为寻仙长生之地的

① 碧霞之封应始于明代(详见周郢:《碧霞元君封号问题的再考辨——与闫化川先生商榷》,《世界宗教研究》2008 年第 3 期)，然明廷推行祀典复古，重视祭祀神灵淫正之分，未得朝廷认可的泰山玉女被视作淫祀。明代道士为谋求玉女祭祀的合法性，打出宋真宗敕封的旗号，促使泰山女神完成由“玉女”至“元君”的转变，既表明其宗教归属，又以宋真宗之名宣扬碧霞元君祭祀的正统性。

② 葛洪:《抱朴子内篇》卷一九,《道藏》第 28 册，第 247 页。

同时，两汉时期泰山“掌生死之期，鬼魂之统”的说法也日益兴盛，并且逐渐形成人格化、神格化的泰山神形象，即“泰山府君”。顾炎武《日知录》中将泰山主死一说的起源归于西汉[①]。而关于人格化后的泰山府君，现存最早记载其“治鬼主死”职司的文献为东汉镇墓文，其云：“生人属西长安，死人属东太山。”又有：“生属长安，死属太山，死生异处，不得相防。”[②]《搜神记》亦有胡母班跨生死两界，往见泰山府君之语。[③] 泰山府君的治鬼说在东汉时期已广为流行，《后汉书·乌桓传》中将乌桓“神灵归赤山”比作中国“死者魂归岱山”[④]，也是其有力例证。生死相依，天子匹夫均不可避免，而由生死问题所衍生出的“附在神祇上的信仰想象力”[⑤]，在其后的历史演进中显示出旺盛的“信仰活力”，至三国、魏晋时期，泰山主死的人格化山岳信仰已广为流传，且已从民间风俗脱胎为主流信仰，并多见于历史文献与诗歌文学之中，如《三国志·管辂传》中“但恐至泰山治鬼，不得治生人”[⑥]，与陆机《泰山吟》中“幽岑延万鬼，神方集百灵”[⑦]等论。

值得注意的是，作为泰山山岳信仰演进中最重要的宗教性神化理念，“主生主死”的泰山信仰再次与道教生死观不谋而合。“仙道贵生，度人无量”，生死乃修道者服食修行最为关注的议题。道经及志怪小说中常有道教星君掌人间生死之论。《搜神记》卷三云：“南斗注生，北斗注死。凡人受胎，皆从南斗过北斗，所有祈求，皆向北斗。”又《太上老君中经》卷上曰：“璇玑者，北斗君也，天之侯王也，主制万二千神，持人命籍。”[⑧]天既如此，地当如何？前文所论托名东方朔的道藏典籍《洞玄灵宝五岳古本真形图》中对泰山神主治死生的神祇职司作了详细描述：“东岳泰山君，领群神五千九百人，主治死生，百鬼之主帅也，血食庙祀宗伯者也。俗世所奉鬼祠邪精之神而死者，皆归泰山受罪考焉……泰山君服青袍，戴苍碧七称之冠，佩通阳太明之

① 详见顾炎武：《日知录》卷三〇，清刻本。

② 转引自吴荣曾：《镇墓文中所见到的东汉道巫关系》，《文物》1981年第3期。

③ 原文详见干宝：《搜神记》卷三，明津逮秘书本。

④ 范晔撰，李贤等注：《后汉书》，中华书局1965年版，第2980页。

⑤ 魏斌：《“山中”的六朝史》，第129页。

⑥ 参见顾炎武：《日知录》卷三〇，清刻本。

⑦ 汪子卿：《泰山志》卷三，《泰山文献集成》第一卷，泰山出版社2005年版，第135页。

⑧ 《道藏》第27册，第145页。

印，乘青龙，从群官来迎子。”[①]

天穹之上，南斗主生，北斗主死；而地面山岳之中，泰山掌“生死之期，鬼魂之统”，将泰山纳入道教山岳体系，符合道教神灵掌制生死的理念，也是泰山山岳信仰神化、道教化的重要体现。

泰山掌生主死理念在潜移默化中被道教收归的又一例证即魏晋南北朝时期的“神仙侨置”现象。永嘉之乱后，随着大量流民的南迁，泰山府君作为已被默认为道教主神的神祇随侨民南置。这一点在三茅君的职司和《真诰》神仙体系都有所体现。以侨居茅山的三茅真君为例，其被赋予“监太山之众真，总括吴越之万神”[②]的重要职能。处于江南的三茅君何以被冠以“监泰山之众真”的名号？其原因不外乎永嘉之乱后北方泰山地区已成难以回归的故土，既生时故土已丧，死后又当魂归何处？“死后归往何处，是一个具有人类普遍意义的终极关怀问题”[③]，为解决掌“生死之期，鬼魂之统”的泰山府君已成为故土难以望及的神性背影，随流民一并南迁的道士决定将掌制生死的职能安排在三茅君身上，以“太元真人东岳上卿司命真君”为大茅君名号，给予保命君“总括岱宗，领死记生”[④]的职司。在后世发展中，由于经济重心的南移与江南道教的发展，这一神仙体系架构越发盛行，泰山实际上已经成为兼备民俗与宗教双重理念的主生治死之地，是道教生死观念的重要现实依托。

前文有论，山岳自身就是一种特殊的地理信仰符号，在道教进入泰山的过程中，对山岳符号化的道教改造之于泰山山岳信仰的整体构建有着重要影响。在五岳真形之外，洞天福地体系是泰山成为道教地理文化符号最为重要的代表。

道教徒以为洞天福地乃神仙神道居所，中国之内共有三十六洞天七十二福地。该说大致起源于晋代，《真诰》中已有洞天福地的理念。《道迹经》云：“五岳及名山皆有洞室。”[⑤]至唐代，杜光庭《洞天福地岳渎名山记》则详细列明道教体系下的岳渎宝地，其文曰：“太山蓬玄洞天，一千里，在兖州乾封

① 《洞玄灵宝五岳古本真形图》，《道藏》第 6 册，第 735 页。

② 刘大彬：《茅山志》卷六，《道藏》第 5 册，第 581 页。

③ 魏斌：《“山中”的六朝史》，第 111 页。

④ 魏斌：《“山中”的六朝史》，第 111 页。

⑤ 详见《无上秘要》卷四，《道藏》第 25 册，第 11 页。

县。”[①]洞天福地体系基本上构建出道教地上仙境的主体部分，而泰山在其中地位显赫，“为天地之关枢，为阴阳之机轴”[②]，道教化后的泰山神亦成为道教主掌第二洞天的神祇。此外，葛洪《抱朴子内篇·金丹》将泰山列入道士“合作神药，必入名山”的名山之列，其云：“是以古之道士，合作神药，必入名山，不止凡山之中，正为此也。又按仙经，可以精思合作仙药者，有华山、泰山、霍山、恒山……此皆是正神在其山中，其中或有地仙之人。”[③]神道一步步架构于山林之间，泰山的道教化色彩日渐浓郁，而将泰山纳入自身山岳信仰体系的道教，通过这一座经由封禅已被国家化、政治化的神山，又一次提升了自身宗教的社会地位。

在宗教逐步进入泰山的过程之中，道教也逐渐与山岳政治中最重要的国家祀典相结合。封建王朝的祀典仪制与统治者的信仰理念为泰山的道教化提供了极大的便利。北魏太武帝推崇道教，尤其笃信天师道，其国师寇谦之即为道士，此时的山岳祀典或已有道教因素显现和道士的介入。[④] 至隋代立国，炀帝于大业四年(608)巡祭恒山，此时已然有道士参与祀典。[⑤] 李唐王朝自肇兴之际便尊老子为始祖，大力弘扬道教，“圣人以神道设教，而天下服矣”[⑥]，“我烈祖玄元皇帝乃发明妙本，汲引生灵，逐著玄经五千言，用救时弊”[⑦]，以求神化李唐政权；唐玄宗更在封禅时以《纪泰山铭》刻石来向天下众人宣告以“老子”之学治理国家，将道教的宗教政治地位抬到国教层面。在此背景下，唐代帝王将道教斋醮科仪引入国家祀典，道教仪制与理念逐步进入山岳祀典之中。

① 杜光庭：《洞天福地岳渎名山记》，《道藏》第11册，第57页。

② 杜光庭：《洞天福地岳渎名山记》，《道藏》第11册，第55页。

③ 葛洪：《抱朴子内篇》，《道藏》第28册，第187～188页。

④ 雷闻：《郊庙之外——隋唐国家祭祀与宗教》，生活·读书·新知三联书店2009年版，第491页。

⑤ 《隋书·礼仪志》有载：“大业中，炀帝因幸晋阳，遂祭恒岳。其礼颇采高祖拜岱宗仪，增置二坛，命道士女官数十人，于壝中设醮。”(魏徵等撰：《隋书》，中华书局1973年版，第140页)

⑥ 王弼注，孔颖达疏：《周易正义》，北京大学出版社2000年版，第115页。

⑦ 王钦若等：《册府元龟》，凤凰出版社2006年版，第565页。

唐高宗时期，道教投龙仪式①已出现在国家山岳祀典之中。今泰安岱庙所藏《唐斋醮造像记事碑》（唐双束碑）详细记载了唐高宗、武则天、唐中宗、唐玄宗、唐代宗、唐德宗时期的投龙醮典，其中又以武则天遣道士于东岳投龙的记录为最，共有“奉敕于东岳观、岱岳观中，建金箓大斋廿九日，行道设醮，奏章投龙荐璧”，“弟子晁自揣，奉敕于此东岳，设金箓宝斋、河图大醮，漆日行道，两度投龙”等六条碑文。② 实际上，投龙仪式中所拜奉的天地水三官大帝信仰，本身就与山岳信仰密切相关。而至唐玄宗时期，投龙铜简已然书明皇帝本命元辰。不仅道教仪式进入国家山岳祀典，道教理念与本命信仰也已然镌入山岳祀典之中。

唐玄宗以前，泰山封禅已具有国家祀典的正统地位，成为历代王朝极具政治意义的重大醮典。但于泰山设立官方正统的真君祠以供奉道教化的泰山神，使国家崇道背景下的泰山在政治与宗教双重意义上均具备国家正统神山的地位，却始于唐代道士司马承祯的进言。《旧唐书》有载：“十五年，又召至都。玄宗令承祯于王屋山自选形胜，置坛室以居焉。承祯因上言：‘今五岳神祠，皆是山林之神，非正真之神也。五岳皆有洞府，各有上清真人降任其职，山川风雨，阴阳气序，是所理焉。冠冕章服，佐从神仙，皆有名数。请别立斋祠之所。’玄宗从其言，因敕五岳各置真君祠一所，其形象制度，皆令承祯推按道经，创意为之。”③司马承祯的进言，使得脱胎于原始自然信仰的山岳神祇进一步转变为道教神灵，以“上清真人”降任其职的说法虽不为主流信仰体系所接受，但国家奉祀的五岳真君祠却因此建立起来，并为宋代所继承发扬。宋承唐制，在国家山岳祀典上同样具有较强的道教色彩。除前文所提五岳真君祠外，在传统正祀中，道教因素亦可常见，甚至宋真宗的封禅闹剧也与道士密切相关。作为道教信徒的王钦若，“好神仙之事，常用道家科仪建坛场以礼神”④，极受崇道的真宗宠信，其与一众佞臣伪造天书祥瑞，促成真宗东封，使这场政治闹剧为封禅祀典画上句号。

从道教与国家山岳祀典逐步交织的过程中可以看出，道教借助国家祀

① 投龙简是道教科仪醮典中的重要环节。古代帝王在完成黄箓、金箓大斋后，将写有祈福忏悔消罪的文简和玉璧、金龙、金钮用青丝捆扎后分为山、土、水三简，分别投入名山岳渎之中，以告道教三元三品天地水三官大帝。

② 详见今泰安岱庙馆藏唐斋醮造像记事碑。

③ 刘昫：《旧唐书》，第 5128 页。

④ 脱脱等撰：《宋史》，第 9563 页。

典完成了自身宗教政治地位的跃升，使科仪醮典成为国家山岳祀典的重要组成部分，在山林中蒙政治荫蔽而生长，皇帝也在道教进入后的国家祀典中满足了对自我的神化。山岳祀典中政治化的道教仪轨，侧面上也反映了皇权的加强与宗教对政治的俯拜。在山林、庙堂与洞天的融合过程中，庙堂始终占据主导地位。

泰山山岳祀典的道教化不唯政治因素，更有民族文化的影响。蒙元时期，蒙古部族占领中原，其初五岳祀典废弃不兴，山体宫观均经劫火。在外族统治、华夏衰微的血雨腥风之下，泰山祀典的重兴与否，实则反映着中华文化的存亡。在此民族文化危亡的关头，全真道为华夏文明的赓续做出了艰辛努力。正如钱穆所言："至金、元时代，北方又受第二次大灾祸。其时则士族门第已不存在，社会无可屏蔽。全真教诸祖师乃借宗教为掩护，其所以弭杀机，召祥和，为社会经济保存一线生机，为传统文化保存一脉生命，正犹西方罗马覆亡以后之基督教会也。此乃全真教在当时之大贡献。"[①]在全真祖师丘处机"一言止杀"后，其亲传弟子李志常"代祀岳渎"，在保存并恢复五岳祀典方面做出了卓越贡献，道士的努力使得泰山的道教化更加顺理成章。

《玄门掌教大宗师真常真人道行碑铭》曰：

> 岁辛亥，先帝即位之始年也，欲遵祀典，遍祭岳渎。冬十月，遣中使诏公至阙下，上端拱御榻，亲缄信香，冥心注想，默祷于祀所者久之，金盒锦幡，皆手授公，选近侍哈力丹为辅行，仍赐内府白金五千两以充其费。陛辞之日，锡公金符，及倚付玺书，令掌教如故。公至祭所，设金箓醮三昼夜，承制赐登坛道众紫衣，暨所属官吏预醮者，赏赉有差。询问穷乏，量加赈恤。自恒而岱，岱而衡，衡隶属宋境，公尝奏可于天坛望祀焉。既又合祭四渎于济源，终之至于嵩、至于华，皆如恒岱之礼。祀所多有征应，鸿儒巨笔，碑以纪之。[②]

李志常受宪宗所托，历时半年，由恒山至泰山，又设天坛遥祭处于宋境的衡山，合祭四渎，终祭于嵩山、华山，完成整个代祀岳渎典礼，自此重兴被蒙元南犯而废弃的国家祀典制度，重启泰山国家祭祀。而活动于泰山地区的全

---

① 钱穆：《中国学术思想史论丛》(六)，《钱宾四先生全集》第20册，(台北)联经出版事业股份有限公司1998年版，第263页。

② 陈垣编纂：《道家金石略》，文物出版社1988年版，第579页。

真道士张志纯，借助东平严氏之力，“重兴泰山祠庙”，逐渐恢复泰山地区的信仰活动。在泰山山岳信仰与华夏文化板荡衰微之际，道门中人经过卓绝的努力，重兴五岳祀典，再续中原文化，为华夏文明的赓续提供了助力。泰山山岳信仰在少数民族中被逐步接受，自泰山祀典重兴之日起，直至元世祖加封泰山神为“天齐大生仁圣帝”，泰山信仰的政治与宗教地位被再次提升，位居国家信仰的神祇前列，道教在泰山文化中所占据的地位，亦自不可估量。

“宗教是被压迫生灵的叹息，是无情世界的感情。正像它是无精神活力的制度的精神一样，宗教是人民的鸦片。”①无论是山岳信仰还是道教理念，它们的存在归根到底都是为人提供逃脱现实的精神安慰与反作用于现实的理想寄托。任何信仰的兴盛都离不开其现实功用。于是明清时期道教性泰山主神信仰的兴盛与民间信仰崇拜的补充，是泰山矗立在洞天之间的另一重要因素。

泰山主神有二，男神称东岳大帝，女神号碧霞元君。对于前者，前文已多有论述，东岳大帝泰山神原兴自原始山岳信仰的人格化与神格化，后经国家祀典与帝王加封，确立为国家正祀的岳渎神祇，又因自东汉以来的道教化改造而被吸纳进道教神仙体系。而后者泰山女神碧霞元君的构建则始于宋真宗封禅之行。张尔岐《蒿庵闲话》载：“宋真宗东封还次御帐，涤手池内，一石人浮出水面，出而涤之，玉女也。命有司建祠奉之。”②女神初作玉女，得真宗建祠修奉，经金元遣祭，至明代为谋正统以避祀典淫正之分而被道士托真宗敕封尊为道教元君。如果说东岳大帝实际上为国家政权服务，是披着神学与道教外衣的政治性神祇；那么肇兴于封禅却繁盛于民间的碧霞元君则更加满足了普通民众的信仰需求，是福绥海宇保育送生的泰山圣母。“元君者，夫亦东方万物始生，托坤仪以显灵”③，在繁衍后嗣被视为女性最大本职的封建社会，碧霞元君凭借其保育送生的神职，信仰影响力在民间迅速扩大，又因其女神的身份，得到妇女的广泛推崇，碧霞元君信仰一时风靡，在明清时期达到鼎盛，势头一度盖过原来的泰山主神东岳大帝，岱宗香火亦长盛不息：“自碧霞宫兴，而世之香火东岳者咸奔走元君，近数百里，远数千

① 《马克思恩格斯选集》第一卷，第 2 页。

② 张尔岐辑：《蒿庵闲话》卷一，清康熙徐氏真合斋磁板印本。

③ 详见明万历二十一年(1593)王锡爵《东岳碧霞宫碑》。

里……而碧霞香火视他岳盛矣。"[①]随着碧霞元君信众规模与影响范围的扩大，其职司内容也逐步丰富，"凡男女欲祈年、免病、求嗣、保寿，竭诚于元君前者，元君即如其意佑之"，直至其"护国庇民，有求必应，无所不能"。碧霞信仰由民间发展到皇室，不唯皇太后、后妃等遣祭元君以求后嗣，更有皇帝遣祭礼拜[②]，"夫方内之神，莫尊于泰山，而元君实赞之"[③]，以求国泰民安。

由于泰山主神自身宗教性的加强，与碧霞元君职司功用的亲民性与普适性的影响，不仅为生民提供精神寄托，更满足了他们朴实的信仰需求。泰山登山线路两侧道教宫观栉比鳞次，醮典信众络绎不绝。这种巨大的影响，使得民间崇奉的泰山俨然已成为大众心中的道教圣山。

虽然随着市民阶层的兴起，泰山山岳信仰在道教化的同时，也夹杂着大量民俗性的成分，但发展至此时的泰山山岳信仰，在道士、民众、皇室三者有意无意的努力下，已然是山林、庙堂与洞天的杂合体。三者紧密联系，相互影响，从皇室到民间，从理念到祀典，从政治到宗教，从文化到民族，环环相扣，彼此渗透，最终形成了泰山山岳信仰的兼备原始崇拜、政治教化与神道洞天的丰富内涵。

结 语

以山岳为原点，以庙堂、洞天与时序为历史坐标，我们在泰山山岳之间，以山岳信仰为中心创建出一个独特的地理空间。在这个广阔而特殊的山岳空间内，政治、文化、社会、宗教乃至民族彼此融合、彼此交叉，又在融合中各得其所，闪烁着独特的光芒。

山林之中，在生产力与生产水平相对低下的早期社会，先民对未知的憧憬、对自然的崇拜在生产生活实践和天马行空的想象中孕育出早期山岳信仰，这最基础、最原始的山岳崇拜成为山林形成自身独特信仰体系的发端，

① 详见明万历二十一年(1593)王锡爵《东岳碧霞宫碑》。

② 明正德十三年(1518)，明武宗遣伶官教坊司奉銮臧贤拜谒泰山，祈延皇嗣；而后明嘉靖十一年(1532)，皇太后遣太子太保蒋荣于泰山致祭，为嘉靖帝求子。其预祝文曰："皇帝临御海宇，十有二载。皇储未建，国本尚虚。百臣万民，无不仰望。兹特遣官敬诣祠下，祗陈醮礼，洁修禋祀。仰祈神贶，默运化机。俾子孙发育，早锡元良，实宗社无疆之庆，无任垦悃之至。"(查志隆：《岱史》卷九，《道藏》第35册，第733页)

③ 详见清康熙《御制景忠山碧霞元君庙碑》。

也是山岳最根本的信仰魅力所在。祭祀、占卜、膜拜,神圣化的仪式成了对山岳信仰最初的实践活动。而我们揭开这层神秘性的外衣后,就会发现无论是神学仪式还是巡狩祭祀,无论是祈保丰收还是部落会盟,从思维到实践,实际上山岳信仰的本源始终深深植根于人类的生产实践活动,围绕山岳进行的一切延伸均有一个共同目的,就是为生民服务。这是山岳最本质的信仰基石,也是后世庙堂与洞天选择并能够进入山林的最大凭据。

庙堂之间,以国家祀典为代表的政治理念与活动在泰山山岳之间得到了充分发展。国家山岳祀典自先秦时期的天子巡狩与圣王封禅开始酝酿,至秦汉时期首次在大一统王朝中崭露锋芒,到西汉中后期以国家仪制的方式正式确立,再经后世历代王朝在继承中翻陈出新,最终演变成为独特的文化符号。在山林之中,国家政治借助山岳祀典完成了正统性的确立与传承,在祈愿国安民丰、时和岁稔的同时完成了对帝王功德的昭彰,并最终实现山岳祀典由服务神王到服务人王的转变。在山岳中举办的国家祀典,既融会了大一统王朝的一统思想,又处处体现着不同民族为争取文化统治与心理认同所增添的独特色彩,还包含着帝王对自身的神化标榜,并借机进行着将普通民众转变为皇权信众的改造。在泰山山岳之中进行的国家山岳祀典与独特的封禅活动,成了中国政治历史发展进程的缩影,在泰山山岳之间,祀典高举庙堂的政治性旗帜,在山间留下了丰富的历史文化材料。以山岳本位来窥探政治历程,山岳之间留下的祀典遗迹,为我们探索中国古代政治变迁提供了独特的视角和极为宝贵的资料。

洞天之上,泰山山岳在自然崇拜与政治统御中显现出新的文化内涵。道教的进入,不仅丰富了泰山山岳信仰体系,赋予山岳特殊的文化符号概念,也补全了中国社会文化中宗教性、神学化的精神寄托的空缺。神道洞天的源起同样扎根于山林自身原始自然崇拜的信仰土壤中,继而在多重因素的深度互动中萌发出独属于道教的枝木,并与庙堂紧紧交织,形成连理之木。道教进入山林,离不开庙堂的铺垫。皇帝东巡封禅、国家祭祀山川等政治行为背后所隐藏的游仙长生之道,为道教在山林中的萌芽提供了发育肥料,而已然成长起来的帝王权势如擎盖一般为洞天福地的顺利成形提供了保护与发展契机。在此基础上进行的道教化发展,使得泰山山岳的神化顺理成章地走上了道教神路。泰山山岳既成为修道者的天然成道空间,又成为洞天福地的符号性标志。政治所托、生死之归、文化所系、民族之融、神命所佑,种种因素共同交织,催发出山林中道教苗木的枝繁叶茂。山林之中的洞天神道，不仅是一种宗教概念，更是一种多元文化集合体。政治、社会、文化，帝王、民众、道士，不同方向，各个主体，共同推进了道教在山林中的发展，又反作用于自身。于是在山林中，在洞天上，既有政治功用的发挥，又有夷夏各族的融合，再有文化传承的演进，更有精神心灵的寄托乃至人类文明的终极关怀。洞天的外衣下，是山林之中始终未变的人文内核。

生长于山林之中的庙堂与洞天，根植于山岳的天然土壤中，彼此融合、交织，最终成长为连理之木，撑起泰山山岳信仰的主体。山岳为庙堂、洞天的发生发展提供独特的地理空间与独立于主流外的发展范式，庙堂与洞天也反哺于山岳，丰富了山岳信仰的内涵，在这种良性互通中，孕育出泰山山岳信仰这一包罗万象的独特文化生态系统。正如文章开头所言，山中何所有？山中有无穷。泰山及中国山岳信仰中蕴藏着无穷无尽的研究宝藏，以山岳本位来探索历史、文化的发展脉络，其妙无穷。

受制于研究进程与文章篇幅，本文以山林为中心，立足自然崇拜，从原始山岳信仰出发，以历史时序与信仰演进双线并举，对构筑泰山山岳信仰的两大主体——庙堂、洞天何以进入山林，如何在山林中发展，又以何形式实现山林、庙堂、洞天的深度互动，完成泰山山岳信仰的整合与重构进行了重点讨论，而略谈其他信仰组成与影响因素。

评王云飞新著《魏晋南北朝十二家〈论语〉注研究》

闫齐麟　孔德旺

王云飞新著《魏晋南北朝十二家〈论语〉注研究》于 2022 年 1 月由中国社会科学出版社出版，该书选取了魏晋南北朝时期受玄学影响的十二家《论语》注残篇进行研究，分析其玄学内容，揭示其发展规律，充分挖掘这些残篇之于各种学术问题的价值和意义。该书点面结合，文献扎实可靠、论证绵密细致，有着重要学术价值。

《论语》是孔子弟子及其再传弟子所作，是儒家代表性著作。中国历史上研究《论语》的人不可胜数，现存《论语》学著作有五部最为著名，即何晏《论语集解》、皇侃《论语义疏》、邢昺《论语注疏》、朱熹《论语集注》、刘宝楠《论语正义》，学界的研究热点通常都集中于这五部著作。除了这五部完整著作，中国历史上还有很多《论语》注残篇，清代马国翰曾经将这些历朝历代的《论语》注残篇进行辑佚，但学界对这些《论语》注残篇关注较少。

一、选题新颖

王云飞新著《魏晋南北朝十二家〈论语〉注研究》最大的独特之处在于十二家《论语》注残篇的选择。魏晋南北朝《论语》学著作现在完整存世的是

本文系国家社科基金一般项目“魏晋玄学统摄下的儒道佛经典互诠研究”（23BZX027）阶段性成果。

闫齐麟，曲阜师范大学历史文化学院中国古代史专业博士研究生；孔德旺，山东省枣庄市薛城实验中学（枣庄市第八中学南校区）历史教师。

何晏《论语集解》和皇侃《论语义疏》,“但从魏晋南北朝玄学的发展过程来看,何晏《论语集解》处于玄学刚刚开始的阶段,皇侃《论语义疏》处于玄学发展接近尾声的阶段,二者都处在玄学发展较为微弱的阶段。真正有更多玄学内容的恰恰是居于这两者中间的《论语》注,由于这些《论语》注现存都是残篇,因而未受到学界足够的重视”①。王云飞新著注意到了魏晋时代各个思想流派——儒学之经学、儒学之玄学、老庄思想——之间的互动,以及这种互动对《论语》注释的影响,并选取了魏晋南北朝玄学影响下的十二家《论语》注残篇为研究对象,立意新颖。

正因为该书从魏晋南北朝《论语》学和玄学的互动中选择了十二家《论语》注残篇,所以对魏晋南北朝《论语》学研究以及玄学研究两个领域都有一定的学术价值,既展示了魏晋玄学对《论语》学的影响,也展示了《论语》发展到魏晋南北朝时的新特点。作者认为魏晋南北朝《论语》注可以分为两条线索:一条线索是继承传统汉注的注经方法,另一条线索是以玄学注《论语》,这一观点符合魏晋南北朝《论语》注释研究的实际。该书选题研究的贡献是:以魏晋南北朝十二家《论语》注残篇为证,进一步证明了这一观点,在一定程度上丰富了魏晋南北朝学术研究的内容。

二、点面结合

该书的另一独特之处在于全面研究和个案探讨的有机结合。上篇是全面研究,系统论述了十二家《论语》注包含的玄学内容,总结出受玄学影响的十二家《论语》注的发展规律;下篇是个案探讨,对十二家《论语》注涉及的三个学术问题进行了深入探讨,展示了这十二家《论语》注对这三个学术问题的价值和意义,有理有据地提出了作者独到的见解。

从上篇的全面研究来看,十二家《论语》注发展规律如下。

王弼和郭象是魏晋南北朝玄学发展的两个里程碑,也是魏晋南北朝《论语》学发展的两个重要转折点。

王弼是魏正始时期的玄学大家,其玄学思想影响了方方面面,《论语》注释史也不例外。王弼《论语释疑》现存十四条《论语》注是在用《老子》注《论

① 王云飞:《魏晋南北朝十二家〈论语〉注研究》,中国社会科学出版社 2022 年版,第 210 页。

语》，不仅多次引用《老子》原文，而且将老子放在了比孔子更高的位置，对《论语》中的一些主要概念，例如“仁”“孝”“忠”“恕”等注入了玄学内容，是《论语》注释史上的一个重要转折点。受王弼影响最大的当属缪播和缪协。缪播《论语》注现存十四条，涉及多种玄学内容，例如：本末之说、得意忘言之说、性分说、名实之论，以及情“真”“理”等。缪协二十七条《论语》注包含崇本息末、有无、圣人体无、声无哀乐、名实之论等玄学内容。缪协和缪播现存《论语》注残篇多次出现崇本息末、举本统末、弃本崇末等玄学概念，这在整个魏晋南北朝《论语》注释史上都很罕见，本末之说的玄学内容可以溯源至王弼。

郭象是王弼之后另外一位以玄学注《论语》的重要人物，是魏晋南北朝《论语》注释史的又一转折点。其《论语》注包含以性分论“德”和“礼”、无为之治、无心因循等玄学内容，这些内容和《庄子注》相关思想一致。从玄学发展来看，王弼是玄学发展的首创者，是魏晋南北朝玄学发展史上的一座丰碑，但玄学波及面最广、参与人数最多的时期还是在东晋，而这就要归功于西晋郭象，郭象将玄学的发展推向了又一个高峰。玄学的这一发展特点也可以从魏晋南北朝《论语》注释史看出。郭象的玄学思想，例如性分说、山林和庙堂理论、独化说、因循思想等等，影响到了李充、孙绰、江熙、殷仲堪、张凭、沈居士、顾欢、太史叔明等。在魏晋南北朝《论语》注释史上，郭象的影响力远远超过了王弼。

该书上篇的一大贡献是发现了魏晋南北朝十二家《论语》注残篇包含的玄学内容。这些材料既对儒学研究有价值和意义，又对玄学研究有价值和意义，体现了作者独到的眼光。

例如，李充《论语》注中明确出现了郭象玄学代表作《庄子注》的重要概念“独化”，这充分说明了东晋时郭象玄学的兴盛，也说明了郭象玄学对《论语》学的影响，还说明李充熟知郭象玄学，深受玄学影响，这对我们研究李充和郭象的关系也有重要意义。王云飞新著中类似的例子还有不少，该书都一一做了分析和研究。

再如，江熙《论语》注释中明确出现了山林之士和朝廷之人的对比，即“夫山林之士，笑朝廷之人束带立朝，不获逍遥也。在朝者，亦谤山林之士褊厄，各是其所是，而非其所非，是以夫子兼知出处之义，明屈伸贵于当时也”①。山林和庙堂是魏晋士人常常讨论的话题，也是郭象《庄子注》的重要

① 转引自王云飞：《魏晋南北朝十二家〈论语〉注研究》，第125页。

概念，郭象说："圣人虽在庙堂之上，然其心无异于山林之中。"①

从下篇个案探讨来看，该书也利用这些《论语》注残篇对一些学术问题进行了讨论。

王云飞擅长通过细致的文献细节，推翻人们固有的认知和看法。例如对于《论语》"子在齐闻《韶》"典故，我们现在大都理解为孔子在齐国听闻《韶》乐，高兴得三月不知肉味，但综观魏晋南北朝《论语》"子在齐闻《韶》"注，注家们大都理解为孔子在齐听闻《韶》乐，因为齐国的僭越违礼而伤心难过得三月不知肉味。魏晋南北朝《论语》注家们为何如此理解？《论语》闻《韶》典故真正的含义是什么？王云飞新著通过梳理自汉至清《论语》闻《韶》典故的注释，勾勒了历代学者对《论语》此章的注释变化和因革继承关系，清晰展示了闻《韶》典故赞美说和伤心说的此起彼伏的发展过程和脉络。《论语》是孔子弟子及其再传弟子记录孔子言行的书，经历过初期的口诵口传为主的阶段，所以一些《论语》原文及其注文容易有歧义。我们现在读《论语》，常常只知其一意，而不知其多意和歧义之处，历史是人为的历史，深思这些经典的歧义之处将会有大发现。

再如，向秀和郭象《庄子注》的著作权是学术界的公案。该书通过缪播《论语》注残篇指出我们所熟知的郭象《庄子注》性分说，其实来自向秀。

再如，郭象《庄子注》的儒道属性问题是学界曾热烈讨论的问题，大部分学者认为郭象"圣人虽在庙堂之上，然其心无异于山林之中"是调和儒道，而该书认为"圣人虽在庙堂之上，然其心无异于山林之中"是站在儒家立场，将山林拉向庙堂。郭象注过《庄子》，也注过《论语》，但他在庄学史上大放异彩，在《论语》学史上却无人注意，当然，这和郭象《论语》注大部分已亡佚、仅存残篇有关。

三、不足之处

该书附录儒藏精华编皇侃《论语义疏》和马国翰的《玉函山房辑佚书》经编《论语》类，对十二家《论语》注进行了辑录，从而为整个研究保证了翔实的资料基础，但此辑录也存在欠缺和不足之处。

---

① 郭象注，成玄英疏：《南华真经注疏》，中华书局1998年版，第12页。

第一，应以第一手辑佚材料为研究对象，不可依赖第二手辑佚材料。该成果研究对象为魏晋南北朝十二家《论语》注，此十二家皆为残本，但该书所据残本，为马国翰《玉函山房辑佚书》和儒藏本皇侃《论语义疏》。马国翰系清代学者，他所辑佚的《论语》注残篇出自各种古籍，他能见到的古籍几乎全部完整保留到了今天，因此，马国翰的辑佚实为第二手资料，作者应该遵循马国翰所提示的文献版本信息，对何晏《论语集解》、皇侃《论语义疏》之外的古籍中的《论语》注残篇进行辑佚，并对马氏辑佚进行校勘，从而获得第一手魏晋南北朝《论语》注资料。同理，儒藏精华编《论语义疏》校勘虽然精密，存世各种版本参校殆遍，但也属于第二手资料。建议作者以现存最早的何晏《论语集解》、皇侃《论语义疏》作为底本，同时吸收儒藏本校勘成果。若作校勘，仅有儒藏《论语义疏》本和马国翰本恐怕不够，还需要广罗异本，例如《十三经注疏·论语注疏》及其校勘记。

另外，马本在辑佚、刊刻过程中，产生了新的错误。马氏所辑佚的古籍，同一书又存在不同版本差异，那么哪些异文是所辑佚的古籍本身的版本流传异文，哪些异文是马本编刻过程中产生的讹误，作者应该有所考证。遗憾的是，作者在《附录》中只是列出二本异文，对这些异文出现的原因、二本优劣却没有进行判断，这是远远不够的。所以，《附录》校勘需要完善。

第二，作为附录的"《论语》注残篇辑录"亦存在较多问题。"校对"一词非文献学学术语言，校对不同于校勘，校对是技术工作，校勘是学术工作。列举原文时，有不少处繁简转换有误，希望作者考察一下《古籍校勘释例》等规范性文件再作处理。该书校勘写法与术语使用不严谨，文末附录是研究者对儒藏本《论语义疏》与马国翰辑本的校对，其校多属于异同校勘，但其校记写法及术语不符合古籍整理校勘的规范；更为重要的是，尚需关注、利用汤用彤等先生对上述附录相关内容的考证、校释成果。

另外，该书尚有可完善之处。

第一，该书属于以文献为基础展开的研究，但关于这十二家注本身，还需要作更严谨细密的文献考证和定位。比如探究玄学兴盛时期的《论语》学，为何只选这十二家注说？其代表性何在？这需要一个目录学角度的考察。所选出的十二部文献，历代的著录、流传、版本情况究竟如何？这也需要一个集中的专门的考察，仅仅如现在于每部书之前略作交代恐怕不够。

第二，该书某些结论需要斟酌。例如作者多次言这十二部《论语》注在学界关注较少或属空白，但今日所见残篇，有多部是从皇侃《论语义疏》中辑出，可见其中某些论说已随《论语义疏》产生了影响，并非属于研究上的“空白”。再如“性分说”著作权归于向秀还是郭象，某种意义上讲意义不大（因文献不足难以定论），重要的是这一说法本身义涵、何以出现及影响何在。

第三，该书分上下两编，上编谈王弼玄学和郭象玄学对相关《论语》注的影响，但展开方式仅是以某部《论语》注为纲，而非以“问题”统摄，处理略嫌简单。下编所谓“具体问题”研究，亦嫌宽泛，需要明确到底属于何种学术问题。且第三章过于简略，第五章标题亦当更体现出魏晋论语学史的问题意识，例如“伤心说”及其影响，而非如现在标题，去作一个“注释考”。

总之，该书选题有一定的学术价值。作者从《论语》学史出发，关注到何晏《论语集解》和皇侃《论语义疏》中间的十二家《论语》注与魏晋玄学之间有更密切的关联。但因为这些典籍多属残篇，故以往较少受到学界关注。该书正是试图以这十二家《论语》注为文献依据，探究魏晋六朝《论语》学与魏晋玄学间的内在关联，这对于魏晋《论语》学史的研究殊有意义。作者对十二部《论语》注，作了较为细致的梳理和解读，也得出了一些比较有新意的结论，比如向秀、郭象“性分说”对于《论语》注的影响，以及由《论语》注看郭象的儒家立场等，皆富有启发。

不仅如此，该书的意义不限于文献整理，而是在上述翔实材料的基础上，力图揭示魏晋南北朝时期的玄学思潮在《论语》注中的体现及其规律、玄学与儒学的关系等，从而具有思想史的价值。

一部内容丰富、视角多元的学术著作

——读赵卫东、熊建卫主编《城隍信仰研究》

白如祥　衣兰馨

城隍信仰源远流长，至少在北齐时期便已具备一定的影响力。作为起源于民间的信仰对象，城隍的形象和神职功能始终随着民众的信仰需求而变化，这种鲜活的生命力使城隍信仰逐渐发展到全国，并在明初正式成为国家官方祭祀的对象之一，对于维护中国古代社会价值和秩序做出重要贡献。《城隍信仰研究》一书，将这一民间信仰完整地呈现出来，使读者既能从严谨翔实的叙述中领略到城隍信仰的发展历程，又能从鞭辟入里的思辨中得到启发，重新审视和反思这个"活"在我们身边的"地方守护神"。

《城隍信仰研究》由宗教文化出版社于 2021 年出版，属于"苏州城隍庙道教文化丛书"系列。苏州城隍庙自 2004 年开始成为正式的道教开放场所，每年都会举办各种各样的法会，参与到社会生活之中。近些年来，在熊建卫道长的带领下，苏州城隍庙采取各种举措，积极维护社会秩序，促进社会和谐，在保护文化遗产、推广传统文化方面做出了诸多贡献。苏州城隍庙还一直大力支持道教学术研究，"苏州城隍庙道教文化丛书"便是其支持道教学术研究的有力证据，而《城隍信仰研究》一书便是这套丛书的重要成果之一。该书由赵卫东、熊建卫担任主编，朱越利、刘仲宇、卢国龙、张广保、盖建民等五位教授担任学术委员。从某种意义上说，《城隍信仰研究》的出版，促进了学界对城隍信仰的进一步研究，展现了城隍信仰的当代价值。

自明太祖洪武二年(1369)、洪武三年(1370)改制以来，城隍被正式列入国家的祭祀体系。官方的推崇使得城隍的地位日益提高，影响力也不断扩大，成为中国古代最具普遍性的信仰之一，与世俗社会有着深度的融合。城

白如祥，山东省委党校哲学教研部教授；衣兰馨，山东大学儒学高等研究院硕士研究生。

隍作为官方认可的神灵，是民众虔心信仰的对象，承载着人们对于公平正义、风调雨顺的希望；城隍的形象深入人心，一度是笔记、小说和戏曲的重要素材；不仅如此，城隍庙的聚集效应对于古代社会的经济、文化、娱乐等繁荣具有显著贡献。由此可见，城隍信仰无疑对中国古代的政治、经济、文学、宗教、民俗等有着深刻的影响。正如宗教学家高廷所说："中国的鬼怪世界，是对现实中人类世界的模拟。"①被民众的信仰所塑造的城隍神，正如一面镜子，折射出古代地方社会的情状、古代民众的心理和信仰背后的文化根源，具有重要的学术价值。同时，在我国传统文化亟须创造性转化与创新性发展的当今，城隍信仰无疑是宝贵的文化资源。

然而，正如主编赵卫东教授在《城隍信仰研究》绪论中所说，学术界对于城隍信仰的重视程度不够，目前对于城隍信仰的研究仍然有一些需要补充的地方，有一些存在争议的问题仍然需要更具说服力的解释，例如城隍原型的问题。此外，起源于民间的城隍信仰，在后续发展中高度地方化，且有明显的职能变化，文献分布又较为零散，可用于研究的文献资料比较琐碎，对研究者和普通读者造成了不便。作为中国传统文化的重要组成部分，城隍信仰涉及方面甚广，对于学术研究来讲，就更需要整合多种视角深入分析，综合多种学科的研究方法，深入探讨其历史源流、文化心理、社会影响等方面，以全面了解其在中国社会中的地位和影响。《城隍信仰研究》就是这样一部直面未解决问题，整合多学科视角深入分析，考证翔实且内在逻辑严谨的学术性著作。

《城隍信仰研究》从八个视角对城隍信仰展开了探讨，全面探讨了城隍信仰的起源与发展、文献资料分布、神职功能、社会作用与特征，并以此透视城隍信仰与中国古代社会、中国古代文化的互动，引出对其当代价值的讨论。针对比较有争议的城隍原型的问题，经过缜密的分析对比，此书将城隍的原型厘定为城墙和壕沟，并在此结论的基础上梳理了城隍信仰的历史源流。从《周易》泰卦中分别出现"城""隍"，到《两都赋序》中"城隍"两字，再到《北齐书》记载的"城隍"祭祀，城隍信仰才算真正意义上出现，经过唐、宋、元三代的扩张，逐渐从民间信仰向官方靠拢，在明太祖改制之后正式进入官方祭祀体系，达到鼎盛时期。从与城隍信仰相关的文献资料的分布情况来看，

① [荷]高廷：《中国的宗教系统及其古代形式、变迁、历史及现状》，林艾岑译，花城出版社 2018 年版，第 1504 页。

最需要重视的是历代诗文集中的各种祭文和城隍庙碑记，当然，历代小说戏曲、各地方志和道教经典的学术价值也不容忽视。在信仰的传播过程中，城隍神职功能也逐渐扩展，从最开始的守护城池，到唐代扩展成祈雨祷晴，再到后来城隍神的形象日益向地府冥界官员靠拢，具有赏善罚恶、消灾祛病的功能。可以看到的是，城隍作为一种弥散性宗教信仰对象，其形象变化和职能扩展始终是与民间的精神需要相互动的：神职功能的扩展始终以中国古代城市化进程为背景，城隍形象人格化的趋势，实际上体现了民众理想的治理者形象，城隍的司法职能反映的是现实世界公正司法的缺位；而人格化城隍神的特质代表了民众认同的公共价值，在现实社会层面能够震慑宵小，在道德伦理层面能够警醒人心。围绕城隍庙开展的各类活动还能够满足人内心深处对于“狂欢”的需求，到了清末民国时期，城隍庙的商业文化价值甚至胜过了城隍信仰本身。

纵观城隍信仰的发展历程，不难看出这样几种推动力。城隍神的品级从明代开始就与国家官僚体系相对应，这是官方试图以标准化范式来规范信仰，对维持社会秩序做出的努力。城隍的地方化和人格化则是靠民间的“造神”运动实现的。其中，道教扮演了有力的推动者角色，提升了城隍神的宗教性。从文化层面来看，儒家所倡导的“仁义”等理念被城隍信仰吸收，民间推举的人格化城隍神也多具有儒家理想人格的特征。道教通过管理城隍庙和造作经典等方式驱动着城隍信仰的发展，而城隍信仰通过接轨道教的经典、神仙体系、符箓等内容，获得了理论和手段上的支撑。在与城隍相关的道教经典中，又能明显看出佛教世界观的影响。城隍信仰着实可以说是儒、道、释元素的“大杂烩”，但又能体现中华文化一贯的以人为本、注重现实生活的色彩。

综合《城隍信仰研究》全书的阅读体验来看，有以下几点格外突出。

第一，《城隍信仰研究》行文连贯、语言简练，对城隍信仰做出了整体性的介绍，对于初入此领域的研究者来讲，是一部实用的学术性著作，对于传统文化爱好者来讲，也是一部大有裨益的普及性读物。例如，此书对庞杂的文献进行了细致的梳理，并从文献学角度对研究资料本身作出述评，这些内容都对城隍信仰的进一步研究有促进作用。《城隍信仰研究》一书语言平实精练，降低了阅读门槛，在介绍城隍信仰时很好地平衡了理性的审视和同情的理解，能够有效帮助传统文化爱好者科学、客观地了解这一古老的宗教信仰。

第二，此书研究视角多元、内容丰富、深入浅出。《城隍信仰研究》立足于历史、文献、民俗、社会、宗教、文化心理等视角，全面深入地探讨了城隍信仰的内涵和历史渊源。在章节的编排上，从整体到部分、由浅入深地引入，既能让读者领略到信仰的时间维度和源流，又能透过信仰背后的文化心理和社会根源进行审视。此书不仅单独讲解了城隍信仰，还将其放置于道教、儒学和社会的互动流变之中进行考察，展示的是扎根于中华文明土壤之中的城隍信仰，而并非空中楼阁。

第三，《城隍信仰研究》对争议性问题做出了有力的解释。对于城隍原型的问题，前人大多以《礼记》提到的“水墉”为城隍神原型，而此书第一章则从历史和人类学角度分析这一结论的不合理之处，且提供了丰富的文献证据，说明城隍神以城墙为原型的合理性。

第四，此书在探讨城隍信仰当代价值时能够深入根本矛盾，将其置于当下时代背景去思考。城隍信仰所面对的不仅仅是科学冲击，还有现代性本身内在矛盾。如此说来，城隍信仰的困境其实是现代性问题的一个侧面。

此外，虽然大部分内容和概念都能在各个章节之中相互对应，但是个别章节对于城隍原型的提法有些许出入。例如，此书第一章认为城隍的原型“当即是可以保护城中居民安全的防御工事”，通过对比“祝融”“水墉”等提法展开了详细的论证，并以文献和考古学事实来引证，而第六章第一节则仍是保留“城隍原型”为“水墉祭”的说法。如果能够统一各部分研究对于城隍原型的看法，则全书内容的统一性便能得到更好的贯彻。

社会变迁视野下周代司徒研究的新探索

——评《周代司徒与早期文明》

许东

夏、商、周三代文明赓续千年，内容博大精深，为中华民族五千年文明绵延不断奠定了坚实基础。周代上承夏、商，下启秦、汉，是早期中华文明发展的关键时期，是中国古典封建文明臻于成熟的重要阶段。以周公“制礼作乐”为标志，礼乐文明在周代发展到极致，并渗透到政治、经济和文化的方方面面，孔子所言“周监于二代，郁郁乎文哉”① 正是对周代礼乐文明精深内涵和重要历史地位的生动描述。从本质而言，周代礼乐文明是建立在封建宗法制度基础上并为之服务的，周朝创立的系统完备的典章制度正是这种礼乐文明形态在政治领域的集中展现。其中，周代官制作为周代典章制度的重要组成部分，既是对夏、商官制的继承，也为后世官制的发展奠定了基础，起到了承上启下的作用。司徒作为周代重要职官之一，主管民众和土地，在盛行礼乐文化的周代扮演了关键角色，发挥了重要作用，与早期文明社会的发展关系甚大，是认识早期文明的一个重要窗口。对周代司徒的研究，不但可以深化对周代典章制度的认识，而且还能深入探讨周代社会变迁，进而深刻理解早期文明与社会变迁视野下的周代历史文化的内涵与特质。

张磊教授 2022 年在商务印书馆出版的《周代司徒与早期文明》一书主要分为“司徒溯源”“司徒与西周社会的发展和变动”“司徒与春秋战国社会的

本文系泰山学者工程专项经费资助项目(TSTP20230666)阶段性成果。

许东，山东社会科学院文化研究所副研究员，主要从事山东地域文化、文化数字化研究。

① 朱熹撰：《四书章句集注》，中华书局 1983 年版，第 65 页。

变革和转折——以鲁国大司徒为典型(上)”“司徒与春秋战国社会的变革和转折——以鲁国大司徒为典型(下)”“周代司徒与《周礼·地官》”共计五章二十三节,熟练运用王国维“二重证据法”,注重传世文献与出土文献的比较,以点面结合的方式,探讨了周代司徒的渊源、执掌、地位及其对周代政治、经济、文化和社会的影响,论述了早期文明视野下周代社会的政治、经济和文化的变迁,结构完整合理、论证翔实缜密、结论富有创见。

一、“绝地天通”与司徒之官的滥觞

在周代社会政治、经济、军事和礼乐文化生活中,司徒之官发挥了重要的作用。但周代司徒经历了较为复杂的历史演变进程,职责繁多,级别和地位也有差异。全面深入了解司徒的执掌、地位和特点,就需要对司徒的起源发展加以梳理和探究。此书认为,上古宗教的发展经历了由“民神不杂”到“民神杂糅”,再到颛顼时代的“绝地天通”三个阶段。“绝地天通”后,为适应“民神异业”的社会需要,“有天地神民类物之官,是谓五官,各司其序,不相乱也”①,民职与神职官员走向分离,这些职官中包括负责民事管理民众的“司地”之官,即为司徒职官的萌芽阶段。此外,此书也重点关注了“司地”与“司徒”的关系,书中提到“司徒(土)的产生可能与我国先民对土地长久进行神圣的崇拜和隆重的祭祀有关”②,因土地能生万物,是先民赖以生存的基础和命运的主宰,在对土地的依赖和敬畏之中,先民逐渐形成了对土地神的崇拜与祭祀。发展到五帝时期,土地神被人格化,逐步演化成为“后土”,由此得出“司徒(土)与‘后土’相近或相通,源于‘司地’”的结论。另据此书考证,作为文明起源时期的重要人物,舜和契均担任过司徒,两人以司徒官职教化民众、启迪民智,在中国文明史上影响深远。这恰恰说明社会教化事务是司徒的主要职掌之一,并从一个侧面印证了司徒之官在文明起源时期起到的重要作用。

---

① 徐元诰撰,王树民、沈长云点校:《国语集解》,中华书局2002年版,第514页。

② 张磊:《周代司徒与早期文明》,商务印书馆2022年版,第16页。

二、司徒与鲁国社会

鲁国作为殷商移民的重要聚集地，周天子分封朝廷重臣周公于此，儿子伯禽替父就封，携带大量周朝典章文物来到鲁国，从而使鲁国具有其他诸侯国无法媲美的文化资源。到了春秋时期，随着周王朝的影响力日趋萎缩，周公"制礼作乐"所建构的王朝制度荡然无存，而鲁国较为完备地保存了西周时期的典章制度和文物，成为春秋战国时期的文化重心，形成了"周礼尽在鲁矣"①的人文格局。在这种浓郁的礼乐文明的熏陶之下，孔子目睹天子失位、诸侯割据、民不聊生的社会现实，愈发感受到西周礼乐制度对于国家治理的重要作用，由衷地发出了"泰伯，其可谓至德也已矣"②的赞叹，立下了"周监于二代，郁郁乎文哉！吾从周"③人生奋斗的座右铭。

春秋战国之际，各诸侯国司徒的地位、职掌也不尽相同。此书通过综合考察各诸侯国司徒的情况，发现司徒地位的提高和社会结构的变动、赋税兵役制度的变化等方面有密切关系，其中以鲁国司徒尤为典型。春秋时期鲁国大司徒地位尊崇，掌控鲁国内政、经济和邦交、军事，具有鲜明的特色。鲁国大司徒任用孔子及其弟子为官，以儒治国，表明司徒在治理国家方面与儒家学派的互动。季氏家族世袭鲁国大司徒并任冢卿的过程，深刻体现了春秋战国时期鲁国社会政治、经济、军事和礼乐文明的变迁。随着战国时期国家官僚制度的转型，司徒的地位和职掌发生了很大变化，其职权范围逐渐缩小，地位渐趋弱化。

三、周代司徒与《周礼》成书

在中国历史上，《周礼》亦名《周官》，是儒家重要经典之一，"我们今日而欲考求中国古代的田制、兵制、学制、刑法、祀典诸大端，固舍是书莫属了"④。

---

① 左丘明传，杜预注，孔颖达正义：《春秋左传正义》，北京大学出版社 2000 年版，第 1348 页。

② 朱熹撰：《四书章句集注》，第 102 页。

③ 朱熹撰：《四书章句集注》，第 65 页。

④ 金景芳著，吕文郁整理：《金景芳学述》，浙江人民出版社 1999 年版，第 181 页。

不可否认,《周礼》是一部很有影响力的书,但也是一部很有问题的书。捧它的人以为周公辅成王,制礼作乐,把著作权委于周公旦;贬它的人,把它和王莽改制联系起采,以为出于西汉刘歆之手。前者是传统的说法,以郑玄为代表;后者是反传统的说法,首创于宋人胡安国,而大成于清末康有为。近代以来,关于《周礼》作者、真伪、成书时间等问题仍然没有彻底解决,学术界依旧争论不休。

《周礼》称《周官》或者《周官经》,详细记载和阐述了周代的官政之法和职官制度。其中,《周礼·地官》全面集中介绍了司徒的有关情况。此书通过对周代司徒和《周礼·地官》关于司徒的记载进行比较研究,发现《周礼·地官》"司徒"的称谓、职掌、属官、地位等与周代司徒职能的实际情况基本相符,其部分属官能与周代司徒的属官互相印证,其地位大体与西周后期到春秋初中期司徒的地位相符。《周礼·地官》"司徒"情况的大致可靠,表明记载司徒有关内容的《周礼·地官》基本可信,由此得出结论:《周礼》的成书经历了从周初始撰到战国定稿的长期过程。

此外,此书附录《关于周代司徒的金文》《春秋各国司徒情况表》《卿大夫司徒情况表》《战国各国司徒情况表》《司徒属官情况表》,将传世文献和可见出土文献中关于"司徒"的文献进行了辑佚、归纳和分类,不仅有利于我们准确辨析传世文献与出土文献之间的异同,同时对于深入推进周代司徒研究也起到重要的文献支撑作用。

总的来说,此书以周代司徒的演变、类别、职掌和地位的变化为切入,以鲁国大司徒作为典型对司徒与春秋战国社会演进的关系进行了具体分析,将周代司徒与《周礼·地官》之间进行了比较研究,廓清了司徒的本来面貌,加深了对周代官制的认识,为我们提供了一个透视周代社会和早期文明的重要视角,有助于推动当代《周礼》学研究。